NCS 직업기초능력 기반
문제해결능력과 사고력

김민수, 최현철

NCS 직업기초능력 기반

문제해결능력과 사고력

목차

제4장
문제해결 시나리오와 문제해결능력 실행

제2부　사고력

제1장
논증(Arguments)과 사고

제2장
논증과 언어

서문

이 책은 "NCS(National Competency Standards, 국가직무능력표준)"의 직업기초능력(Key Competency)을 기반으로 사고력을 포함하는 문제해결능력을 함양하기 위한 목적 하에, 관련 교과의 내용 및 방법을 뒷받침할 이론의 체계적 탐구를 위해 기획된 저술이다. 이러한 점에서 이 책은 NCS 기반 문제해결능력 관련 교과의 학습에 충분히 활용될 수 있다. 그러나 적용 범위는 교과의 학습을 넘어설 수 있다. 우리는 단지 교과의 학습을 넘어서 문제해결능력 및 사고력과 관련한 일반적인 이해와 탐구를 추구하는 모든 이들에게도 이 책이 이론의 내용과 방법에 관한 체계적인 탐구의 기초로 활용될 수 있도록 기획하였다.

우리는 NCS의 필요성과 목적을 충분히 공감하고 적극적으로 동의하고 있다. 그러나 한편으로는 우리가 전문대학에서 NCS 직업기초능력 기반으로 문제해결능력 함양을 위한 교과를 가르치면서 많은 문제들이 있음을 발견하였다. 이런 문제들을 해결하지 않고서는 NCS 기반의 문제해결능력 교육과정 운영이 고등교육기관에서 제대로 실현되기 어렵다는 판단을 하였다. 그 문제들 중에서 가장 핵심적인 것은 교과를 뒷받침할 이론의 내용 및 방법이 체계적으로 마련되어 있지 않다는 점이다.

NCS 기반 교육과정 운영은 한국산업인력공단에서 개발한 학습모듈에 따른 설계를 원칙으로 한다. 모듈(module)은 건축 분야에서 구조물 각 부분간의 상관적인 비례 관계를 나타내기 위한 기준 척도를 말하는 것으로서, 혹은 컴퓨터 분야에서 소프트웨어나 하드웨어의 일부로, 전체 시스템 및 체계 중 다른 구성 요소와 독립적인 하나의 구성 요소를 말하는 것으로서, 모듈식 건축이나 모듈식 프로그램으로 사용되던 용어이지만, 이런 모듈식 구성 방식이 교육의 영역에 차용되어 개별화 수업의 장점을 살리기 위해 사용되는 수업자료의 한 유형으로 모듈이라는 용어가 활용되고 있다. 교육학용어사전에 따르면 모듈이란 하나의 통합된 주제를 가진 자족적인 또는 자력학습용 수업단위로서, 학습자에게 목표로 제시한 일정 지식과 기능의 습득에 필요한 정보를 제공하고, 전체 교육과정의 한 구성요소의 역할을 하는 것이다.

NCS가 자격기본법 제2조 2항에 정의되어 있듯이 산업현장에서 직무를 수행하기 위하여 요구되는 지식·기술·소양 등의 내용을 국가가 산업부문별·수준별로 체계화한 것으로서 산업현장에서 요구되는 직무의 체계를 분류한 것이라고 한다면, NCS 학습모듈은 직무를 수행하기 위한 능력단위를 교육과정 및 훈련에서 학습할 수 있도록 구성한 독립적인 '교수·학습 자료'에 해당한다. NCS 학습모듈은 직무 중심의 전체 교육과정 체계에서 하나의 독립된 요소의 역할을 하면서, 능력단위의 교육 목적을 달성하는 데 필요한 내용 구성과 방법, 실습 활동, 수행 준거, 평가 지침 등이 모두 제시되어 있다. NCS 학습모듈은 NCS 능력단위 1개당 1개의 학습모듈 개발을 원칙으로 한다. 직업기초능력의 경우는 문제해결능력, 의사소통능력, 대인관계능력 등 총 10개의 능력이 하나의 능력단위로 간주되어 현재 1개의 능력당 1개의 학습모듈이 개발되어 있다.

그러나 현재 개발된 직업기초능력 중 문제해결능력의 학습모듈은 내용의 구성과 학습 방법이 체계적으로 마련되어 있지 않으며, 또한 학습 활동 방법이 학습자의 수준을 고려하지 않은 점이나 평가 지침과 예시가 문제해결능력을 함양하고자 하는 학습목표 달성과는 아무런 관련이 없이 제시되어 있음으로 인해, 학습자들이 교과 학습을 수행하는 데 겪는 큰 어려움과 혼란스러움이 학기마다 매번 반복되며 가중되는 문제점이 있다. 이런 문제점을 본 서문에서 일일이 열거하며 구체적으로 서술하기는 어려울 것이다. 그러나 본 저술의 기획 의도와 관련하여 대표적인 문제점을 언급하면 다음과 같다.

우선, 문제해결능력의 학습모듈의 구성에서 'C-1'(문제해결능력 학습)과 'C-2'(하위능력별 학습)의 내용 구성의 체계가 없다는 점, 다음으로 C-2-가(사고력), C-2-나(문제처리능력)의 내용 구성 및 학습 방법이 전혀 체계적이지 않다는 점을 대표적으로 언급 할 수 있다. 세부적으로 언급해서 하나의 학습모듈 안에서 같은 내용이 반복되는 문제, 앞의 서술내용과 뒤의 서술 내용에 일관성이 없는 문제 등도 있으며, 또한 학습 방법이 단계적으로 마련되어 있지 않은 문제 등이 있다. 이러한 문제들이 학습모듈을 활용하여 문제해결능력을 함양하는 데 있어서 체계적인 교수-학습이 이루어질 수 없도록 만들고 있다.

덧붙여, 활동 사례가 소위 '김과장'으로 대표되는 과장의 수행 업무를 중심으로 소개되어 있고 그 업무를 중심으로 활동 방법이 제안되어 있어서 아직 구체적인 업무를 수행한 경험이 없는 대학생들에게는 수준에 따른 학습을 하기 어렵게 만들어 주고 있으며, 학습자의 자기이해에 따른 탐구 계기를 전혀 마련해주지 못하고 있다. 더욱이 평가의 지침이나 내용은 학습 내용이나 활동이 목표로 하는 것과는 전혀 다른 것으로 제시되어 있어서 평가에 관한 학습자들의 불만이 가중되고 있다. 예컨대, 사고력의 학습은 사고의 능력을 측정할 수 있도록 평가 지침이나 문제가 마련되어야 하지만, 단기 기억에 의존한 내용 설명이나 암기 위주의 단답형 문제가 제시되어 있다. 이러한 점들이 학습성과를 도출하는 데 아주 큰 장애요소로 작용하고 있다. 이 외에도 문제해결능력의 학습모듈이 지닌 문제점들은 열거하기 어려울 만큼 너무 많이 있다.

이와 같은 문제점들에 대해 우리는 다음에 기회가 될 때 학술연구를 통해서 비판적으로 제시할 계획을 갖고 있다. 하지만 우선 학습모듈이 지닌 문제점들을 극복할 수 있는 대안의 마련이 시급히 이루어져야 하는 현 상황이 우리로 하여금 본 저술의 기획으로 이끌었다. 우리는 위에서 언급한 현재의 문제해결능력의 학습모듈이 지니고 있는 여러 문제점들 중에서, 학습모듈의 내용 구성과 학습 방법이 학습자의 수행의 관점에서 이해되며, 체계적인 탐구가 가능할 수 있도록 하는 데 우리가 가지고 있는 역량을 모두 할애하여 체계적으로 서술하였다. 아울러 교수-학습의 방법에 활용될 수 있는 활동 사례를 학습자의 수준과 관심을 고려하여 적절히 제시하는 데까지 최대한의 노력을 기울이면서 서술하였다. 우리의 이번 노력으로 현행 문제해결능력의 학습모듈이 지닌 문제점들을 모두 극복할 수 있는 것은 아니다.

더 나아가, 적어도 문제해결능력의 학습성과를 측정할 수 있는 평가의 방향 그리고 능력단위의 수준별 평가문제 등이 추가로 연구되어 체계적으로 개발되어야만 문제점들의 근본적인 극복 가능성이 열리게 된다. 모듈식의 교육과정 구성은 결국 단위학습 목표의 명료화, 내용 구성과 방법의 체계화, 학습자의 학습성과 도출을 위한 수준별 평가의 단계적 구성과 적절성이 모두 확보되어야만 제대로 된 NCS 기반의 교육적 성과를 달성할 수 있기 때문이다. 우리는 이번 기획에는 본 저술 이후에 문제해결능력의 학습성과를 측정할 수 있는 수준별 평가의 단계적 구성 방법과 지침 그리고 예시 문제들을 담은 또 하나의 저술 목표가 담겨 있다는 점을 미리 밝혀둔다. 이러한 또 하나의 목표는 본 저술이 출판된 후, 실질적으로 문제해결능력 관련 교과에 적용하는 과정에서 내용 및 방법의 체계적 구성에 따른 학습자의 이해도와 성과 측정의 결과를 바탕으로 하여 구체적인 저술 작업이 이루어질 것이다. 이 과정에서 본 저술이 지니고 있는 단점이나 미흡한 부분에 관한 수정 및 개선이 또한 이루어질 것이다.

모듈식 수업의 특징이자 가장 큰 장점은 학습자의 개인차를 최대한 고려하여 교과에서 수업을 실천하는 변별적인 수업 방법을 원칙으로 삼고 있다는 점에 있다. 즉, 수업의 모든 내용과 방법, 평가 등의 모든 요소를 학습자의 수준별 개인차를 최대한 고려하는 것으로서, 구체적인 학습 설계에서 교수-학습 목표나 학습 과제의 선정, 학습 자료나 설비의 선정, 학습 환경이나 교수-학습 방법의 선정은 물론이고, 학습 과정에서 교수자와 학습자 간의 관계 형성 양태, 학습을 해나가는 속도와 장소 같은 시·공간적 요소 등을 모두 학습자의 관점에서 학습자의 개인차를 고려하여 진행하는 것에 있다.

이러한 모듈식 수업은 학습자가 스스로 학습목표를 달성할 수 있도록 하는 근본적인 취지에 부합하여 현대에 이르러 강조된 것으로서, 이러한 모듈식 수업이 직무능력성취 교육에 활용했을 경우 교수자의 일방적인 전달 방식의 강의 중심의 종전 교수-학습 방법에 비해서 학습자의 학습 성취도가 높았으며, 학습자의 내적 동기 유발도 오래 지속되는 효과가 이미 검증되었다. 그러나 모듈식 수업은 개별화 교육의 목표를 반영한 하나의 단위 학습모듈을 개발하고 학습자의 환경에 맞게 설계하는 데 많은 시간과 노력이 소요된다는 점과, 다양한 수준차가 있는 학습자를 대상으로 교육을 할 때 학습성취의 기준을 어느 정도까지 세워야 적절한지에 대한 판단과 효과 검증의 어려움이 있다. 아울러 많은 교수-학습 매체 및 자료가 학습 내용 및 방법에 따라 효과적으로 제시되어야 한다는 단점도 있다. 그러나 이러한 단점에도 불구하고 장점이 주는 기대효과가 크기 때문에 모듈식 수업이 직무능력성취와 관련한 교육에 적극적으로 활용되고 있다. 그리고 단점들의 대부분은 교수자의 교수-학습 전략 수립의 능력 함양을 통해서 해결할 수 있기 때문에 교수자의 노력을 통해 해결할 수 있는 문제이다.

만약 공통의 일반적인 수행의 기준을 미리 설정하지 않아도 된다고 한다면, 모듈식 수업에서 교수자는 모든 수준의 학습자 개개인에 맞추어서 교수-학습 방법 등의 수업 전략을 수립하는 것이 가장 바람직하며 가장 효과가 있을 것이다. NCS의 학습모듈은 NCS의 전체 체계 안에서 개별적이고 독립적으로 산출된 능력단위의 능력이 학습목표로 설정되어 있으며, 아울러 능력단위요소별로 목표 달성의 성취 여부를 판단하기 위해 학습자가 도달해야 하는 수행의 기준으로서 수행준거(performance criteria)가 제시되어 있다. 이 수행준거는 일정기간 학습을 수행한 학습자가 성취 할 수 있는 기준으로서 대개 1~5 단계의 수준으로 제시되어 있다.

NCS 기반의 교육과정 운영에서는 위와 같은 수행준거의 수준 중에서 학습자가 일정 단계, 대체로 3단계 이상으로 최소한의 학습성과를 달성하도록 평가의 지침이 마련되어 있다. 이러한 지침을 준수하고자 할 때, 교수자는 교과의 학습목표와 내용 구성 및 방법뿐만 아니라 학습자의 개별적 수준을 고려한 평가의 핵심 내용과 수준, 그리고 구체적인 평가 문제 등에 관해 심도 깊게 고민하지 않을 수 없게 된다. 만약 아무리 좋은 목표와 체계적인 내용과 방법을 통해 수업을 진행하였다고 하더라도, 학습자의 수준을 고려한 평가의 요소를 고려함이 없이 학습성과를 도출하고자 할 때, 학습자 중에는 기대한 결과를 도출하지 못하거나 일정한 수행준거에 도달하지 못하는 경우가 발생할 수 있다.

그렇기 때문에, 학습자의 개별적 수준을 고려하여 학습성과 달성도를 산출하기 위한 평가의 핵심 내용에 관한 정립과 수준별 평가의 방향, 그리고 구체적으로 적용할 수 있는 수준별 문제의 개발이 필요하다. 이러한 개발은 본 저술 이후에 개발할 것임에도 불구하고, 본 저술의 서문에서 그 기획의 필요성과 방향을 미리 밝히는 이유는 다음과 같은 NCS의 체계 및 NCS 기반 교육과정의 향후 방향이 다음과 같이 전개될 것이라는 전망과 이에 따른 현실적인 고민이 본 저술의 완성을 위한 우리의 기획에 강하게 담겨 있기 때문이다.

우리나라가 현 정부에 이르러 국가 중심으로 NCS 체계를 적극 도입하여 구축하고, NCS 교육과정을 직업 중심의 특성화고나 훈련기관뿐만 아니라 고등교육기관에 해당하는 전문대학에까지 적극 추진하게 된 배경에는, 산업에서 요구하는 직무능력과 교육기관에서 가르치는 학습성과 사이의 불일치(nismatch) 즉, 산-학 미스매치에 따른 고용문제가 최근에 심각하게 대두되고 있으며, 이 문제가 현 시대 우리나라의 미래를 좌우하는 산업뿐만 아니라 교육 등 사회 전반에서 가장 중요하게 해결해야 하는 것으로 인식되었기 때문이다.

현 정부가 들어선 이후 2013년부터 본격적으로 개발 및 추진하여 2015년에 완성한 NCS 체계는 위와 같은 현 시대의 문제를 근본적으로 해결할 수 있는 가장 기초적인 방안이다. 이 방안의 궁극적인 목적은 바로 '능력중심사회의 구축'이다. 이 방안이 목적을 달성하기 위해서는 우선 NCS 기반의 교육 분야에서 실제 교육기관을 중심으로 현실적으로 실현되어야 하며, 다음으로는 NCS 기반의 고용이 산업 분야에서 실제 산업체를 중심으로 현실적으로 실현되어야 한다.

'능력중심사회의 구축'이 우리 시대가 추구해야 할 궁극의 목적이며 이 목적 달성이 우리가 해결해야 할 시대적인 과제라는 점을 인식한다면, 교육 분야에 몸담고 있는 우리로서는 NCS 기반의 교육과정이 교육기관을 중심으로 현실적으로 실현될 수 있도록 최선의 노력을 다 해야 할 것이다. 한편으로는 산업 분야에서 NCS 기반의 고용이 실제 산업체를 중심으로 현실적으로 실현되도록 최선의 노력을 다 해야 할 것이다.

그런데 이 둘은 영역이 서로 다른 듯 하지만, 사실 밀접하게 관련이 되어 있으며, 이 두 분야의 노력 역시 따로따로 이루어지는 것이 아니라 동시에 함께 이루어져야 하는 것으로 하나의 수레를 이끌고 가는 두 수레바퀴의 역할을 한다. 산업 분야에서 NCS 기반의 고용이 실제 산업체를 중심으로 현실적이며 활발하게 전개되면서 확산된다면, 교육 분야에서 NCS 기반의 교육과정 운영은 큰 힘을 받으며 교육기관마다 제대로 된

운영을 위한 최선의 노력을 다하게 될 것이다.

반면, 교육 분야에서 NCS 기반의 교육이 실제 교육기관을 중심으로 내실 있게 진행되며 학습성과를 충분히 달성하게 된다면, 산업 분야에서 NCS 기반의 고용이 크게 확산되면서 산업체마다 NCS 기반의 인재를 고용하기 위한 최선의 노력을 다하게 될 것이다. 이런 점에서 두 축의 발전은 서로 맞물려 있다. 그런데 이러한 두 축의 발전을 견인할 수 있는 또 하나의 핵심 과제가 주어져 있는데, 그 과제는 다름 아니라 NQF(National Qualification Framework, 국가역량체계)의 구축이다.

NCS 구축은 시작에 불과하며 NQF의 구축이 최종 완성 지점이라는 말을 많이 한다. '능력중심사회의 구축'이라는 목적의 관점에서 보면, NQF의 구축은 NCS의 구축에 뒤이어서 꼭 완성되어야 할 필수 전제이다. 현재 NQF는 정부를 중심으로 개발 연구가 진행되고 있으며, 구축의 방향은 학위·자격의 인정 및 경험·경력의 등가성을 연계하는 방향으로 나아가고 있다. 예컨대, 국가에서 발행하는 자격증의 인정 기준이 NCS 체계를 중심으로 기준이 새롭게 마련되며, 이 기준에는 NCS 교육과정 이수가 필수적인 요소로 적용될 전망이다. 우리나라의 국가기술자격은 1975년 국가기술자격법에 의해 시행된 이래 최고 수준의 기술사 등을 포함하여 500여 종류가 있으며, 이러한 국가기술자격의 부여는 공무원 시험이나 기업 채용시험 및 승진의 가점에서 평가의 기준이 되어 왔다. 이러한 자격 부여의 기준이 NCS 체계와 NCS 교육과정을 중심으로 개편된다는 것이 NQF의 방향이다. 이렇게 보면 NQF는 향후 능력중심사회의 구축을 위한 핵심 체제가 될 것이며, 이 체제가 성공적으로 실행된다면 현재 우리나라의 오래된 사회의 구조적 문제의 근원이라 할 수 있는 학벌중심의사회가 극복될 수 있을 것이다.

위와 같은 NCS에서부터 NQF로 이어지는 능력중심사회의 구축이라는 우리 사회의 구조개혁의 방향성을 큰 그림으로 그리면서, NCS 기반 교육과정의 향후 전망을 고찰할 때, NQF의 평가 기준과 NCS 기반 교육과정의 능력단위의 학습목표 및 수행준거는 같은 배를 탄 운명처럼 함께 나아가지 않을 수밖에 없다는 것을 우리는 전망할 수 있다. 그렇기 때문에, NCS 기반 교육과정의 운영에서도 향후 구축될 NQF의 평가 기준을 염두에 두면서 발전해 나가야 할 것이다. 그 중에서도 NCS 직업기초능력은 모든 직무에 적용될 수 있는 기초 능력을 학습목표로 삼고 있기 때문에, NQF가 구축된다면, 국가기술자격의 필수 평가 요소가 될 것이다.

　현재까지 정부는 NQF 구축 이전에, NCS 체계의 확산을 위해 NCS 기반 능력 중심의 채용을 정부산하 공공기관을 중심으로 실행하면서 확산시켜 나가고 있다. 지난 2015년에는 130개의 공공기관에서 NCS 기반 능력 중심의 채용이 시작되었고, 올해 230개의 공공기관으로 확대될 것이라는 점을 최근 한국산업인력공단 이사장이 공단 홈페이지나 신문 기고(문화일보 「오피니언」, 2016.7.29.일자)를 통해서 밝히고 있다. 이러한 현재의 상황에서 NCS 기반 능력 중심의 채용에 공공기관을 중심으로 채용 평가 시험에서 NCS 기반의 교육과정을 충실히 이행하였는지를 기준으로 한 문제가 출제되고 있다. NCS 직업기초능력 중 문제해결능력에 관한 기출 문제 사례도 나오고 있다.

　그런데 이러한 채용 평가 시험에서 앞서 우리가 언급했던 문제해결능력의 학습모듈이 지닌 문제점들이 그대로 반영되어 있어서, 이대로 나아간다면 NCS 기반 교육과정의 운영 주체나 NCS 기반 고용의 담당 주체가 모두 불만족하게 되는 결과가 예상된다. 이러한 점이 우리로 하여금 본 저술을 기획하는 단계에서 큰 고민을 하지 않을 수 없게 만들었다. 현재 개발된 NCS 직업기초능력의 학습모듈은 해당 능력별로 1개씩 개발된 것이 유일하며, 이 개발 절차는 국가를 대표하는 산업인력공단에서 주도하여 수행하였기 때문에, 사실상 '국정 교과서'와 같은 위상을 지니고 있다. 초·중등 교육과정에서 국정 교과서가 차지하는 위상이나 기능, 그리고 영향력이 강력함을 이해한다면, NCS 직업기초능력의 학습모듈이 가지고 있는 위상, 기능, 그리고 영향력 또한 마찬가지임은 쉽게 이해될 수 있을 것이다. 특히, 초·중등 교육과정에서 국정 교과서는 고등 교육기관으로 향하는 입시에서 평가의 가장 기준이 된다는 점을 상기한다면, NCS 직업기초능력의 학습모듈이 취업으로 향하는 기업체의 시험이나 자격 취득 시험에서 평가의 가장 기준이 된다는 점을 우리는 쉽게 예상할 수 있다.

그런데 이러한 '국정 교과서'와 같은 위상, 기능 그리고 영향력을 지니고 있는 NCS 직업기초능력의 학습모듈이 내용 구성과 방법의 체계에 큰 문제가 있으며, 교수-학습 방법 및 평가 지침 등에서 심각한 문제가 있다는 것은 향후 NCS 기반 교육과정의 운영이 발전해 나감에 있어서 그리고 NQF의 체계를 구축하고자 함에 있어서 심각한 장애요소가 될 수 있을 것이다. 이런 전망에서 우리의 고민은 깊어지고 있다.

물론, 짧은 시간 안에 학습모듈을 개발하는 과정을 거치면서 보완될 점이 많은 미완의 결과를 우선적으로 산출할 필요가 있었을 것이다. 학습모듈을 집필한 개발자들 역시 자신들의 연구 분야의 한계와 시간적 한계 내에서 성과를 산출해야 하는 현실적인 고민이 있었을 것이다. 그러나 장기적인 관점에서 현재의 문제해결능력의 학습모듈은 새롭게 개선되지 않을 수 없을 것이다. 우리는 이러한 현재 문제해결능력의 학습모듈이 지닌 문제를 제도적 차원에서 해결하기 위해서 하나의 학습모듈의 표본을 유지하되, 교육 분야에서 정부 주도로 교육과정의 개선을 통해 국정 교과서를 개편하는 것처럼 학습모듈을 정기적으로 개선해 나가거나, 혹은 인정 교과서와 같은 제도를 차용하여 다양한 학습모듈이 경쟁적으로 개발될 수 있도록 하는 방법을 제도적으로 만들 필요가 있다고 생각한다. 그렇지만, 현재의 시점에서 우리가 할 수 있는 최선의 방법을 통해서 현재 NCS 직업기초능력 문제해결능력의 학습모듈이 지닌 문제점을 해결하고자 본 저술을 기획하였으며, 그 나름의 일차적 성과를 본 저서를 통해서 세상에 내어 놓고자 한다.

위와 같은 본 저서의 출판 기획 의도, 목적, 방향성에 따라서, 우리는 현재의 NCS 직업기초능력 중 문제해결능력의 학습모듈의 내용 및 방법을 대체 혹은 보완할 수 있는 체계적 탐구로서 본 저서를 다음과 같이 크게 두 부분으로 나누어 제1부는 문제해결능력, 제2부는 사고력으로 구성하였다.

제1부에서는 문제의 개념에 대한 이해에서부터 문제해결능력의 실행에까지 실질적으로 문제해결능력의 함양이 학습성과로 드러나야 하는 학습자의 관점에서 단계적으로 학습할 수 있는 내용과 방법을 서술하였다. 특히, 현실적인 문제해결의 과정이 그러할 뿐만 아니라, 문제해결능력 학습에서도 역시 단계적으로 학습할 때 효과가 있다는 점을 고려하여 문제인식, 수행해야 하는 과제로서의 문제도출, 원인분석, 해결방안 개발과 문제해결능력의 적용, 최적의 해결방안 도출과 실행, 그리고 평가에 이르기까지의 단계를 체계적으로 이해하고 학습할 수 있도록 목차 구성 및 내용을 서술하였다. 아울러, 각 단계별로 학습 내용 및 목표를 달성하는 데 효과적인 학습 방법을 소개함으로써 문제해결능력 함양의 주체인 학습자가 스스로 학습을 수행하는 데 어려움이 없도록 하였다.

이러한 제1부의 목차의 구성은 NCS 직업기초능력 중 문제해결능력의 학습모듈의 기본 틀을 변경하지 않고 유지하면서 체계를 강화하였다는 점에서 NCS 직업기초능력의 기반이 될 수 있도록 하였다. 또한, 현재의 학습모듈이 지니고 있는 내용 및 방법의 문제점을 보완하는 차원에서 내용 구성과 방법을 변화시켜 재구성을 하였다는 점에서 기존의 학습모듈과는 다른 새로운 것이 될 것이다. 특히, 문제인식의 의미와 문제도출과의 구분, 문제해결의 개념과 그에 필요한 기본적 사고에 대해 기존의 학습모듈이 명확하게 설명하지 않거나 잘못 제시된 점에 대한 개선과 보완이 이루어졌으며, 문제해결 방안의 개발에서 실행할 수 있는 문제해결자의 능력에 대한 분석적 검토가 전혀 없었던 기존의 학습모듈의 문제점을 보완하였다. 아울러 문제해결의 실행의 구체적인 계획 수립과 방법, 실천 과정 수행에서의 전략과 지혜 등의 문제해결실행 능력을 함양할 수 있는 방법으로 문제해결 시나리오의 소개와 작성 방법 등을 자세하게 안내하였다.

이러한 제1부의 내용 구성 및 방법은 기존의 학습모듈이 지닌 문제점을 크게 개선하면서, 학습자들이 이해할 수 있도록 하였다는 점에서 장점을 지니고 있으며, 아울러 문제도출의 과정에서 숙고와 실행 과정에서의 실천적 지혜에 관해서는 아리스토텔레스의 철학을, 문제원인 분석 방법으로 존 스튜어트 밀의 인과추론의 방법에 근거하여 이론적 뒷받침을 하였다는 점에서 내용 구성 및 방법이 탄탄하게 될 수 있도록 하였다. 그리고 문제해결 과정에서 단계적으로 요구되는 사고의 방법을 2부의 사고력의 구성과 연관하여 제시하였다는 점에서 2부로 이어지는 연결이 용이하게 하였다.

제1부에서는 오늘날 강조하고 있는 사고력의 3대 요소인 논리적 사고, 창의적 사고, 비판적 사고를 논증에 관한 체계적인 이론을 토대로 내용과 방법을 제시하고 실질적으로 학습자들이 각 사고력을 함양할 수 있는 학습 방법을 예시 문제와 해제를 통해 제시하였다. 사고의 능력 함양과 관련하여 아리스토텔레스 이래로 가장 오래되었으며 아직까지도 가장 효과적인 학습의 방법과 체계를 담고 있는 논증을 중심으로 사고력의 학습 내용과 방법을 구성하였다는 점이 이 책이 가지고 있는 장점이자 특징이며, 이는 또한 기존의 학습모듈이 사고력의 개발 방법으로 소개하면서 정작 논증 방법 없이 사례 분석 예시만 제시함으로써 사고 능력을 함양할 수 있는 일반적인 방법을 제시하지 못하는 문제점을 극복할 수 있게 하였다. 사고력의 내용 구성은 그간 논증을 바탕으로 하는 비판적 사고 교육에서 활용하는 체계에 따라 연역과 귀납논증, 그리고 오류로 크게 구분되지만, 문제해결능력과의 연관성을 고려하면서 사고력의 3대 요소인 논리적 사고, 창의적 사고, 비판적 사고가 각각 연역, 귀납, 오류에 특화될 수 있도록 구성한 것이 본 저서의 특징이자 장점이다.

위와 같은 제1부와 2부의 내용 구성 및 방법을 우리는 목차에서 분명히 드러나도록 하였으며, 목차 구성에서 각 장별로 문제해결능력과 사고력이 상호 보완될 수 있도록 하였다. 제1부는 김민수 박사가, 제2부는 최현철 박사가 주도적으로 서술하였으며, 서술 과정에서 각 장의 세부 구성과 내용 그리고 방법이 연관될 수 있도록 서로 긴밀히 상의함으로써 제1부와 제2부가 본 저서에서 하나의 체계로 구성될 수 있도록 하였다. 본 저서를 활용하여 NCS 직업기초능력 문제해결능력 관련 교과에 적용할 때에는, 제1부의 제1장과 제2부의 제1장을 연결하는 방식으로 즉, 1부와 2부의 각 장을 교차하여 교수-학습 방법을 설계하는 것이 더 효과적인 방법이 될 것이다.

한 송이의 국화꽃을 피우기 위해 밤부터 소쩍새가 울고 천둥이 먹구름 속에서 울었다는 표현처럼, 본 저작을 내어 놓기 까지 우리에게도 무더운 여름날 소쩍새 우는 밤과 천둥이 치는 날에도 서술 작업을 놓을 수 없는 힘든 과정이 있었다. 특히, 문제해결능력의 경우 학습모듈이 지닌 문제점이 너무 많다는 점, 그리고 새롭게 개발하는 데 참고할 기존 연구나 저작이 거의 없다는 점에서 새로운 방향으로 연구를 개척하면서 저술을 시도할 수밖에 없었다. 새롭게 연구하고 저술에 매진하는 과정에서 본 저술에 담지 못한 내용들도 많이 있으며, 특히 문제해결능력과 사고력의 심화 학습을 위한 토론의 방법과 자료들은 아직 체계적으로 정리되지 못하여 출판의 시점에서 담지를 못한 아쉬움이 있다. 이러한 아직 담지 못한 내용과 방법 그리고 자료들은 계속해서 연구와 저술을 시도하여 다음 개정판을 낼 때 충분히 보완할 것을 기약하며, 본 저서를 위한 다소 긴 서문을 마무리하고자 한다.

서문이 일반적으로 책을 출판할 때 책의 맨 앞에 붙이는 저자의 말에 해당하지만, 본 서문은 이와 더불어 본 저술의 기획 의도에 따른 내용 구성 및 방법을 새롭게 하였다는 것에 관해 독자의 이해를 위해 책의 어느 부분에서는 밝히지 않을 수 없었기에 본 책을 처음 접하게 되는 서문에서 그 의도와 새로운 내용 구성 및 방법을 강조하다 보니 이렇게 다소 긴 서문이 되고 말았다. 다소 지루할 수도 있는 긴 서문에 대한 독자들의 이해를 구하며, 아울러 NCS 기반의 교육과정과 관련한 책의 내용과 방법에 관해 주의 깊게 관심을 두고 있는 독자들에게 다소 도움이 될 수 있기를 기대한다. 끝으로 출판 시장에서 겪고 있는 문제 등 여러 가지 제반 어려운 상황에도 불구하고 원고 집필이 마무리될 때까지 기다려 주시며 이 책이 나올 수 있도록 힘을 실어주고 도움을 준 연경문화사 이정수 대표님께 깊은 감사를 드린다.

2016년 8월
무더위가 끝나고 시원한 바람이 부는 날에
저자 김민수, 최현철 일동

제1부
문제해결능력

제1장
문제인식과 문제해결의 목적

1. 문제의 개념과 문제인식

문제(Problem, 問題)란 무엇인가? 문제란 해결해야 하는 질문(質問)을 의미한다. 질문하는 것 속에 문제가 있다. 질문을 한다는 것은 물음을 내어 놓는 사고나 행위를 뜻한다. 그래서 문제는 이처럼 물음을 내어 놓는 사고나 행위를 통해서 그 의미가 생겨난다.

일상을 살아가면서 우리는 각자 수많은 물음을 내어 놓는다. 인생의 진로를 어떻게 결정하는 것이 좋을까? 어떻게 하면 취업을 잘 할 수 있을까? 다퉜던 친구와 어떻게 화해할 수 있을까? 어떻게 하면 행복한 결혼을 할 수 있을까? 어떻게 하면 건강하게 살 수 있을까? 이러한 물음을 우리는 늘 머릿속에 떠올리거나 말 혹은 글을 통해서 제기하기도 한다. 물음을 내어 놓는 사고나 행위는 혼자 할 수도 있고 다른 사람과 함께 할 수도 있다. 그런데 이러한 물음들 중에서 나 혹은 우리가 해결해야 한다고 받아들이는 것이 곧 우리가 여기서 탐구하고자 하는 문제이다. '해결해야 하는 질문'이란 바로 위와 같은 뜻을 담고 있다.

해결해야 한다고 받아들이지 않거나 받아들일 필요가 없는 물음은 문제가 되지 못한다. 인생의 진로를 잘 결정하는 것이 나와는 상관없는 것이라 생각한다면, 그에게 진로문제는 문제가 되지 않는다. 취업을 이미 잘 하여 다시 취업에 관한 생각이나 행위를 할 필요가 없다면, 취업문제는 문제가 되지 않는다. 친구와 다투지 않았다면 친구와 화해를 할 필요가 없을 것이고, 행복한 결혼을 하였다면 다시 결혼을 하고자 생각하거나 노력을 할 필요는 없다. 그렇기에 모든 물음이 나 혹은 우리에게 문제가 되는 것은 아니다. 그러나 그렇다고 해서 모든 물음이 문제가 될 수 없다는 뜻은 아니다.

취업을 꼭 해야 하는 상황에 있는 구직자에게는 취업을 잘 하는 것이 인생의 가장 큰 문제이며, 아주 친한 친구와 다툰 상황에서 관계를 꼭 회복해야 하는 친구사이에서는 화해하는 것이 무엇보다 중요한 문제가 되며, 결혼을 약속한 예비 신랑 신부에게는 행복한 결혼을 하는 것이 무엇보다 우선적으로 해결해야 하는 문제가 된다. 흔히 청소년기에는 건강문제를 중요하게 받아들이지 않지만, 다쳐서 아픈 상태에 있거나 노년에 큰 질병에 시달리면 건강하게 사는 것을 인생의 가장 큰 문제로 생각한다. 그래서 해결해야 한다고 받아들이지 않거나 받아들일 필요가 없는 물음은 문제가 되지 못하지만, 해결해야 한다고 받아들이는 순간 그 물음은 문제가 된다.

모든 물음은 문제가 될 수 있다. 그러나 어떠한 물음도 나 혹은 우리가 해결해야 한다고 받아들이지 않는다면, 아무런 물음도 문제가 되지 못한다. 그럼 어떠한 물음의 문제가 나 혹은 우리에게 문제가 될 수 있는가? 그것은 바로 나 혹은 우리가 해결해야 하는 질문의 형태로 물음을 내어 놓은 것이다. 이와 같이 '나 혹은 우리가 해결해야 하는 질문의 형태로 물음을 내어 놓는 것'을 문제의 인식(認識)이라고 하며, 이러한 문제의 인식 과정을 통해서 문제가 생겨난다. 그래서 문제는 누구에게나 주어질 수 있지만, 모든 사람에게 보편·일률적으로 주어지는 것이 아니며, 문제를 인식하는 사람 혹은 사람들이 위와 같이 물음을 내어 놓는 인식의 과정을 통해서 생겨나는 것이다. 여기서 물음을 내어 놓는다는 것은 그 물음이 그저 주어지는 것이 아니라, '내'가 해결해야 하는 질문의 형태로 물음을 떠올리고 그 물음을 해결해야 한다는 것을 '내'가 알고 있다는 것을 의미한다. 이처럼 물음을 내어 놓는다는 것은 그 물음을 내어 놓은 사람이 그 물음을 알고 있다는 것을 전제한다. 아울러 그 물음을 내어 놓음으로써 그 물음을 해결해야 겠다는 의지를 동시에 가지고 있음을 전제한다.

2. 문제인식의 의미와 문제해결의 목적

우리는 흔히 문제가 나와 상관없이 외부에서 주어지는 것으로만 생각하기 쉽다. 그러면서 '왜 하필 나에게 …….' 라고 생각하면서 괴로워하고 힘들어하며 무기력해지기 쉽다. 동일한 문제에 대해 전혀 괴로워하거나 힘들어하지 않는 주변의 일부 사람들을 보면서, '왜 하필 나에게만 …….' 이라고 생각하면서 삶과 세상에 대한 불평을 늘어놓곤 한다. 그러면서 '대체 내가 뭘 잘못했다고 …….' 라고 생각하면서 남이나 환경 탓을 하기도 한다. 이런 생각에 따라 '흙수저의 집안에서 태어났기에 좋은 직장에 취업하는 것은 꿈꿀 수도 없어', '헬조선에서 살아가는 것은 어차피 힘든 일이었어.'라고 아주 부정적으로 생각하기도 한다.

그러나 문제가 생겨나는 것은 나의 잘/잘못과 필연적인 관계가 있는 것은 분명 아니다. 우리는 살아가면서 누구나 질병에 걸릴 수 있고, 천재지변과 같은 불의의 사고로 다칠 수도 있으며, 결국 나이가 들면 죽음에 이르는 것을 피할 수 없다. 이러한 문제는 나의 잘/잘못과는 관계가 전혀 없는 것이다. 왜냐하면 이것은 인간이 유한한 존재이기 때문에 발생하는 문제이기 때문이다. 이러한 문제는 우리가 탐구하고자 하는 문제가 될 수 없다. 유한한 존재를 넘어서 무한한 존재가 되기를 희망할 수는 없기 때문이다.

그래서 인간으로 태어난 것을 탓하지는 않는다. 한편 흙수저의 집안에서 태어났다는 것도 나의 잘/잘못과 필연적인 관계가 있는 것은 분명 아니다. 그렇지만 이러한 환경은 우리가 해결할 수 있는 것이다. 그럼에도 '내'가 해결하지 못한다고 생각을 하면서 이러한 문제가 주어진 상황을 탓하기가 쉽다. 그러나 '내'가 문제를 어떻게 인식하느냐에 따라서 외부의 환경 같은 요소는 바꿀 수 있는 것이다.

물론 태어날 때부터 불구의 몸으로 태어나는 경우 '왜 하필 나에게 …….' 라고 생각하지 않는 것은 쉬운 일이 아니다. 『오체불만족』의 저자 일본인 오토타케 히로타다의 경우 두 팔과 두 다리가 없는 상태로 태어났다. 이러한 신체적 조건은 오토타케가 삶을 살아갈 때 큰 장애요소가 되는 문제의 상황이다. 그렇지만 그러한 상황 자체가 문제인 것은 아니다. 흔히 우리는 해결하기 어렵거나 곤란한 상황을 문제라 생각하기 쉽다. 그러나 분명한 것은 그러한 상황이 문제인 것은 결코 아니다. 오토타케의 경우 사지가 없는 몸으로 태어남으로써 처음부터 문제의 상황이 주어진 것이지만, 그는 이 상황에서 괴로워하고 힘들어하고 불평하기보다는 오히려, 문제인식을 통해서 신체적인 조건을 넘어서는 자신의 삶의 방식을 고민하고 탐구하면서 자신의 삶을 행복하게 살아가고자 하였다. 그의 문제 인식 과정은 삶의 조건에 대한 불만에서 나온 것이기는 하지만, 해결해야 하는 질문으로 던진 문제인식은 다른 것이다. 그가 문제로 인식한 물음은 '사지가 없지만 어떻게 하면 행복한 나의 삶을 살 수 있을까?'이다. 이러한 질문에는 문제를 해결하고자 하는 실천적 의지가 들어 있다. 그리고 이러한 질문을 계속해서 스스로에게 제기함으로써 그는 사지가 없는 문제의 상황을 극복할 수 있었다. 오토타케의 경우에서처럼, 문제가 생겨날 수 있는 상황이 문제 자체는 아니다. 그 상황은 문제가 생겨날 수 있는 조건에 불과하다. 그리고 그러한 상황을 해결한다고 해서 문제가 해결되는 것은 아니다.

　　문제를 해결한다는 것은 해결해야 하는 질문으로 제기한 물음에 대한 답을 찾고 그에 따라 실행하여 문제해결의 목적을 달성하는 것을 의미한다. 문제해결의 목적은 질문의 내용에 있으며, 문제해결자가 물음을 내어 놓는 사고나 행위를 통해서 수립되는 것이다. 이때, 문제가 생겨날 수 있는 조건으로서의 상황은 문제해결의 목적 수립과는 아무런 관련이 없다는 것을 이해하는 것이 중요하다. 우리가 흔히 문제라고 생각하고 있는, 문제의 조건으로서의 상황은 사람마다 혹은 시대에 따라 다르다. 어떤 사람은 정말이지 해결하기 힘든 문제의 상황 앞에 직면하기도 한다. 동일한 상황이라도 그렇지 않을 경우도 있다. 또한 어떤 시대에는 도무지 해결할 수 없을 정도로 어려운 문제의 상황이 다른 시대에는 쉽게 해결이 될 수 있는 상황으로 바뀌기도 한다. 그러나 상황이 어느 정도 힘든지, 어려운지와 상관없이 문제해결의 목적은 모든 사람이 어떠한 시대라도 동일하게 수립될 수 있다. 예컨대, 전쟁의 상황에서 전세의 우열의 차이가 있다고 하더라도, 전쟁에 참가하게 된 군인이 수립해야 하는 문제해결의 목적은 어느 누구이건 어느 시대이건 전쟁에서의 승리 곧, 평화상태의 달성에 있다.

　　문제가 발생할 수 있는 조건으로서의 상황과 문제해결의 목적과의 차이, 결국 문제해결의 목적을 이해하기 위해서 최근 몇 년 전에 '명량'이라는 제목의 영화로도 제작된 명량해전(鳴梁海戰)의 상황과 이순신 장군의 문제해결의 목적을 살펴보는 것이 좋을 듯하다. 명량해전은 조선 선조 30년(1597년) 9월 16일 이순신 장군이 이끄는 수

군이 명량 바다에서 왜선(倭船)과 싸워 크게 승리를 거둔 해전으로서, 이순신 장군은 왜선의 수가 133척에 이르는 거대 함대를 아주 적은 12척의 함대로 맞서 싸워 아군 함선의 피해는 전혀 없이 31척의 왜선을 격파하는 결과를 만들었다. 여기서 문제가 발생할 수 있는 조건으로서의 상황은 조선 수군의 입장에서 볼 때, 매우 힘들고 어려운 것이다. 힘들고 어렵다는 것은 문제를 해결하는 데 있어서 문제해결 즉, 전투에서의 승리를 어렵게 하는 장애요소가 크고 많다는 것이다. 이러한 상황에서 문제를 어떻게 해결해야 할까? 이순신 장군 앞에 주어진 것은 이 물음이다. 문제의 인식은 이 물음과 연관하여 물음을 자신의 물음으로 내어 놓는 것이다. 이 물음을 내어 놓는 과정에는 문제해결자의 판단이 들어간다.

당시 조정에서는 수군이 너무도 미약하고 적이 아주 강하다고 판단하여 8월 15일 이순신에게 육군에 종사하라는 명령을 내렸다. 그러나 이순신은 수군의 작전을 통한 문제해결이야 말로 승리의 가장 좋은 방법임을 단호하게 주장하면서 당시 조정의 중론을 바꾸어 놓았다. 이때 이순신 장군이 선조에게 올린 상소문에 다음과 같은 유명한 말이 기록되어 있다. "제게 전선이 아직도 12척이나 남아 있습니다. 죽을 힘을 내어 항거해 싸우면 오히려 할 수 있는 일입니다."[1] 이순신은 문제가 발생한 조건으로서의 상황으로부터 문제해결을 할 수 있는 방법을 찾고 문제를 해결할 수 있는 상황이라고 판단한 것이다. 이러한 판단을 가능하게 했던 것은 문제해결의 목적에 대한 이순신의 깊은 성찰과 신념, 그리고 용기이다. 이 문제해결의 목적에 대한 깊은 성찰과 신념, 그리

---

1) 〈이충무공전서(李忠武公全書)〉 권13, 부록 5행록1에는 다음과 같이 적혀 있다. "저 임진년(壬辰年)부터 지금까지 5~6년 동안 적이 감히 충청, 전라도를 곧장 돌진해 오지 못했던 것은 실상 우리 수군이 길을 막았기 때문입니다. 이제 제게 전선이 아직도 12척이나 남아 있습니다. 죽을 힘을 내어 항거해 싸우면 오히려 할 수 있는 일입니다. 이제 만일 수군을 모두 폐하여 버린다면 적은 천 번 만 번 다행한 일로 여길 뿐더러, 충청도를 거쳐 한강에까지 갈 것입니다. 바로 그것이 제가 걱정하는 바입니다. 그리고 또 전선은 비록 적지만, 제가 죽지 않는 이상 적이 감히 우리를 업신여기지 못할 것입니다."

고 용기가 있었기에 문제해결을 할 수 있는 방법을 찾을 수 있었던 것이다. 문제해결의 방법에 대한 자세한 논의는 다음 장에서 서술하기로 하고, 여기서 보다 더 살펴볼 것은 문제해결의 목적과 목표의 구분이다.

3. 문제해결의 목적과 목표의 구분

올림픽에 참가한 선수들이 가지고 있는 목적이란 무엇일까? 스포츠 경기에서의 목적은 당연 경기에서의 승리이다. 리우 올림픽에 참가한 대표팀의 선수들은 모두 매 경기마다 승리하는 것을 목적으로 가지고 있다. 어느 선수도 경기에서 패배하는 것을 목적으로 가지고 있지 않다. 매 경기를 승리하여 궁

극적으로는 금메달을 따는 것이 최종의 목적이다. 이 목적은 누가 강요한 것도 아니며, 외부의 상황으로부터 주어진 것도 아니다. 그러나 물론 올림픽에서 금메달을 따는 것은 매우 어렵고 힘든 일이다. 우선, 4년의 기간 동안 정말이지 피나는 연습과 훈련을 해야 하며 각종 경기에서 실적을 쌓아야 하고 최종 대표팀 선발전을 통과해야 하기에 올림픽 경기에 출전하는 것만해도 매우 어렵고 힘든 일이다. 그런데 더 나아가 전 세계의 실력 있는 선수들과 경쟁하여 매번 승리하고 최고의 자리에 오른다는 것은 보통 쉬운 일이 아니다. 그렇지만 어렵고 힘들다고 해서 올림픽에 참가한 선수 중에서 어느 누구도 목적을 달리 생각하지 않는다.

예컨대 이번 리우올림픽의 유도 경기에 참가한 대한민국 대표팀 선수가 다른 나라

의 선수들의 기량이 지난 대회에 비해 월등히 향상되어 승리하기가 매우 어렵고 힘들다고 해서 승리를 포기하고 경기에 참여하는 것은 아니다. 모든 선수들이 스스로 물음을 던지는 것은 "어떻게 하면 이번 경기에서 승리할 수 있을까?", "어떻게 하면 매 경기를 승리하여 금메달을 딸 수 있을까?"이다. 그러나 물론 리우 올림픽에 참가한 선수들이 모두 금메달을 목표로 하지는 않는다. 어떤 선수 혹은 선수팀의 경우는 이번 대회의 목표를 동메달 혹은 4강 진출로 설정할 수도 있다. 목표는 어느 특정 시점에 구체적으로 달성될 수 있는 상태를 설정하는 것으로서 한계를 지니고 있다. 위의 선수 혹은 선수팀의 경우 이번 대회에 달성될 수 있는 상태를 그렇게 설정한 것이다. 그렇지만 목적을 다르게 생각하거나 포기하지는 않는다. 올림픽 경기에 참가하는 선수의 목적은 모든 경기에서의 승리이자 금메달이다. 어떤 선수가 이번 대회에 목표를 달성하였다고 해서, 그것으로 충분하다고 하고 다음 경기를 포기하는 경우란 있을 수 없다. 예컨대, 목표가 8강에 오르는 것이었기에 8강에 오르고 난 이후에 경기를 그만두는 경우란 한번도 있지 않았다. 이와 같이 목적은 목표와 다른 것이다.

문제해결에서의 목적은 해결하고자 하는 욕망이 있는 한 끊임없이 추구할 수 있는 것이다. 미국 대표팀의 수영 선수 마이클 펠프스(Michael Phelps)가 이번 리우 올림픽에 참가하기 이전까지 올림픽 메달을 총 22개(금메달 18개, 은메달 2개, 동메달 2개)나 획득했다고 해서, 리우 올림픽에 참가하는 목적이 금메달 이외의 다른 것이 될 수 없다. 그는 이번 대회에서 금메달 5개, 은메달 1개를 추가로 획득하였으며, 그리하여 그간 올림픽에 참가하여 획득한 메달은 총 28개(금메달 23개, 은메달 3개, 동메달 2개)가 되었다. 이런 펠프스를 두고 우리는 목적이 과하다고 할 수는 없다.

우리나라 대표팀의 사격 선수 진종

오는 리우 올림픽에서 남자 50m 권총 경기에서 1위를 하면서 금메달을 목에 걸었고, 그는 사격 경기에서 역사상 처음으로 단일 개인 종목에서 세 번 연속으로 금메달을 획득하는 3연패를 달성하였다. 그런 그에게 우리가 이제 그만 다음 대회인 도쿄 올림픽에는 출전하지 말라고 할 수는 없다. 올림픽 양궁 경기에 참가한 우리나라의 여자 대표팀은 여자양궁이 올림픽 정식종목으로 채택된 1988년 서울 올림픽부터 이번 리우 올림픽 대회까지 6개 대회에서 모두 우승하며 금메달을 획득했다. 그리고 이번 대회에서 남녀 단체 및 개인전에서 우리나라 대표팀 선수들이 모두 금메달을 획득하였다. 그렇다고 해서 앞으로의 올림픽 경기에서 대한민국 선수들이 올림픽에 참여하는 목적이 변하게 되거나, 이제 그만 목적을 잊어버려도 된다고 말할 수는 없는 것이다. 올림픽에서 양궁 경기가 지속되는 한 대한민국 양궁 선수들이 올림픽에 참가하면서 가지게 되는 목적은 변하지 않는다.

문제해결의 목적은 위와 같이 문제가 생겨나는 조건으로서의 상황이 어렵거나 힘든 것과는 상관없이 수립되는 것이며, 아울러 끊임없이 추구할 수 있는 것이다. 그리고 이 목적은 태어날 때 누구에게나 미리부터 주어지는 것은 아니다. 이 목적은 우리가 문제를 인식할 때 형성되는 것이다. 그러하기에 우리가 문제를 인식할 때에는 문제해결의 목적을 잘 생각해야 한다. 구체적으로 문제해결의 목적은 문제를 인식하는 물음의 형식에 들어가는 내용에 담긴다. 그렇다면 문제를 인식할 때 물음의 형식에 들어가는 내용을 어떻게 생각해야 할까? 우리는 여기서 서양철학의 거인 아리스토텔레스의 철학에서 목적의 개념에 관한 이해가 필요하다.

아리스토텔레스에 따르면, 인간은 모두 어떤 것을 욕망할 수 있는 존재이며, 그 중에서 나 혹은 우리에게 좋은 것을 욕망한다. 이 점은 철학적인 논변을 떠나서 일상을 살아가는 우리도 쉽게 이해할 수 있다. 예컨대 헬스장에서 열심히 운동하는 사람에게 왜 그렇게 운동하냐고 물어보면, 그는 이렇게 답한다. "건강해지면 좋으니까요. 운동을 하면 건강해질 수 있습니다." 즉, 병의 상태보다는 건강 상태가 좋기 때문에 우리는 건강하기를 욕망한다. 또한 허기질 정도
로 배고픈 상태보다는 적절히 배부른 상
태가 좋기 때문에 우리는 먹기를 욕망한
다. 뚱뚱한 상태보다는 적당히 마른 상
태가 좋기 때문에 우리는 다이어트 하기
를 욕망한다. 이처럼 '좋은 것'은 우리가
쉽게 생각할 수 있는 것이다. 그런데 그
'좋은 것' 중에서 우리가 보다 더 추구할
만한 것이 무엇인지를 생각하는 것은 조
금 머리가 아플 수도 있다. 그러나 아리스토텔레스는 '좋은 것' 중에서 '가장 좋은 것'을
생각하는 방법으로 우리의 생각의 방향을 안내하는 데, 우리가 조금 더 생각을 이어나
간다면 아마도 우리의 삶에서 '가장 좋은 것'은 '행복'이라는 생각에 도달할 것이다.

아리스토텔레스 역시 목적 중의 목적으로서 최상의 목적을 생각하도록 하면서, 그
최상의 목적은 '행복(eudiamonia)'이라고 하였다. "모든 종류의 앎과 선택이 어떤 좋음
을 욕망하고 있으므로, [……] 행위를 통해 성취할 수 있는 모든 좋음들 중 최상의 것이
무엇인지 논의해 보자. 그것을 어떤 이름으로 부르는지에 관해서는 거의 대부분의 사
람들이 동의하고 있다. 대중들과 교양 있는 사람들 모두 그것을 '행복(eudiamonia)'이라
고 말하고, '잘 사는 것(eu zēn)'과 '잘 행위하는 것(eu prattein)'을 '행복하다는 것'과 같은
것으로 생각하고 있기 때문이다."(아리스토텔레스, 니코마코스 윤리학, 제1권 제4장, 1095a, 이창
우 외 옮김, 2006: 17페이지) 이와 같이 예나 지금이나 모든 사람들이 자신의 삶에서 궁극의
목적으로 추구할 만한 것은 행복이라 할 수 있다. 그러나 행복이 무엇인지에 관해서는
끊임없는 논란이 있으며, 사람들마다 모두 동일한 답을 내놓는 것은 아니다. 그래서 저
마다의 행복이 있을 수 있지만, 그럼에도 우리가 인생을 살아가면서 삶과 관련한 문제
를 인식하고 문제를 해결하고자 할 때, 행복이라는 삶의 궁극적 목적을 전혀 생각하지

않고서 문제해결의 목적을 고려하지 않을 수 없을 것이다.

취업문제를 인식할 때, 흔히 '좋은 곳'에 취업하는 것만으로 문제해결의 목적이 달성된다고 생각하는 경향이 많다. 취업을 통해서 해결하고자 하는 궁극의 목적이 무엇인지를 생각한다면, 취업문제를 해결하는 목적이 단지 '좋은 곳'에 들어가는 것에 그칠 수는 없다. '좋은 곳'이 곧 '좋음'은 아니다. '좋은 곳'에 취업을 한 이후에도 다시금 취업문제에 대해 깊이 생각하고 고민하는 경우가 많이 있다. 왜 그런 경우가 생기는가? 취업문제를 인식할 때, '좋은 곳' 생각을 했지 취업을 통해서 내가 희망하고자 했던 '좋음'을 깊이 생각하지 못했기 때문이다. '어떤 직장'이 가지고 있는 '좋음'이라고 하는 내용이 '내'가 희망하는 '좋음'의 내용과 다를 수 있다. 삼성전자에서 근무하는 많은 수의 직원들이 일정 기간이 지나면 다시금 다음과 같은 물음을 스스로 내어 놓는 경우가 많다고 한다. '과연 내가 지금 행복하게 살고 있는가?' 매일 아침 일찍 출근하여 밤 10시, 11시까지 야근을 하고, 주말에도 기획서 작성 일에 밀려 출근하는 일이 반복되는 상황에서 가족과의 저녁 식사나 주말 나들이도 못하는 자신의 모습을 보며 행복한 삶에 대한 회의적 생각이 들기 때문이다. 그래서 문제해결의 목적을 생각할 때에는 '내'가 진정으로 원하는 것이 무엇인지에 대한 심사숙고를 거친, 궁극적으로 추구하고자 하는 '좋음'을 생각해야 한다. 그렇지 않은 경우 살아가면서 또 다른 큰 문제의 상황을 스스로가 야기시킬 수도 있다.

오토타케의 경우, 최근 뉴스를 통해서 부인이 있는 상태에서 다른 다섯 여인과 불륜을 저지른 사건이 보도되면서 일본 사회에 충격을 불러일으키고 큰 이슈가 되었다. 그는 부인과의 사이에서 자녀를 3명이나 두고 있다. 이 사건이 드러나기 전까지 그는 어렵고 힘든 상황을 스스로 극복하면서, 장애인들에게 모범이 되었고 수많은 사람들에게 용기와 희망을 가져다 주면서 사회적으로 성공을 거둔 사람으로 평가되었다. 그리고 비영리 단체를 만들면서 공익활동도 하였고 이러한 모범적 행동이 정치권에도 알려지면서 현재 일본 집권 자민당의 관심을 끌면서 우리나라의 국회의원에 해당하는 참의 원 선거에서 공천받을 것으로 거의 확실시 되었다. 그러나 이번 사건이 불거지자 그에 대한 모든 긍정적 평가는 물거품으로 사라졌다. 문제해결의 목적을 생각하는 관점에서 오토타케의 불륜 사건을 생각해보면, 그는 젊은 시절에 제기한 물음 즉, '사지가 없지만 어떻게 하면 행복한 나의 삶을 살 수 있을까?'라는 물음에서 문제해결의 목적을 망각하고 더 이상 '좋음'의 목적을 추구하지 못하였다고 평가할 수 있다. 그의 경우 문제가 발생할 수 있는 조건으로서의 상황의 어려움을 극복하고 문제인식을 제대로 하였지만, 그래서 문제의 상황적 조건은 해결하였지만, 실천을 통해서 문제해결의 궁극 목적을 달성하였다고 아직 말 할 수는 없는 것이다.

우리가 살아가면서 해결해야 하는 질문의 형태로 물음을 내어 놓으면서 인식하는 주요 삶의 문제는 문제해결의 목적을 심사숙고할 때, 그리 간단하게 해결될 수 있는 것은 아니다. '잘 사는 것'과 관련된 삶의 모든 문제가 문제해결의 목적을 생각할 때, 쉽게 해결될 수 있는 것은 아니다. 취업문제도 그러하거니와, 젊은 시절 끊임없이 고민하면서 추구하는 결혼문제 역시 그러하다. 결혼할 상대를 찾아서 서로 결혼할 것을 언약하고 양가 부모님을 만나서 인사를 하고 결혼식장에 들어가서 성혼 서약을 하는 것으로 결혼의 문제가 해결되는 것은 아니다. 결혼을 통해서 궁극적으로 해결하고자 하는 목적을 생각한다면, 결혼식장을 나오는 것이 문제해결의 끝이 아니라 그때부터가 시작이다. 이때부터 결혼생활을 통해서 이루고자 하는 문제해결의 목적을 더 깊이 생각하고 실천적 지혜를 통한 문제해결의 노력이 필요한 것이다. 결혼식장에서 나온 이후로 성혼 서약을 하면서 새겼던 '서로 사랑하며 행복하게 살아갈 것'이라는 목적을 잊어버린다면, 그리하여 파탄에 이르게 된다면, 문제를 해결한 것이 아니라 스스로가 더 큰 문제를 만든 것이다.

4. 문제해결의 목적 달성을 어렵게 만드는 장애요소

문제해결의 장애요소는 문제를 인식한 후, 문제해결의 목적을 달성하는 데 있어서 문제해결을 어렵거나 힘들게 만드는 요소이다. 문제를 발생시키는 조건으로서의 상황의 어려움이 문제해결을 어렵거나 힘들게 만드는 요소인 것은 맞다. 그러나 이 상황의 어려움이 문제를 인식하는 데 있어서의 장애요소가 되어서는 안 된다. 이 점을 앞서 오토타케의 젊은 시절의 경우, 이순신 장군의 명량해전의 경우를 통해서 설명하였으니 충분히 이해가 될 듯하다. 우리가 생각해야 하는 더 큰 문제해결의 장애요소는 문제를 인식한 후, 문제해결의 목적을 달성하는 과정에서 문제해결을 어렵거나 힘들게 만드는 요소이며, 이 점에 주목해서 문제해결의 장애요소를 파악해야 한다. 그럴 때, 문제해결의 장애요소는 다음의 네 가지로 정리할 수 있다.

첫째, 가장 우선적으로, 문제해결의 목적을 문제 해결자가 상실하거나 망각한 경우다. 문제를 제대로 인식하였지만, 문제해결의 목적을 상실하면 문제해결의 실천적 과정에서 회의적 상태에 쉽게 놓이게 되고, 망각한 경우 아주 심각한 또 다른 문제를 야기시킬 수 있다. 예컨대, 의사가 환자를 치료하는 목적은 환자의 병을 고쳐서 환자로 하여금 건강한 상태를 다시 찾게끔 하는 것이다. 문제해결자로서의 의사가 문제를 인식하는 과정은 문제를 발생시키는 조건으로서의 환자의 상황 앞에서 '어떤 치료 행위를 통해서 환자를 치료하여 건강하게 할 수 있을까?'라는 물음을 제기하며 그 답을 찾아가는 것이다. 그런데 이러한 인식의 과정에서 환자의 건강이 목적이 아니라 이를 상실하거나 망각하여 다른 목적 즉, 치료 행위를 통해서 돈을 어떻게 하면 더 많이 벌 수 있을지를 목적으로

문제를 발견하지 못하는 것이 문제라는 **생각.**

해보신 적 있나요?

생각한다면, 그 의사는 분명 심각한 또 다른 문제를 만들어 낼 것이다. 물론, 환자의 치료를 목적으로 생각하지 않는다면 의사가 되어서는 안 되는 것이다. 공무원의 예를 들어 보면, 공무원이 국민의 안녕과 국가의 공익을 목적으로 공무를 집행하지 않고, 이를 상실하거나 망각하여 다른 목적, 예컨대 자신의 사익 추구를 목적으로 공무를 집행하였다면, 그 행위로 인해 국민과 국가는 심각한 또 다른 문제에 봉착하게 될 것이다. 기업의 경우도 마찬가지이다. 기업이 추구하는 목적은 기업 구성원의 활동을 통한 최대 이윤의 추구이다. 그런데 어떤 한 직원이나 임원이 이윤 추구의 목적에 반대로, 자신의 이익만을 활동의 목적으로 추구하면서 기업에 손실을 가져오는 경우 그 기업은 심각한 위기에 빠질 수도 있을 것이다. 기업 이익에 손실이 예상됨에도 경쟁하는 기업에 이익이 돌아가게 업무를 처리하고 그리하여 기업에는 손실을 끼쳤다면 배임죄(背任罪)로 처벌을 받을 수도 있다.

둘째, 문제해결을 어렵거나 힘들게 하는 장애요소는 문제를 인식하였지만, 문제해결자가 문제해결을 위한 실천 의지를 갖지 않는 경우다. 문제해결을 위한 실천 의지를 갖는 것은, 제대로 문제인식을 하는 경우라면, 너무나 당연한 것으로 이해되어야 하는 것이다. 그런데 오늘날 문제의 인식과 문제해결을 위한 실천 의지를 가지는 것이 분리되어 있는 경향이 사람들 사이에 많이 있는 것 같다. 전통적으로 앎에 관해, 즉 인식에 관해 논할 때, 철학자들이나 지혜로운 사람들 사이에서는 앎과 행동은 일치한다는 '지행합일(知行合一)'의 가치관이 보편적으로 받아들여졌다. 알면 곧 행하게 된다는 것이 상식적으로 이해되는 사람에게는 이 두 번째 장애요소는 장애가 될 만한 것이 못된다. 그런데 아는 것과 실천하는 것은 별개라고 생각하는 사람은 실천하고자 하는 의지 역시 가지지 않는다.

물론 모든 경우는 아니지만, 아는 것과 실천하는 것이 별개라고 생각하는 사람들은 '나는 문제를 충분히 인식하고 있지만, 내가 해결할 것은 아니다'고 생각하면서 실천 의지를 스스로 불러일으키지 않는다. 그렇게 하기보다는 다른 사람이 해결해 주기를 바라고 기다린다. 특히, 이러한 경향은 '나' 혼자서 해결해야 하는 문제가 아니라 나를 포함한 '우리'가 해결해야 하는 문제의 경우에 두드러지게 나타난다. 또한 유아기를 벗어난 청소년뿐만 아니라 성인이 된 청년 중에서도 자신이 해결해야 하는 문제를 다른 사람이 해결해 주기만을 바라는 경우가 많다. 취업문제를 해결하고자 하고, 결혼문제를 해결하고자 하면서, 정작 문제해결자에게 실천 의지가 없는 경우는 주변에 조력자가 있다고 하더라도 문제해결을 할 수가 없다. 다른 사람이 해결해 줄 것을 기대하고 문제를 인식하는 경우는 제대로 된 문제인식이라 할 수 없다. 문제해결을 위한 스스로의 실천 의지가 있어야만 문제해결의 목적을 달성할 수가 있으며, 실천 의지가 없는 경우 문제해결의 목적이 아무리 좋은 것이라 하더라고 또한 주변에 문제해결의 방법을 가르쳐 주는 조력자가 있어서 도움을 주더라도 문제를 해결할 수가 없다.

셋째, 문제해결을 어렵거나 힘들게 하는 장애요소는 문제해결자가 문제를 인식하고 실천 의지도 갖고 있지만, 아직 문제해결의 방법을 모르는 상태다. 예컨대, 수학의 문제를 풀 때, 2+3=5가 된다는 것은 덧셈의 방법을 알면 쉽게 해결된다. 그런데 미분 혹은 적분과 관련된 함수의 문제를 풀 때 쉽게 해결되지 않는 이유는 미분이나 적분이 기초하고 있는 수학적 원리에 대한 이해 및 적용의 방법을 모르기 때문이다. 의사가 환자를 치료하고자 할 때, 특정 질병에 대한 치료의 방법을 모른다면 문제를 해결할 수 없다. 가령 수술을 해야만 치료가 되는 상황에서, 수술의 방법을 모르는 의사가 절개부터 할 수는 없는 일이다. 내 손으로 전원주택을 짓고 싶다고 집을 짓는 건축술을 모르고서 집짓기를 시작했다가는 큰 낭패를 볼 수도 있다. 문제해결을 어렵거나 힘들게 하는 대부분의 경우는 문제해결의 방법을 모르는 상태에서 문제를 해결해야만 하는 경우이다.

가령 자동차를 운전하고 가다가 갑자기 자동차가 도로에서 멈추어 섰을 때, 자동차를 고치는 방법을 모르는 상태라면 문제를 스스로 해결하기가 아주 힘들게 된다. 이럴 때에는 조력자에게 도움을 청할 수 있다. 보험회사에 전화를 걸어 긴급출동을 요청할 수 있다. 여름휴가로 계곡에 갔다가 갑자기 불어난 계곡물에 의해 왔던 길로 건너올 수 없을 만큼 고립이 되었을 때에도 119(안전신고센터)에 전화를 걸어 도움을 요청할 수도 있다. 이렇게 조력자의 도움을 요청하는 것도 하나의 문제해결의 방법이다. 복잡한 현대사회에서 모든 문제를 스스로의 힘으로 해결할 수가 없다고 한다면, 조력자에게 도움을 청하여 그 힘을 활용하는 것도 문제해결의 한 방법이다.

그런데 스스로 해결하고자 한다면 직접 방법을 배울 수도 있다. 가령 맛있는 음식을 사랑하는 연인이나 부인에게 해 주고 싶은 남자라면 좋아하는 요리의 레시피를 인지하고 재료를 준비하고 요리법에 따라서 요리를 할 수도 있다. 이러한 방법은 책이나 인터넷 정보 등의 수많은 기록에도 나와 있기에 찾고자 한다면 쉽게 찾을 수 있으며, 혹은 주변의 요리법을 아는 사람에게 물어볼 수도 있다. 수학 문제에서 미분이나 적분과 관련된 문제를 푸는 것이 어렵기는 하지만 방법을 잘 이해한다면 어려움은 극복할 수 있는 것이다. 살아가면서 겪게 되는 많은 일과 직업활동을 하면서 겪게 되는 업무와 관련해서도 마찬가지이다. 방법을 알게 된다면 대부분 문제를 해결할 수 있다. 문제해결의 방법을 찾는 관점에서 본다면, 사실상 이 세상의 모든 학문은 문제를 잘 해결하기 위한 최선의 방법을 체계적으로 서술한 것이라 할 수 있다.

넷째, 문제해결을 어렵거나 힘들게 하는 장애요소는 문제를 인식하고 문제해결의 방법을 알고 있으며, 문제해결을 위한 실천 의지도 갖고 있으나, 실행 과정에서 요구되는 필요한 만큼의 노력이나 힘이 부족한 경우이다. 문제해결의 목적이 추상적 차원에서 그치는 것에 있지 않다고 한다면, 문제를 해결하는 실행의 과정에는 문제의 특성에 따라 요구되는 노력이나 힘이 필요하다. 문제의 특성에 따라서 노력이나 힘에 정도의 차이가 있을 수 있으나, 우리는 항상 최선의 노력이나 힘을 기울여야 한다. 문제해결의 방법을 충분히 알고 있으면서도 노력이나 힘이 부족하여 문제를 해결하지 못하는 경우를 종종 경험하게 된다. 그러나 혼자인 상황에서 힘이 부칠 때라도 '할 수 있다'고 말하며 끝까지 최선의 노력을 경주하여 결국 문제를 해결하는 경우도 있다.

리우 올림픽에서 펜싱 에페 경기에 참가하여 금메달을 획득한 박상영 선수는 결승전에서 세계 랭킹 3위의 헝가리 선수 임레를 만나 후반까지 10점대 14점까지 차이가 나는 상황에서도 '할 수 있다. 나는 할 수 있어'라고 혼잣말을 되새기며 최선을 다한 결과 기적과 같은 승리를 이루어냈다.

문제해결의 목표 달성이 지금 어렵다고 하더라도 우리는 문제해결의 목적을 이루기 위한 최선의 노력을 다할 필요가 있다. 그리고 이 노력의 과정에서 '할 수 있다'와 같은 힘이 되는 말을 스스로 자주 할 필요가 있으며, 아울러 이러한 힘을 주변에서 도움 받을 수도 있다. 그레고리 포터가 노래한 "Don't lose your steam"의 가사에서처럼, "포기하지 마렴! 난 널 믿는단다. 널 믿어! 진정 넌 우리 가족의 희망이야. 너에게 꼭 얘기해주고 싶어! 꿈을 향해 나아가기를 멈추지마."와 같은 메시지가 큰 힘이 된다. 문제해결을 실행하는 과정에서 만약 주변에서 용기를 주는 격려의 메시지를 얻을 수 없다면, 사실상 문제해결의 실천이 아주 어려워진다. 그러하기에 문제를 해결하고자 하는 문제해결자가 주변에 있다면 용기를 주는 격려의 메시지를 보내며 힘을 보태 주어야 한다. 그리고 문제해결자 역시 혼자의 노력으로 해결하기 아주 어려울 경우 주변으로부터 용기를 받을 수 있는 힘을 요청해야 한다. 이렇게 함으로써 마지막 네 번째 장애요소도 극복할 수 있다.

위에서 열거한 네 가지는 우리가 문제를 해결하고자 할 때, 문제해결을 어렵거나 힘들게 하는 장애요소로서, 극복해야만 하는 것들이다. 장애요소는 극복의 대상일 뿐이다. 네 가지 모든 요소의 극복이 문제해결의 실천 과정에서 필요하며, 이 요소들은 복합적으로 작용하지만, 설명을 위해 단계를 구분하면, 첫째부터 넷째까지가 차례대로 단계적 성격을 지니고 있다. 그렇기에 문제해결의 장애요소를 극복하는 차원에서 문제해결능력을 함양하고자 한다면, 위에서 구분한 단계에 따라 단계적으로 어떤 자신의 문제를 숙고하면서 문제해결을 시도하는 것이 도움이 된다. 위의 네 가지 중에서 첫 번째와 두 번째는 본 장에서 그 의미와 중요성에 대해서 충실하게 서술하였으며, 문제를 해결하고자 하는 사람이 그 의미와 중요성을 충분히 이해한다면, 그것으로서 극복할 수 있는 것들이다. 첫 번째와 두 번째는 결국 문제해결자가 스스로 탐구하는 정신을 통해서 극복하지 않으면 안 된다는 측면에서 극복의 여부는 문제해결자에게 달려 있다고 할 수 있다.

그런데 세 번째와 네 번째의 경우는 양상이 조금 다르다. 세 번째, 문제해결의 방법을 아는 것은 이미 문제해결의 방법을 알고 있는 사람의 도움이 필요하며, 네 번째, 문제해결의 실행 과정에서 요구되는 노력이나 힘은 때때로 주변 조력자의 격려와 지원을 필요로 한다. 물론 문제해결의 방법을 학습하고 문제해결의 실행 과정에서 요구되는 필요한 만큼의 노력에 대해 문제해결자가 최선을 다해야 하는 것은 당연한 전제이다. 그런데 세 번째와 네 번째 중에서 조력자의 도움이 꼭 필요한 것은 세 번째이며, 이 세 번째는 문제해결능력의 함양에 필수적인 것이다. 그리고 특히 세 번째의 경우는 문제해결자가 학습을 통해서 극복할 수 있는 것이면서 조력자가 가르침을 통해서 교육의 성과를 이룰 수 있는 것이다.

제2장
문제해결의 방법과 사고

1. 문제해결의 방법과 사고

문제해결능력을 함양하기 위해서는 문제해결의 방법을 탐구하는 것이 필수적으로 요구된다. 우리가 일상을 살아가거나 직업생활을 하면서 당면하게 되는 문제의 상황에서 문제를 해결하지 못하는 경우는 대부분 문제해결의 방법을 모르기 때문이다. 어린 시절이나 청소년

시절에 겪는 문제들이나 직장에 처음 들어갔을 때 겪는 문제 대부분을 해결하기 힘든 이유 역시 문제해결의 방법을 모르기 때문이라는 것을 경험하게 된다.

그러나 수많은 문제에 부딪치고 문제를 해결해 내는 과정에서 문제해결의 방법을 터득하거나 배우게 되면 문제의 수도 줄어든다. 장년이나 노년의 시절에 이르게 되면 문제해결의 방법을 더욱 더 많이 알게 되고, 직장에서도 10년차 20년차가 되면 대부분

의 문제해결의 방법을 알게 되기 때문에 해결해야 하는 문제들의 수가 줄어든다. 그래서 문제를 해결하는 경험이 많으면 일정 시간이 지난 후에는 자연스럽게 문제해결능력이 함양되는 사람들이 있으며, 그러한 경우를 우리는 충분히 생각해볼 수 있다.

그러나 이렇게 문제에 부딪치는 경험을 하는 과정을 통해서 자연스럽게 획득되는 것으로 문제해결능력이 함양되는 것으로만 생각한다면, 우리는 적어도 경험이 부족한 젊은 시절 혹은 입사한 후 초년기에는 문제해결능력을 원하는 만큼 충분히 함양할 수 없다고 생각하게 될 것이다. 결국 나이가 들거나 연차가 쌓여야만 문제해결능력이 충분히 함양된다고 생각할 것이다. 만약에 그렇다고 한다면 젊은 시절 이전까지 문제해결능력을 학습자가 학습하거나, 교수자가 가르치는 것은 실질적인 효과를 달성하기 어려운 것이라 생각할 수도 있다. 실제로 문제해결능력을 배우는 학생들 중에서 일부는 실제로 경험하지 않은 일을 경험하기 전에 고려하면서 문제해결의 방법을 찾는 학습의 효과에 대해 회의적인 생각과 태도를 갖고 있는 학생들이 있다. 또한, 어떤 직업에서 경험이 풍부한 직업인 중에서 대학생들에게 문제해결능력 함양을 위한 방법을 가르치더라도 실제 직업 세계에 들어와서 업무를 수행하게 되면 전혀 능력이 발휘되지 않는다는 점을 지적하면서 문제해결의 방법을 가르치는 효과에 대해 회의적인 생각과 태도를 갖고 있는 경우도 있다.

어떤 직업의 경우는 수행하는 직무의 특성상 문제해결의 방법을 잘 알기보다는, 업무 진행의 패턴을 반복하여 익히고 습관적으로 일을 수행하는 것이 더 좋은 혹은 더 필요한 문제해결능력일 수 있다. 이러한 경우, 문제해결능력의 함양은 반복적인 일을 습관화하는 훈련과 그 습관을 지속하는 데 필요한 최소한의 태도 교육으로 충분하다고 할 수도 있다. 만약 문제해결능력 함양의 목표가 이러한 훈련과 태도 교육으로 충분하다고 한다면, 고등교육기관인 대학에서 이러한 능력의 함양을 위한 교육을 실시할 필요는 없을 것이다. 고등 교육을 받지 않았다고 하더라도, 어떤 직업 세계에서 특정 직무를 수행할 때 다른 어떤 누구보다도 업무를 잘 수행하면서 아울러 주어진 문제를 척

척 해결하는 경우를 많이 볼 수 있다. 예컨대 요리의 일을 하는 어떤 요리사가 문제해결능력과 관련한 고등 교육을 받지는 않았지만, 경험이 풍부한 요리의 장인 밑에서 주어진 업무를 수행하면서 몇 가지의 요리를 오랜 기간 동안 습관적으로 반복한 결과 그 요리에 대한 최고의 맛을 내는 능력을 갖출 수도 있다. 다른 예로는, 보석 세공의 일을 하는 경우에 있어서 경험이 풍부한 보석 세공의 장인 밑에서 위와 동일하게 오랜 기간 동안 습관적으로 반복한 결과 그 보석 세공에 대한 최고의 수준을 보여주는 능력을 갖출 수도 있다. 이러한 예들은 다른 직업의 여러 직무에서도 수많이 거론될 수 있을 것이다.

직업 세계에서의 경우는 아니지만 김장 김치를 담그는 일과 관련하여 아마도 대부분의 아들들이 최고의 능력을 갖춘 사람이라고 손꼽는 어머니의 손맛을 생각해보자. 김장 김치에 관해 아들들이 최고의 맛이라고 평가하는 김치는 어릴 적부터 먹어온 어머니의 손맛이 깃들어 있는 '엄마 김치'일 것이기 때문이다. 김장철에 오랜만에 고향에 가서 어머니가 만든 김치를 먹어 보고 "어머니는 대체 어떻게 이렇게 맛있는 김치를 담그게 되었어요?"와 같이 질문을 하였을 때, 어머니는 흔히 다음과 같이 대답한다.

"뭐 시집와서 시어머니 따라서 매년 담그다보니 그렇게 되었지 뭐. 맛있으면 많이 먹기나 해."

이때 아들과 같이 간 며느리가 어머니의 김치를 배워볼 요량으로 "어머니 김치 절

한국인의 반찬을 넘어
세계의 문화유산으로, 김치

일 때 소금은 계량스푼으로 몇 스푼을 넣으며, 양념할 때 고춧가루와 멸치젓갈의 비율은 어떻게 되나요?"라고 물었다면, 어머니는 이렇게 대답한다. "난 스푼 같은 것 사용할 줄 모르고 사용해 본 적도 없어. 애야. 그때그때 손에 집히는 감각대로 그냥

척척 뿌리고 넣고 하는 거야. 애야. 너도 그런 쓸데없는 말 하지 말고, 그냥 보고 따라서 해 봐." 이렇게 해서 만들어지는 것이 '엄마 김치'의 비법인 '어머니의 손맛'의 정체이다. 이 때 '비법'이라는 것은 경험을 통해서 익히지 않고서는, 혹은 전달하지 않고서는 배우거나 가르칠 수 없는 것을 의미한다.

만약에 위와 같은 경우라고 한다면, 문제해결능력의 함양을 위해서 문제해결의 방법을 찾기 위한 탐구로서의 사고를 한다는 것은 불필요한 것이 될 것이다. 사고보다는 눈치가 필요할 것이다. 어떤 직업 세계에서 경험 많은 사람이 "눈치껏 해야지", "이 일은 눈치가 필요해"라고 말하며 눈치의 능력이 없는 후배들에게 소위 교육을 한다. 만약 모든 직업세계에서 직무를 수행함에 있어서 위에서 예시로 든 경우들만 있다고 한다면, 문제해결능력의 함양을 위한 문제해결 방법을 학습하거나 가르치는 일은 필요가 없다.

본 장에서 서술하고자 하는 문제해결의 방법은 문제해결능력의 함양을 위해서 방법을 탐구하는 사고가 필요한 경우에 해당하는 것이며, 이 방법은 특정한 일을 수행하는 데 정해진 일련의 절차적 지식이 아니라 어떠한 경우의 일이라도 해결해야 하는 문제에 적용할 수 있는 일반적인 방법에 해당하는 것이다. 본 장을 통해서 우리가 다루고자 하는 것은 문제해결의 방법을 찾는 탐구로서의 사고능력이며, 이 능력이 문제해결능력 함양을 위해 필수적으로 요구된다는 것을 전제하고 문제해결의 방법에 대한 우리의 탐구를 시작한다.

2. 수행할 수 있는 과제로서의 문제 도출

우리가 문제해결의 방법을 찾는 탐구를 시작하기 위해서는 탐구의 대상이 어떤 것인지를 정확히 이해해야 한다. 앞선 제1장에서는 문제의 개념과 문제해결의 의미, 그리고 문제인식과 문제해결의 목적을 주요 내용으로 이해하였는데, 여기서 주의해야 할 점은, 문제인식으로부터 곧바로 문제해결의 방법을 찾는 탐구의 대상이 도출되는 것은 아니라는 점이다. 탐구의 대상이 되는 것은 문제를 인식한 이후에, 구체적으로 현 상황에서 수행해야 하는 과제로서의 도출한 문제이며, 수행의 결과로 예상되는 문제해결의 목표를 설정할 수 있을 때 탐구를 시작할 수 있다.

조금 복잡해 보이는 것 같지만, 조금만 더 이해한다면 당연한 것으로 받아들일 수 있을 것이다. 예컨대, 의사가 환자를 만났을 때 우선 문진을 통해서 병이 있다는 상태를 확인하고 문제를 인식하는 단계에서 다음과 같은 물음을 던진다. "어떻게 하면 병을 치료하여 환자가 건강한 상태로 회복하게 할 수 있을까?" 문제인식 단계에서의 물음은 이 이외에 다른 것일 수 없다. 문제해결의 목적은 환자가 건강한 상태로 회복하는 것이며, 이 보다 더 좋은 목적을 의사로서 생각할 수 없기 때문이다. 그런데 지금 앞에 마주하고 있는 환자의 현상 상태를 살펴볼 때, 환자의 건강 상태가 완전히 회복되는 가장 좋은 목적을 현재로서는 기대할 수 없는 경우가 있다.

예컨대, 교통사고로 한쪽 다리가 심각하게 파손된 환자가 의사를 찾아왔다고 가정해보자. 환자의 다리를 원래대로 건강한 상태로 되돌리는 것이 치료 행위의 가장 좋은 목적이지만, 현재의 치료행위를 통해서 그러한 목적 달성이 불가능할 수도 있다. 이럴 때 의사는 현상을 분석하면서 치료 행위를 통해서 달성할 수 있는 가능한 목표를 찾게 된다. 그리고 이 목표와 현상 간의 차이를 분석하면서 현 상황에서 치료행위

가 가능한 과제를 찾는다. 만약 이 의사가 수술을 전문으로 잘 하는 외과의사가 아니라, 그날 응급실의 당직을 맡은 내과 전공의라면 자신이 수술을 결정하고 수술을 할 수는 없을 것이다. 그가 수행할 수 있는 치료행위는 현상황에서 자신의 치료행위를 통해서 일정한 목표를 달성할 수 있는 과제이다. 이 과제가 그 응급실 당직 전공의가 해결해

야 하는 문제이다. 이처럼 현상 파악과 목표 설정 그리고 목표와 현상 간의 차이 분석을 통해서 문제해결자에게 도출된 과제가 문제해결의 방법을 찾는 탐구의 대상이 된다. 따라서, 탐구의 대상이 되는 것은 문제를 인식한 이후에, 구체적으로 현 상황에서 수행해야 하는 과제로서 문제해결자가 도출한 문제이다. 요컨대, 문제해결자가 수행할 수 있는 범위에서 구체적으로 해결해야 하는 과제로 도출한 문제가 곧 탐구의 대상이 된다.

탐구의 대상으로서 문제를 도출하는 과정에서 필수적으로 요청되는 것은 숙고이다. 잘 생각하고, 깊이 생각한다는 뜻을 가지고 있는 숙고는 의사가 환자를 치료하기 전에 치료 계획을 수립하는 과정에서 전형적으로 살펴볼 수 있다. 환자 앞에 마주선 의사의 목적은 치료행위를 통해서 환자의 건강을 회복하는 것이다. 이때 어떤 치료를 어떻게 행해야 할 것인지를 잘 생각하고, 깊이 생각하여 치료의 계획을 세워야 한다. 바로 이렇게 잘 생각하고, 깊이 생각하여 계획을 세우는 과정이 전형적인 숙고의 과정이다. 그럼 어떻게 생각하는 것이 잘 생각하고, 깊이 생각하는 것일까? 좋은 숙고는 어떤 것일까? 단지 오랜 시간 동안 생각에 머물며 생각에 생각을 거듭하는 것이 좋은 숙고일까?

프로바둑 경기를 보면 바둑 기사가 돌 하나를 놓는 데 오랜 시간 동안 생각에 잠기어 바둑판을 보고 있는 것을 종종 본다. 일반 시청자들이 볼 때 바둑기사가 너무 오랫동안 예컨대 30분이나 생각에만 잠겨 있다면 지루하게 보일 수도 있을 것이다. 그러나 그 바둑기사는 단 1초도 쉬지 않고 생각에 생각을 거듭하며 바쁘게 뇌를 움직이며 숙고하고 있다. 그가 그 시간 동안 숙고한 것은 현재의 바둑 판세를 분석하여 승리를 위한 가장 최선의 착점이 무엇인지를 끊임없이 찾는 것이다. 그런데 그는 시간제한 없이 마냥 오랫동안 생각에 머무를 수 없다. 경기에서는 시간의 제한이 있기 때문에 결국 어느 시점에서는 한 곳의 지점을 선택하여 자신이 가지고 있는 돌을 놓아야만 한다. 같은 대국의 상황에서 프로기사가 선택한 착점을 어떤 아마추어가 찾는다고 한다면, 아마도 두 배, 세 배의 시간이 걸릴 수도 있을 것이다. 어떤 직업의 직무에서는 숙고를 위해 주어진 시간이 아주 짧을 수도 있다. 그럼, 어떻게 숙고하는 것이 문제해결을 위한 좋은 숙고의 방법인지 생각해보자.

3. 문제도출 과정에서의 숙고의 구조

아리스토텔레스는 목적과 수단의 관계 속에서 숙고의 과정을 파악하면서 숙고를 다음과 같이 정의한다. 숙고(Deliberation, 熟考)란 목적을 실현하는 데 필요한 수단을 탐색하는 사고의 과정이다. 여기서 목적과 수단의 관계는 수단을 행하면 목적을 달성할 수 있는 가능성이 있는 관계로 묶인다. 아리스토텔레스가 말한 숙고를 문제해결에서 목적과 연관된 수행 과제 도출 과정에서 절차적으로 적용해 보자. 우선, 문제의 상황에서부터 문제를 인식하는 과정에서 문제해결자가 욕망하는 것이 있다. 이것은 앞선 장에서 살펴본 것으로, 문제해결자가 수립한 문제해결의 목적이다. 이것을 A라고 하자. 예컨대, 의사의 경우 A는 치료행위를 통해 환자가 건강한 상태를 회복하게끔 하는 것이며, 건축가의 경우 A는 건축행위를 통해 집을 잘 짓는 것이며, 피리연주자의 경우 A는 피리부는 행위를 통해 피리연주를 잘 하는 것이다. 다음, A를 실현하기 위해 수단을 찾는 것이다. 찾아보니 B가 탐색되었다고 하자. 그럼 B는 A라는 목적을 실현하기 위한 수단이다. 그렇다면, 우리는 B를 행함으로써 A가 실현될 수 있을 것이라고 기대할 수 있다. 여기서 만약에 문제해결자가 '지금 여기서' B를 곧바로 실행할 수 있는 능력을 가지고 있으며 그럴 수 있는 상황이 충분하다면 숙고는 여기서 멈추고 B를 선택하면 된다. 그런데 만약에 '지금 여기서' B를 실행할 수 없다면, 문제해결자는 어떻게 해야 할까? 목적을 실현하는 데 필요한 수단을 탐색하는 숙고를 더 이어 나간다. 이번에는 B를 목적으로 하고, B를 실현할 수 있는 수단을 찾는 것이다. 찾아보니 C가 탐색되었다고 하자. 그럼 C는 B라는 목적을 실현하기 위한 수단이다. 그렇다면, 조금 전과 마찬가지로, 우리는 C를 행함으로써 B가 실현될 수 있을 것이라고 우리는 기대할 수 있다. 그 다음 B의 단계에서 했던 것처럼 마찬가지로 진행되어, 결국은 '지금 여기서' 문제해결자인 '내'가 수행할 있는 일을 찾는 데까지 숙고는 진행된다. 지금까지 서술한 내용을 알기 쉽게 도표로 정리하면 다음과 같다.

숙고(Deliberation)의 기본 구조			비고
목적	내가 바라는 목적은 A이다. 어떻게 하면 A를 실현할 수 있을까?		문제 인식
사 고 의 과 정 ↓	숙고 (Deliberation) {	A를 실현하는 데 필요한 수단은 B이다.	↑ 행 동 의 과 정	수행 과제 도출
		B를 실현하는 데 필요한 수단은 C이다.		
		⋮		
		M을 실현하는 데 필요한 수단은 N이다.		
	지각 (Perception)	'지금 여기서(here and now)' 내가 '할 수 있는' 것은 N이다.		
	선택(Choice)	나는 N을 선택한다.		
행동(Act)	나는 N을 수행한다.		실행

위와 같은 숙고의 구조에서 최초 가장 좋은 것으로서 내가 수립한 목적(A)에서부터 숙고를 거쳐 선택한 것(N)에 이르기까지는 사고의 과정이며, 도표에서는 위에서부터 아래로 내려온다. 그 다음, 우리가 행동을 통해 수행하는 과정은 선택한 것(N)에서부터 궁극의 최종 목적(A)에 이르기까지로, 도표에서는 아래로부터 위로 거꾸로 올라간다. 결국 행동의 과정은 '지금 여기서' 문제해결자인 '내'가 '할 수 있는' 것부터 시작해서 단

계적인 목적들을 이루어가는, 다시 말하면, 최종 목적의 수단들을 하나하나 밟아나가는 과정으로 이루어진다. 이러한 숙고를 통해 문제해결자가 해결해야 하는 과제로서의 문제가 도출된다. 도출된 문제는 바로 'N'이다. 그리고 이 'N'이 문제해결의 방법을 찾는 탐구의 대상이 된다.

그럼 목표는 어떻게 정하는 것이 좋은 것일까? 목표 수립 역시 문제해결자가 수립하는 것이다. 위의 숙고의 구조에서 만약 N부터 시작하여 단계적으로 행동을 해 나갈 때 '일정 기간' 이내에 A까지 도달하여 결국 A를 실현할 수 있다면 A를 문제해결자인 '나'는 목표로 수립할 수 있다. 그러나 그렇지 않고 그 '일정 기간' 이내에 B나 C까지 도달할 수 있다면 B나 C가 문제해결자인 '나'의 목표로 수립될 수 있다. 이런 점에서 A부터 M까지 모두 '나'의 목표가 될 수 있다. 하지만 목표를 수립할 때 반드시 고려해야 하는 것은 '일정 기간'이다. 왜냐하면 '일정 기간' 이내에 일련의 계획에 따른 어떤 행동들을 단계적으로 해 나갈 때, 그 결과로서 성취될 수 있는 것을 우리는 '목표'라고 규정하기 때문이다.

목적과 목표의 구분을 교육의 목적과 교육과정의 목표의 예로 좀 더 살펴보자. 최근 새롭게 제정된 『인성교육진흥법』(법률 제13004호, 2015.1.20. 제정, 2015.7.21. 시행)의 내용으로 살펴보자. "이 법은 『대한민국헌법』에 따른 인간으로서의 존엄과 가치를 보장하고 『교육기본법』에 따른 교육이념을 바탕으로 건전하고 올바른 인성(人性)을 갖춘 국민을 육성하여 국가 사회의 발전에 이바지함을 목적으로 한다."(제1조(목적)) 이 법은 유치원, 초등학교, 중학교, 고등학교까지의 학교교육에서 적용되며, 교육부장관이 관계 부처 협의 및 특별 위원회의 심의를 거쳐 최종 수립하는 인성교육종합계획을 5년마다 수립하여 시행하게 되어 있다. 여기서 유치원에서부터 고등학교까지의 학교교육은 일정 기간 이내에 수행되는 것으로, 그 정해진 기간 안에 학생들이 학습활동을 통해서 성취될 수 있는 목표를 담은 일련의 교육과정을 수립한다. 이때, 유치원에서부터 고등학교까지의 학교교육이 궁극적으로 추구하는 목적은 위에서 언급한 목적 이외에 벗어날 수 없다. 목적은 유치원이나 고등학교나 동일하다. 그러나 유치원에서의 교육과정을 통해서 학생들이 성취할 수 있는 수준으로서의 목표와 고등학교에서의 목표는 다를 수밖에 없으며, 달라야 한다. 왜냐하면 초등학교 1학년 학생들에게 고등학교 1학년 학생들이 성취할 수 있는 수준의 목표를 세워 교육을 실행할 수 없기 때문이다.

현대 사회는 복잡하며, 그래서 해결되어야 하는 문제들도 여러 가지로 복잡하게 얽혀 있으며, 그 속에서 살아가는 우리들이 저마다 해결해야 하는 문제들도 복잡하다. 하나의 목적을 실현하고자 할 때에도, 관점에 따라서 해결해야 하는 문제들이 수없이 도출될 수 있다. 따라서 목적과 수단의 관계 속에서 숙고하는 생각의 과정도 복합적이며, 그래서 복합적인 숙고의 방법도 필요하다. 위에서 제시한 숙고의 기본 구조를 변형하여 숙고의 복합적인 구조를 만들어보자. 숙고의 기본 구조를 단선적(A부터 N까지 하나의 선으로 연결)이라고 한다면, 숙고의 복합적인 구조를 다음과 같이 다선적으로 만들 수 있을 것이다.

숙고(Deliberation)의 복합 구조			비고
사 고 의 과 정	목적	내가 바라는 목적은 A이다. 어떻게 하면 A를 실현할 수 있을까?	문제 인식
	숙고 (Deliberation)	B1　　B2　　B3　…… C1　　C2　…… D1　　D2　　D3　… :	행동의 과정 / 수행 과제 도출
	지각 (Perception)	'지금 여기서(here and now)' 내가 '할 수 있는' 것은 D1이다.	
	선택(Choice)	나는 D1을 선택한다.	
	행동(Act)	나는 D1을 수행한다.	실행

숙고의 복합적 구조는 목적과 수단의 관계에서 하나의 목적을 실현하는 데 필요한 수단을 최대한 여러 가지로 검토한 후, 그 중에서 하나를 선택하는 방법으로 여러 가지가 뻗어 나가듯 사고의 과정이 진행된다. 위의 도표에서 보면, 목적 A를 실현하는 데 필요한 수단은 B1, B2, B3 등이 고려될 수 있지만, B2가 최선의 수단으로 선택된다. 다음 B2의 목적을 실현하는 데 필요한 수단을 탐색하는 과정으로 이어지며, 이 과정에서 C1, C2 등이 고려될 수 있지만, C2가 최선의 수단으로 선택된다. 이렇게 목적과 수단의 연결 관계를 탐색하면서 '지금 여기서' 내가 '할 수 있는' 것을 찾아가는 과정을 계속하게 된다. 위의 도표에서는 D의 단계에서 D1이 '지금 여기서' 내가 '할 수 있는' 것으로 선택되었다. 이러한 선택이 이루어지면 행동은 D1부터 거꾸로 거슬러 올라가면서 수행을 하게 된다.

위와 같은 숙고의 복합적 구조는 개인뿐만 아니라 동일한 목적을 공유하고 있는 여러 사람들이 함께 문제를 해결하고자 할 때에도 많이 활용될 수 있다. 예컨대, 기업의 경영 전략 수립회의에 활용될 수 있다. 막걸리를 판매하는 '가' 회사가 있다고 하자. '가' 회사는 최근 자사의 이익이 감소하고 있다는 보고에 따라서 문제가 될 수 있는 상황에 직면하게 되었다. 기업의 목적은 이윤추구의 극대화에 있기 때문에 이익이 감소하는 현 상황을 그대로 둘 수는 없다. 그래서 '가'의 사장은 '어떻게 하면 '가' 회사의 이윤추구를 극대화 할 수 있을까?'라는 물음을 던지고, 이 물음에 대한 답을 찾기 위해서 사내의 모든 부서장을 참여시키는 전략기획회의를 개최하였다.

판매부서의 부서장은 유명 연예인을 모델로 하는 TV광고를 함으로써 판매량을 늘릴 필요가 있다고 의견(B1)을 내어 놓았다. 개발부서의 부서장은 기존의 노후한 이미지에서 벗어나기 위해 청년층에 인기를 끌 수 있는 다양한 맛의 신제품을 개발해야 할 필요가 있다고 의견(B2)을 내어 놓았다. 생산부서의 부서장은 현재 막걸리의 단점인 짧은 유통기한을 극복할 만한 제품개선이 필요하다는 의견(B3)을 내어 놓았다. 그 외 여러 가지 수단들이 있었지만 3가지가 주요 내용이었다. 이 안들을 검토하면서 '가'회사 사장은 컨설팅 업체의 자문을 통해 B2가 B1 및 B3 보다 목적을 달성하는 데 현재 가장 적합한 최적의 수단이라 판단하여 B2를 실행하는 전략을 수립하였다. 그리고 나서, B2의 의견을 내어 놓은 개발부서의 부서장에게 다시금 기획 회의를 통해서 개발해야 할 신제품의 구체적인 개발 계획을 수립하라고 지시하였다.

그 다음은 어떻게 전개될 것인가? 다음 회의는 개발부서 부서장이 개발기획회의를 주재하여 '어떻게 하면 이익의 효과가 높은 신제품을 잘 만들 수 있을까?'라는 물음을 던지며 회의를 할 것이다. 이 회의에서 신제품을 소비할 주된 성별을 어디로 할 것인지를 검토하였다면 C의 단계에서 C1(남성), C2(여성)로 구분하여 검토하고 숙고하여 판단을 할 것이며, 어떤 연령대로 할 것인지를 검토하였다면 D의 단계에서 D1(20대) D2(30대), D3(40대) 등으로 구분하여 검토하고 숙고하여 판단을 할 것이다. E, F로 더 나아갈 수 있지만 D의 단계에서 '지금 여기서' 일을 수행할 수 있다고 판단을 하면, D에서 기획회의를 멈추고, 구체적인 개발 실험 및 실행 과정을 수행한다.

기획회의를 끝내면서 개발부서의 부서장은 함께 기획회의에 참여한 개발연구팀에게 '20대의 여성을 주요 고객층으로 하면서 판매이익을 높일 수 있는 신제품 막걸리를 개발하라'는 메시지를 공식화 할 것이다. 이렇게 되면, 개발부서의 연구팀에게 실제로 수행해야 할 과제가 도출된 것이다. 그 다음에 이제 실행하는 일이 시작된다. 기업에서는 이러한 숙고의 과정을 주로 간단한 구조를 통해 시각화하면 다음과 같다.

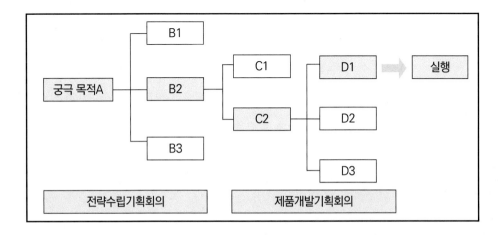

위와 같은 도식화에 따른 논리구조 파악을, 마치 나무처럼 뿌리에서 줄기에서 가지로 뻗어나간다는 점에서, '로직트리(Logic Tree)'라고 부르기도 하며, 혹은 이집트의 피라미드의 성과 같이 하나의 정점에서 파생되어 나간다는 점에서 '피라미드 구조'라고 부르기도 한다. 만약 위의 사례와 달리 B의 단계에서 B2와 더불어 B1의 수단이 A의 실현을 위해서 반드시 필요한 경우라면, 가지가 더 많은 나무처럼 뻗어나가면서 동시에 실행해야 하는 것이 늘어날 수도 있다. 예컨대, 교통사고로 병원 응급실로 실려 온 환자가 허리의 척추를 크게 다친 것으로 파악되면서 아울러 복부가 팽만하여 내장기관의 손상도 의심이 되는 경우라면, 외과의 수술 전문의가 주치의가 되어 숙고의 과정을 거치면서 동시에 내과의 전문의에게 협진을 통해 동시에 실행할 수 있는 계획을 세우게 된다.

위와 같은 숙고를 통해 계획이 수립되면 실제 행동을 통해서 수행해야 하는 것으로 선택된 것이 과제로서의 문제이다. 이 문제는 문제해결자가 '지금 여기서' 행동을 통해 할 수 있는 것이어야 한다. 그래야만 실천적 행동이 가능하기 때문이다. 그리고 이 과제로서의 문제가 우리가 본 장에서 탐구하고 있는 문제해결의 방법을 찾는 탐구의 대상이 된다. 이제 우리는 문제해결의 방법을 찾는 탐구의 과정을 시작할 수 있게 되었다.

4. 문제해결의 방법을 찾는 탐구의 기본적인 사고로서 원인 분석법

지금까지의 서술에서 수행 과제로서의 문제도출 과정을 숙고하는 사고의 과정을 통해서 설명하였다면, 지금부터는 도출된 문제를 행동으로 실천하는 데 필요한 분석적 사고의 방법을 서술하고자 한다. 수행 과제로서 도출된 문제는 문제해결자로 하여금 행동을 통해서 해결되기를 기다리고 있다. 여기서 문제해결자는 행동을 통해서 문제를 수행하면서 해결이 목표를 달성하도록 최선의 노력을 해야 한다. 이때 최선의 노력을 하는데 있어서, 필수적으로 요구되는 것은 최선의 문제해결 방법을 먼저 찾고 그에 따라 행동으로 옮기는 것이다. 방법을 찾지 않고 먼저 행동부터 실행한다면 실패할 가능성이 많다. 흔히 '성급하게 행동하여 일을 그르치게 되었다.'는 말을 가끔 스스로 하기도 하며, 주변 사람들로부터 듣기도 한다.

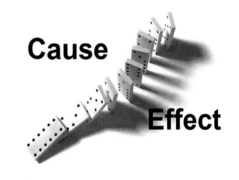

아마도 젊은 시절에 성급한 행동으로 인해 일을 그르치게 된 경험을 적어도 한 번 이상은 해 보았을 것이다. 위의 말에서 '일을 그르치게 되었다'는 뜻은 제대로 행동을 하였다면 문제를 해결할 수도 있었는데 그렇게 하지 못하였다는 것을 의미하며, '성급하게 행동하여'라는 뜻은 문제를 해결할 수 있는 여러 가지 방법들이 있었으며 그 중에서 내가 행동했던 것과는 다른 더 좋은 행동의 방법을 찾을 수도 있었는데, 그것을 찾는 과정을 건너뛰고 행동부터 먼저 하였다는 것을 의미한다. 위와 같은 말에는 실수라고도 할 수 있는 자신의 행동에 대한 후회의 마음이 담겨 있다. 성급하게 하지 않고 즉, 우선 행동을 위한 최선의 방법을 찾은 후에 그에 따라 행동을 옮긴다면 일을 그르치지 않게 되는 즉, 문제를 해결하여 목표를 달성할 수도 있었을 것이라는 생각에 따라 후회하는 것이다.

우리는 인생을 살아가면서 젊은 시절에, 그리고 직장에서 업무를 수행해 나가면서 신참 시절에 시행착오를 많이 하게 된다. 시행착오가 나쁘고 두려운 것만은 아니다. 시행착오를 한 번도 겪어보지 않고서 문제를 완벽하게 해결할 수 있는 사람은 없다. 그리고 시행착오는 더 나은 발전을 위한 밑거름이 된다. 그러나 그렇다고 해서 매 번 시행착오만을 할 수는 없다. 또한 요즘과 같이 복잡하고 빠르게 전개되는 현대 사회에서 젊은이들이나 신참들의 시행착오를 너그럽게 지켜봐 주고 기다리는 경우가 드문 것이 현재의 주어진 상황이기도 하다. 이러한 시행착오를 줄이는 데 도움이 된다는 것으로 문제해결의 방법을 찾는 탐구가 필요하다고 생각해도 좋을 것이다. 그러나 수동적이기보다는 능동적으로 스스로가 문제를 해결할 수 있는 능력을 함양하여 자신의 삶과 직업 생활에서 기대하고 원하는 목적을 달성하고자 하는 의지를 갖고서 문제해결의 방법을 찾는 탐구를 시작하면 더 좋을 것이다.

문제해결의 방법을 찾는 탐구를 시작함에 있어서 필수적으로 요구되는 사고는 문제를 다각적이며 다양한 관점에서 바라보면서 문제의 원인을 정확하게 파악하는 것이다. 물리 실험실에서 어떤 움직임이 정지된 직사각형태의 물체를 앞에 두고 탐구한다고 생각해 보자. 탐구자가 '어떻게 하면 이 물체를 움직이게 할 수 있을까?'라는 물음을 던지고 탐구를 하였다. 그렇다면 그는 우선 관찰을 할 것이다. 위에서 보고, 옆에서 보고, 아래에서 보고, 모서리에서 볼 것이다. 그리고 빛을 밝게 하거나 어둡게도 해 보고, 가열하여 뜨겁거나 냉열하여 차갑게도 해 보고, 앞으로 밀어서 움직여도 보고, 볼록한 부분을 눌러도 보면서 관찰을 할 것이다. 이러한 관찰을 통해서 물체의 반응을 살펴볼 것이다. 그 결과 어떤 특정 변화에 물체가 조금이라도 반응을 한다면, 거기서부터 집중적으로 탐구를 하게 된다. 이 탐구는 움직임이 정지된 원인을 찾을 때까지 계속될 것이다. 그 결과 원인을 찾게 되었다면, 이제 그 원인을 개선하여 다시금 움직일 수 있도록 하는 방법을 찾게 될 것이다.

이때 방법은 원인에 따라 여러 가지가 있을 수 있다. 어떤 도구를 사용하고, 어디에서부터 무엇을 고쳐서 작업을 해야 할지를 여러 가지 방법들을 고려하면서 최선의 방법을 결정해야 할 것이다. 이처럼 물리 실험실에서 수행하게 되는 탐구의 과정은 간단히 말해서, 원인 분석으로부터 해결방안들을 검토한 후 최선의 방법을 결정하는 과정이다.

위와 같은 물리 실험실에서의 탐구 과정은 병원에서의 의사의 치료행위에서도 살펴볼 수 있다. 문제인식과 수행 과제로서의 문제를 도출한 결과 어떤 환자에 대해 주치의가 수술을 하기로 결정하였다고 생각해 보자. 그 의사는 '어떻게 하면 환자가 건강을 회복할 수 있도록 수술을 잘 할 수 있을까?'라는 물음을 던지고 탐구를 하였다. 그렇다면 그는 우선 수술을 위한 관찰을 할 것이다. 환자를 다시 찾아가서 현재의 환자 상태를 다각적이며 다양하게 살펴볼 것이다. 수술 진행 과정을 어느 정도로 견딜 수 있는지 환자의 나이나 현재 상태를 고려하여 살펴볼 것이다. 수술 과정에서 피가 멈추지 않게 하는 아스피린 계열의 약을 먹고 있는지도 알아볼 것이다. 그리고 오늘날에는 영상의학이 발달해 있으니 CT나 MRI 등의 장비를 활용한 정밀영상검사를 실시할 것이다. 이 검사를 실시하는 과정에서도 약물을 투여한 추적검사를 할 수도 있을 것이다. 이 탐구는 정확한 병의 원인을 찾을 때까지 계속될 것이다. 그 결과 원인을 찾게 된다면, 이제 그 원인을 치료하여 다시금 회복될 수 있는 수술 방법을 찾게 될 것이다.

이때 방법은 원인에 따라 여러 가지가 있을 수 있다. 절개를 할 것인지, 내시경으로 할 것인지, 어떤 수술 도구를 사용하고, 어떤 장비를 활용해야 할지를 여러 가지 방법들을 고려하면서 최선의 수술 방법을 결정해야 할 것이다. 이 원인 분석 과정을 통해서 최선의 수술 방법을 결정하면, 그 다음 수술에 참여하는 보조 의료진들에게 계획을 설명하고, 보호자의 동의를 얻고 수술실로 환자를 옮기고 수술실로 들어갈 것이다.

위의 사례들에서처럼 원인을 분석하는 것은 해결방안을 실행하고 결과적으로 문제해결의 목표를 달성하는 데 아주 중요한 과정이다. 위의 사례를 통해서 서술한 과정은 다른 사례에서도 적용할 수 있을 것이다. 본 장에서는 원인을 분석할 수 있는 실용적이며 과학적인 방법을 존 스튜어트 밀(John Stuart Mill, 1806-1873)의 인과법칙을 소개하고자 한다. 밀은 원인의 발견을 위한 실용적인 방법으로 다섯 가지의 과학적 방법을 제시하였다. 다섯 가지는 일치법, 차이법, 일치차이법, 잉여법, 공변법이다. 이 중에서 전자의 세 가지는 질적(質的) 방법이라 할 수 있으며, 후자의 두 가지는 양적(量的) 방법이라 할 수 있다.

1) 일치법(Method of Agreement, 一致法)

일치법은 동일한 결과를 가지는 사례들을 비교하여, 각 사례들 사이에 일치하는 요인을 발견해 내어, 그것을 각 사례들의 원인으로 추론하는 방식이다. 즉 조사중인 현상의 둘 또는 그 이상의 사례들이 단 하나의 상황만을 공통으로 가지고 그 상황에서만 모든 사례들이 일치한다면, 그 상황은 주어진 현상의 원인(또는 결과)인 것이다. 예를 들어 설명해 보자.

두 명의 사람이 다음의 두 가지 교통수단을 이용해서 출근하다가 모두 지각을 했다고 생각해 보자.

A 자전거, 버스   B 버스, 지하철

우리는 두 사람 모두 출근 시에 버스를 이용했음을 알 수 있고, 따라서 버스를 지각의 원인으로 추론할 수 있다. 또한 집단식중독이 발생했을 경우, 그 원인을 밝히는 한 방법은 식중독 증세를 보인 사람들이 공통적으로 먹은 음식을 가려내는 것이 바로 일치법이다. 물론 일치법이 주어진 현상의 원인 혹은 결과를 발견하는 유용한 방법이긴 하지만 여러 가지 난점이 있다. 번개가 칠 때마다 천둥이 울리므로 천둥의 원인은 번개이다. 그러나 번개와 천둥은 대기 중에서의 전기 방전이라는 별도의 원인에 의해 발생하면서 단지 공존만 하고 있는 두 사건이지 인과관계를 맺고 있지는 않다. 두 번째로, 산불이 등산객의 실호, 방화, 수목의 자연 마찰력, 벼락 등에 의해 독립적으로 야기될 수 있는 것과 마찬가지로, 어떤 결과를 야기할 수 있는 원인은 다양할 수 있다.

[일치법의 형식]

ABCD가 함께 작용할 때 X가 나타난다.
ABCE가 함께 작용할 때 X가 나타난다.
ABDF가 함께 작용할 때 X가 나타난다.

ACDG가 함께 작용할 때 X가 나타난다.

따라서 A가 X의 원인이다.

2) 차이법(Method of Difference, 差異法)

차이법은 서로 다른 결과를 가져온 사례들을 비교하여, 각 사례들 사이의 차이점을 발견해 낸 다음, 그 요인을 각 사례들의 차이점을 일으킨 원인으로 추론하는 방식이다. 위의 사례에서 A, B가 그 다음날 출근했는데, A는 여전히 지각을 하고, B는 지각을 하지 않았다고 가정해 보자. 이때 두 사람이 이용한 교통수단은 다음과 같다.

지각한 A는 자전거, 버스를 지각하지 않은 B는 자전거, 지하철을 이용했다고 하자. 물론 이 두 사람 모두 자전거를 이용했지만, 그 중 지각한 A는 버스를, 지각하지 않은 B는 지하철을 이용했으므로, 우리는 버스를 지각의 원인으로 추론할 수 있다. 이렇게 아래의 예처럼 조사 중인 현상이 발생하는 사례와 발생하지 않은 사례에 있어 한 상황이 전자에서 발생한다는 점을 제외하고는 모든 상황이 같다면, 두 사례에 있어 유일하게 다른 그 상황은 그 현상의 결과이거나 원인 내지는 원인의 불가결한 한 부분이 되는 것이 바로 차이법이다.

우리는 집단식중독 사건에서 식중독 증세를 보이지 않은 모든 사람들이 먹지 않은 음식을 찾아내면 식중독을 일으킨 음식이 무엇인지 알아낼 수 있다.

[차이법의 형식]

ABCD가 함께 작용할 때 X가 나타난다.
BCD가 함께 작용할 때 X가 나타나지 않는다.

따라서 A가 X의 원인이다.

3) 일치차이 병용법(Joint Method of Agreement and Difference, 併用法)

물론 밀이 이 방법을 베이컨과는 달리 독립적인 방법이라고는 주장했지만, 사실상 일치법과 차이법을 함께 동시에 사용하는 방법이다. 즉 일치법을 사용하여 원인의 후보군을 가려낸 후 차이법으로 그 원인을 확정하는 방법이다. 일치차이 병용법은 오늘날에도 매우 효율적으로 사용되고 있는 과학방법론 중 하나이다. 특히 대조실험을 하는 경우는 전적으로 이 방법에 의존하고 있다고 할 수 있다.

> 식중독 증세를 보인 모든 사람이 먹었으면서 식중독 증세를 보이지 않은 모든 사람이 먹지 않은 음식을 찾아내면, 그 음식이 문제가 된 식중독의 원인일 것이다.

[일치차이 병용법의 형식]

ABCD가 함께 작용할 때 X가 나타난다.
ABCE가 함께 작용할 때 X가 나타난다.
BDF가 함께 작용할 때 X가 나타나지 않는다.
CDG가 함께 작용할 때 X가 나타나지 않는다.

따라서 A가 X의 원인이다.

4) 잉여법(Method of Residues, 剩餘法)

잉여법이란 어떤 사건의 원인이 될 수 없는 요인들을 하나씩 제거해 나갔을 때, 마지막으로 남아있는 요인을 그 사건의 원인으로 추론해 내는 방법이다. 예를 들어, 특이한 체질을 가지고 있는 K씨는 a, b, c 세 가지 음식을 먹고 두드러기가 발생했다고 가정해 보자. 한의사에게 문의해 본 결과, a와 b는 K씨의 체질을 가지고 있는 사람에게 두드러기를 발생시키지 않는다는 사실을 알게 되었다. 따라서 K씨는 c가 두드러기를 일으킨 원인이라고 생각하게 되었다면 이것은 잉여법을 사용한 것이다. 다시 말해 잉여법은 임의의 현상으로부터 이미 귀납에 의해 어떤 선행사건들의 결과로 알려진 부분을 제거하면 그 나머지 현상은 나머지 선행사건들의 결과이다.

식중독 증세를 보이는 사람들로부터 특정한 독소가 발견되고, 식중독 사건을 일으킨 음식들 중 그 독소가 발견되지 않거나 생성될 수 없는 음식들을 제외한다면, 나머지 음식이 식중독을 일으킨 음식일 것이다.

[잉여법의 형식]

ABC가 함께 작용하면 X가 나타난다.
B는 X의 원인이 될 수 없다.
C는 X의 원인이 될 수 없다.

따라서 A가 X의 원인이다.

5) 공변법(Method of Concomitant Variation, 共變法)

공변법(共變法)이란 서로 다른 결과를 가져온 사례들을 관찰하여, 그 결과를 다르게 만든 원인들을 찾아내는 방법이다. 이러한 공변법은 주로 통계적인 결과를 해석할 때 많이 사용 된다. 같은 음식을 먹고도 어떤 사람은 식중독으로 입원하지만 어떤 사람은 식중독 증세를 전혀 보이지 않는 경우도 많다. 이런 경우에는 공변법을 사용하는 것이 좋다. 밀은 공변법을 "어느 다른 현상이 특정한 방식으로 변할 때마다 자신도 특정한 방식으로 변하는 모든 현상은 그 다른 현상의 원인 또는 결과이거나 어떤 인과적 사실에 의해 그것과 연관되어 있다"라고 설명하고 있다.

특정한 음식을 먹은 사람들 중 상당수가 식중독 증세를 보이거나, 특정한 음식을 많이 먹은 사람들의 증세가 적게 먹은 사람들보다 심할 경우, 그 음식이 식중독의 원인일 수 있다.

이상에서 소개한 다섯 가지 '밀의 방법(Mill's Methods)'은 과학적인 방법으로 원인을 아주 정확하게 파악하는 과정에서 아주 실용적으로 활용될 수 있다. 물론, 위와 같은 밀의 방법을 적용하여 원인을 철저하게 탐구하였다고 하더라도, 그 찾은 원인을 100%로 확실하게 신뢰할 수는 없다. 왜냐하면 밀의 인과법칙은 필연성을 지닌 연역법이 아니라 개연성을 지닌 귀납법에 기초하고 있기 때문이다.

그러나 오늘날 우리가 100%로 확실하게 신뢰할 수 있는 원인을 찾는 것은 현실적이며 실용적인 차원에서는 거의 불가능하다는 점이 학문 탐구의 영역에서 받아들여지고, 프랜시스 베이컨(Francis Bacon: 1561~1626)이 귀납법을 체계화한 이후 실험과 관찰을 통한 개연적 추리가 과학적 탐구의 좋은 방법으로 수용·확산되면서 밀의 인과법칙은 수많은 학문의 영역에서도 실용적으로 사용되고 있다. 그리고 문제해결의 방법을 찾는 탐구에서 원인 분석의 방법으로 활용하는 데 아주 유용하게 적용될 수 있으며, 아울러 밀의 다섯 가지 법칙의 형식을 탐구하고자 하는 대상인 문제에 적용하여 분석을 해 봄으로써 문제해결능력 및 사고력의 함양을 위한 효과적인 방법이 될 수 있을 것이다.

제3장
문제해결 방안 개발과 문제해결능력 적용

1. 문제해결 방안 개발 방법과 창의적 사고

해결해야 하는 수행 과제로서의 문제를 도출하였으면, 이제 본격적으로 문제를 해결하기 위한 실천적 노력을 기울여야 한다. 실천적 노력은 문제와 관련한 일반적 원리와 문제를 발생시키는 계기로 작용한 특수한 상황을 고려한 문제해결 방안들을 개발하고 그 중에서 가장 적합하며 최선의 방안을 합리적으로 선택하는 것에서 시작된다. 아울러, 문제해결 방안들을 개발할 때에 기본적으로 고려해야 하는 것은 행동으로 방안을 실천하였을 때 문제가 해결되어 목표가 달성되는지에 대한 가능성을 검토하는 것이다.

즉, 문제해결 방안의 효과성을 비교 검토하는 것이 문제해결 방안 개발의 중요 기준이 된다. 그런데 문제해결 방안이 하나 밖에 없을 때에는 비교 검토를 할 수 없다. 그리고 그 방안이 문제해결에 적합하지 않거나 충분하지 않을 경우 문제를 해결하지 못하는 결과를 낳을 수 있다. 따라서 문제해결의 방안은 적어도 두 가지 이상으로 개발하여야 한다. 적절한 방안의 수는 3~4가지라 할 수 있다. 그래서 가급적 3~4가지 정도의 방안들을 개발하는 것이 성공적으로 문제를 해결하는 데 좋은 방법이라 할 수 있다. 아울러 문제해결 방안 개발을 통한 문제해결능력 함양 학습에도 3~4가지 정도의 방안들을 개발하고 비교 검토하는 학습 활동이 효과적이다.

그렇다면 문제해결 방안을 어떻게 개발할 것인가? 문제해결 방안 개발의 간단한 원칙이 있다. 원칙은 앞선 장에서 검토한 문제의 원인 분석의 과정을 거치고, 그 결과 분석된 원인들을 해결하는 방향으로 문제해결 방안을 개발하는 것이다. 이런 원칙을 제시하는 이유는 대부분의 해결해야 하는 문제는 원인을 제거하거나 변화시키면 그에 따르는 결과도 사라지거나 변화된다는 인과법칙이 적용되기 때문에, 이 법칙에 따라 문제해결 방안을 마련하는 것이 문제해결의 성과를 달성하는 데 효과가 있기 때문이다. 다음, 문제해결 방안을 개발할 때 필요한 질문이 있다. 이 질문이 필요한 이유는 문제해결 방안을 찾기 위해서는 스스로 질문을 던지고 답을 찾는 과정이 중요하며 필요하기 때문이다.

문제해결 방안을 개발하는 수업을 할 때, 어려움을 겪거나 좋은 방안을 개발하지 못하는 학생을 많이 발견한다. 어떤 학생은 주어진 자료를 보며 정답이 어디에 있는지 살펴보면서 정작 스스로의 생각을 통해서 개발하려고 하지 않으며, 어떤 학생은 '이거 뭐 뻔한데~'라고 혼자말을 하면서 스스로의 생각을 변화시키며 방안을 개발하려고 하지 않는다. 어떤 학생은 주변의 친구들이 무엇을 적고 있는지 물어보면서 베껴 적으려고 하면서 스스로 생각의 노력을 통한 방안을 개발하려고 하지 않는다. 문제해결 방안의 개발은 문제해결자가 스스로의 생각을 통해서 수행할 수 있어야 한다. 왜냐하면 문제해결자의 실천을 전제로 한 방안을 개발하는 것이기 때문이다. 그래서, 문제해결 방안을 개발하기 위해서는 질문의 형태로 물음을 내어 놓는 사고나 행위가 필요하다. 그 물음의 형식은 다음과 같다.

도대체 왜, 이러한 문제의 원인 [＿＿＿＿＿＿] 이(가) 생겨났는가?

위와 같은 물음의 형식에서 네모 안에 들어가는 것은 원인 분석 단계에서 분석된 원인들이다. 하나일 수도 있고 그 이상일 수 있다. 예컨대 원인이 4개(A, B, C, D)라고 생각해보자. 그러면 위와 같은 물음의 형식은 4개가 되며, 문제해결자는 각각 원인에 따라 물음을 스스로에게 제기한다. "도대체 왜, 이러한 문제의 원인 (A)가 생겨났는가?", "도대체 왜, 이러한 문제의 원인 (B)가 생겨났는가?" 등등으로 물음을 제기하고 각각에 대해서 검토하면서 해결방안을 개발하기 위해 생각을 이어 나간다. 이렇게 생각을 이어나가는 데 도움이 되는 네모지는 다음과 같이 만들어 사용할 수도 있다.

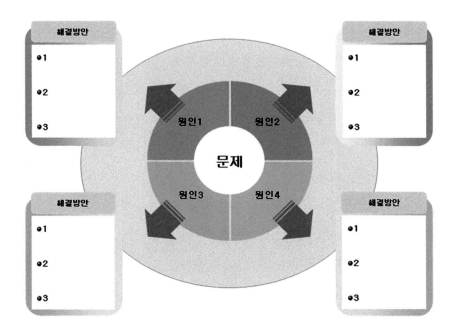

해결방안 중 어느 하나가 가장 좋은 것으로 정해진 것은 없다. 그리고 많은 사람들이 좋다고 생각한 방안이 가장 좋은 것도 아니다. 기술이 발전하고 생활양식의 변화가 큰 현대 문명에서 예전에 좋았던 방안이 지금에는 적절하지 않을 수도 있다. 그래서 문제해결 방안은 정해진 것을 찾는 것이 아니라 늘 새롭게 만든다는 의미에서 '개발한다'고 말한다. 이 개발을 수행함에 있어서 수행자가 생각할 것은 다양한 방안들 중에서 최선을 찾는 것뿐이다. 그리고 그 최선의 방안이 가장 효과적이라면 현재의 가장 좋은 방안이 되는 것이다. 이렇기 때문에 해결방안 개발에는 창의적인 사고가 필요하다.

예를 들어 생각해보자. 휴대폰을 만드는 전자회사가 있다. 좋은 휴대폰 G를 개발했으며 성능도 뛰어나지만, 타사의 제품에 비해서 판매량이 떨어지고 있다고 보고되었다. 판매량이 떨어지면 기업 이윤이 감소하기 때문에, 성능은 뛰어나기에, 전략기획회의를 통해서, 물론 다른 점들도 숙고의 과정을 통해 검토한 후, 결국 판매량을 늘리는 것을 수행해야 하는 문제로 도출하였다. 도출된 문제는 "어떻게 하면 휴대폰 A의 판매량을 높일 수 있을까?"라는 물음으로 제기되었다. 그리고 이 문제에 대한 원인을 시장조사 통계자료, 소비자 심리 경향 자료 등을 토대로 인과법칙을 적용하여 분석한 결과, 여러 가지 원인이 분석되었다. 그 원인들 중에서 주요 원인으로 파악된 원인 A= '주요 소비자 층인 젊은 세대들이 휴대폰 G를 사용할 때 불편함을 느끼는 것'이었다고 하자.

여기서 문제를 해결해야 하는 문제해결자는, 아마도 제품개선팀이, 위의 물음 형식으로 질문을 하고 방안을 개발할 것이다. 즉, '도대체 왜, 이러한 문제의 원인(A)가 생겨났는가?'라고 질문을 제기하였다. 여기서 문제해결자는 다양하게 생각을 할 것이다. 어떤 점이 불편하지? 버튼 누르는 것이 어려운 것인가? 크기가 작아서 화면의 글씨가 잘 보이지 않은가? 색상이 진부한가? 등등. 버튼을 누르는 것 대신에 터치만 하도록 하는 것이 좋을까? 화면의 글씨를 크게 나오도록 할까? 크기를 키워볼까? 색상을 다양하게 해 볼까? 기계를 휘어지도록 만들어볼까? 등등. 이렇게 다양하게 아이디어를 생각할 것이다.

이러한 아이디어 중에서 어떤 것이 효과를 나타낼지 즉, 휴대폰 G의 판매량이 늘어나는 목표를 달성하게 될지는 정확히 알 수 없다. 그 달성 여부는 실제로 제품을 개선해서 판매를 한 이후에 알 수 있다. 그러나 효과성이 클 것으로 기대되는 것을 예측할 수는 있으며, 기대효과가 높을 것으로 예상되는 것에 초점을 맞추어 아이디어들을 정리해 나간다. 이렇게 해서 3가지 혹은 4가지의 해결방안들이 모아질 것이다. 이렇게 모아진 해결방안들은 그 다음 문제해결자의 능력, 회사의 기술이나 자원, 회사의 전략, 생산의 효율성 등등을 검토하면서, 즉 실제로 수행할 수 있는 가능성을 검토하면서 최선의 방안으로 도출될 것이다. 이러한 예시 사례를 일반화시키면 문제해결 방안 개발의 창의적 방법이 될 것이다.

위와 같은 문제해결 방안 개발의 창의적 방법을 수행하기 위해서는 문제해결자의 풍부한 아이디어를 필요로 한다. 아이디어를 풍부하게 가지기 위해서는 원인을 다양하게 바라보면서 시고를 할 수 있어야 하며, 어느 하나로 고정되지 않은 열린 사고를 할 수 있어야 한다. 만약에 위의 휴대폰 G를 판매하는 회사에서 젊은 소비자 층의 불만 요소에 대해 열린 생각을 하지 않고, '제품이 기능만 좋고 튼튼하기만 하면 좋은 것이지'라고만 생각해 버렸다고 한다면, 요즘의 경향에서 그럴 리가 없겠지만, 문제는 해결될 수 없을 것이다. 한 때, 전 세계 휴대폰 판매 시장에서 1위를 고수하던 핀란드의 휴대폰 제조업체 노키아가 애플의 아이폰이 나오고 삼성의 갤럭시가 나온 이후에 급속한 판매 부진을 겪다가 결국 파산한 사건은 휴대폰 업계에 충격과 경각심, 그리고 많은 시사점을 주었던 바 있다.

2 창의적인 문제해결 방안 개발 촉진 방법 : 브레인스토밍, 퍼실리테이션

위와 같이 문제해결 방안 개발에서 현대에 특히 필수적으로 요구되는 창의적인 사고는 개인이 혼자서 수행하기보다는 문제를 함께 해결해야 하는 여럿의 사람들과 함께 하는 것이, 특히 아이디어를 풍부하게 생산하는 관점에서 더 효과적이다. 그리고 이 함께하는 과정을 통해서 문제해결자들의 창의적인 사고 능력이 향상되는 것을 기대할 수도 있다. 아이디어를 풍부하게 생산하는 장점을 가진 토의 방식으로 널리 사용되면서 쉬운 방법으로는 '브레인스토밍(Brain Storming)'이 있으며, 또한 최근 많이 사용되면서 널리 확산되는 방법으로는 '퍼실리테이션(Facilitation)'이 있다.

1) '브레인스토밍(Brain Storming)' 방법

브레인스토밍(Brain Storming)은 미국의 유명한 광고회사 BBDO의 창립자였던 알렉스 오즈번(Alex F. Osborn, 1888~1966)이 고안한 그룹발산기법으로, 창의적인 사고를 위한 발산 방법 중 가장 흔히 사용되는 방법이다. 브레인스토밍은 집단의 효과를 살려서 아이디어의 연쇄반응을 일으켜 자유분방한 아이디어를 내고자 하는 데 효과적으로 사용될 수 있는 장점을 가지고 있다.

브레인스토밍을 하기 위해서는 우선 논의하고자 하는 주제를 구체적이고 명확하게 정한다. 다음, 미리 정해진 모둠에서 책상 위에 큰 용지를 놓고 주제와 연관하여 다양한 아이디어를 도출한다. 이때 구성원들의 다양한 의견을 잘 수렴할 수 있는 사람을 리더로 선출한다. 발언은 누구나 자유롭게 할 수 있으며, 모든 발언은 큰 용지 위에 기록한다. 이때 아이디어에 대해서 비판적으로 평가해서는 안 되며, 계속해서 새로운 아이디어를 생산해 낸다.

브레인스토밍을 문제해결 방안 개발에 적용할 때 진행 방법은 다음과 같은 6가지를 고려하여 자유로운 토의를 이어나가면 된다. 첫째, 논의의 주제가 되는 문제를 구체적이고 명확하게 정한다. 논의하고자 하는 문제가 구체적이고 명확하게 주어질수록 많은 아이디어가 도출될 수 있다. 둘째, 구성원의 얼굴을 볼 수 있는 자석 배치와 큰 용지를 준비한다. 구성원들의 얼굴을 볼 수 있도록 사각형이나 타원형으로 책상을 배치해야 하고, 칠판에 모조지를 붙이거나, 책상위에 큰 용지를 붙여서 아이디어가 떠오를 때마다 적을 수 있도록 하는 것이 바람직하다. 셋째, 구성원들의 다양한 의견을 도출할 수 있는 사람을 리더로 선출한다. 브레인스토밍을 할 때에는 구성원들이 다양한 의견을 제시할 수 있는 편안한 분위기를 만드는 리더를 선출해야 한다. 직급에 관계없이 리더로 선출해야 한다. 리더는 사전에 주제를 잘 분석하고 다양한 아이디어를 산출할 수 있도록 하는 방법들을 연구해야 한다. 넷째, 구성원은 다양한 분야의 사람들로 5-8명 정도로 구성한다. 브레인스토밍을 위한 적정한 인원은 5-8명 정도가 적당하다. 그리고 주제에 대한 전문가를 절반 이하로 구성하고, 그 밖에 다양한 분야의 사람들을 참석시키는 것이 다양한 의견을 도출하는 데 도움이 된다. 다섯째, 발언은 누구나 자유롭게 할 수 있도록 하며, 모든 발언 내용을 기록한다. 브레인스토밍을 할 때에는 누구나 무슨 말이라도 할 수 있도록 해야 하며, 발언하는 내용은 요약해서 잘 기록함으로써 내용을 구조화할 수 있어야 한다. 여섯째, 모든 아이디어의 가능성을 열어두면서 평가는 유보한 채 독자성과 실현가능성을 고려한다. 제시된 아이디어는 비판해서는 안 되며, 다양한 아이디어 중 독자성과 실현가능성을 고려해서 아이디어를 결합해서 최적의 방안을 찾아야 한다.

브레인스토밍에서 지켜야할 원칙으로 널리 적용되는 것에는 네 가지 즉, 비판 없는 지지(Support), 바보 같은 자유로움(Silly), 빠른 속도(Speed), 공동 협력(Synergy)이 있다. 우선, 브레인스토밍의 장점인 개방성을 생각해보자. 개방성을 위해서는 어떠한 아이디어라도 지지를 보내는 것이 좋다. 다음, 때로는 바보 같은 생각에서 새로운 좋은 아이디어가 나올 수도 있다. 바보 같을 정도로 자유롭게 말하는 것이 오히려 미덕이 된다. 그리고 숙고의 과정처럼 생각을 정리하는 것보다 순간적으로 툭툭 튀어나오는 아이디어 주목하기 때문에, 빠르게 생각하는 것이 더 좋다. 팝콘이 튀듯이 빠르게 생각하고 빠르게 말하는 것을 유도하는 것이 좋다. 마지막으로, 어떤 한 사람의 아이디어에 자극을 받으면, 다른 사람이 그 아이디어의 연상작용으로 새로운 생각이 떠오를 수 있다.

이러한 연관된 아이디어들의 연결고리가 잘 결합되도록 공동협력하는 것이 좋다.

2) '퍼실리테이션(Facilitation)' 방법

퍼실리테이션(Facilitation)은 '촉진'을 의미하는 단어로서, 사람과 사람 사이의 상호 작용(Interaction)이 활발하게 이루어지게 하여 창의적인 성과를 이끌어 내기 위해 취하는 전략적 사고로 최근 많이 활용되는 사고의 방법이다. 퍼실리테이션을 문제해결 방안 개발에 적용할 때 진행 방법은 다음과 같은 4가지를 고려하여 자유로운 토의를 이어나가면 된다.

첫째, 문제해결을 위해 구성원들 사이의 깊이 있는 커뮤니케이션을 도모하며 공감을 이어나간다. 문제해결에서 협력이 필요할 때, 구성원들 사이에 서로를 잘 이해하지 못하고 공감하지 못하면 문제해결이 어렵게 된다. 또한 회의를 하더라도 창의적인 생각을 내어 놓기에 주저하게 된다. 이와는 반대로 깊은 대화를 통해 서로를 잘 이해하고 공감을 잘 하고 있다면 창의적인 사고를 통한 문제해결에 이를 수 있다.

둘째, 대화는 주로 공감 및 배려에 기초한 소통에 주목한다. 서로를 설득하기 위해 직설적인 주장을 하거나 논쟁을 하는 것보다는 이해의 차원에서 공감하고 배려하는 것을 통해 창의적인 문제해결 방안을 만든다.

셋째, 아이디어를 촉진하는 퍼실리테이터의 역할이 무엇보다 중요하다. 퍼실리테이터는 각기 다른 문화적 배경과 이해관계를 가진 사람들을 사이에서 의견을 함께 모으는 중재자의 역할을 한다. 그래서 자신의 생각을 내세우

기보다는 여러 사람들의 다양한 의견들이 더욱 다양하게 드러나면서도 일정한 방향으로 의견들이 모아질 수 있도록 회의를 중재해 나가야 한다.

넷째, 퍼실리테이터는 미리 정한 합의점이나 논의의 줄거리를 만들어 예정된 방향으로 결론을 이끌어가서는 안 된다. 모든 구성원들의 자율성이 존중되어야 하며, 그 속에서 다양한 의견들이 나올 수 있도록 해야 한다.

3. 문제해결자의 수행 능력 분석 방법 : SWOT 방법

문제해결을 위한 실천적 노력으로서 문제해결 방안들을 개발하였다면, 다음으로는 그 중에서 가장 적합하며 최선의 결과를 도출할 수 있는 즉, 문제해결의 목표 달성에 가장 적합한 방안을 선택해야 한다. 그럼 어떤 방안을 가장 적합한 방안으로 선택해야 할까? 실천적인 관점을 고려한다면 가장 효과적인 방안을 가장 적합한 방안이라고 우리는 판단을 할 것이다. 물론 가장 좋은 방안은 가장 효과적인 방안이 될 수 있다. 그런데 가장 좋은 방안이라고 하더라고 가장 효과적인 방안이 되지 않을 수도 있다. 이 차이는 어디에서부터 생기는 것일까? 그 차이는 문제해결자의 수행능력을 고려해 봄으로써 잘 이해할 수 있다. 그럼, 어떤 방안이 가장 효과적인 방안이 되는 것인지를 문제해결자의 수행 능력의 관점에서 생각해보자.

올림픽 기계체조 종목 중 하나인 뜀틀(도마) 경기를 생각해보자. 이번 리우 올림픽에서는 우리나라 남자 선수들이 개인전 및 단체전 모두에서 본선 진출에 실패하였지만, 지난 2012년 런던 올림픽에서는 양학선 선수가 금메달을 목에 걸었던 종목이다. 기계체조 경기에서 점수를 책정하는 기준은 기술 난이도(Difficulity) 점수와 수행(Execution) 점수로 구분된다. 기술점수는 구름판을 밟고 난 이후부터의 이루어지는 동작의 난이도에 따라서 점수가 표준으로 정해져 있다. 동작은 크게 두 가지 요소 즉, 뜀

틀을 잡을 때 잡는 방법(앞,옆,뒤)에 따라서, 공중에서 회전하는 방법(앞,옆,뒤)에 따라서 난이도가 달라진다. 선수들은 뜀틀 경기를 시작하기 전에 난이도 점수를 먼저 선택 제시하고 시작한다. 예컨대 공중에서 회전하는 방법에서, 다리를 굽히고 앞으로 한 바퀴를 회전하는 난이도를 선택하였다면 2.4점의 기술점수를, 다리를 쭉펴고 앞으로 한 바퀴를 회전하면 2.8점의 기술점수를, 몸 전체를 쭉펴고 앞으로 한바퀴 회전하면 3.8점의 기술점수가 주어진다. 물론 기술을 완벽하게 잘 수행하면, 첫 번째 기술보다는 두 번째, 두 번째보다는 세 번째를 선택할 때 최종 점수에서 더 높은 점수를 받게 된다. 올림픽에 출전하는 선수들은 대부분, 기존에 잘 알려진 기술보다는 높은 기술의 난이도를 개발하여 선택하는 경우가 많다. 그래야만 메달권에 진입할 수 있는 높은 점수를 받을 가능성이 높아지기 때문이다.

2012년 런던 올림픽에서 금메달을 따낸 양학선 선수는 1차 시도에서 당시 기술 난이도 7.4점으로 최고의 기술을 선보였다. 1차 시도의 기술은 기존에는 한 번도 동작을 한 선수가 없는 새로운 것이었기 때문에, 양 선수가 동작을 펼치고 난 이후에는 처음 시도하여 성공한 선수의 이름을 따서 '양학선 기술'이라고 이름 붙여졌다. 2차 시도의 기술은 난이도 7.0에 해당하는 '스카라 트리플'이라는 이름이 붙은 기술이었다. 양학선

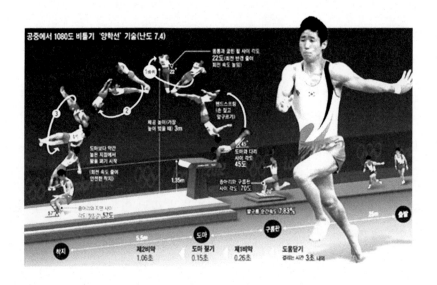

선수는 1차 시도에서 난이도와 수행을 합하여 16.466점을, 2차 시도에서는 16.600의 높은 점수를 받으며, 결국 두 점수의 평균인 16.533점으로 최종 1위를 하여 금메달을 획득하였다.

위에서 살펴본 사례에서처럼, 난이도가 높은 기술을 선택하여 그 기술에 따라 수행을 잘 할 수 있다면, 당연 난이도가 높은 기술을 선택하는 것이 가장 좋은 방안이 될 것이다. 그런데 아무리 난이도가 높은 기술이 좋은 방안이라고 하더라도, 실제로 그것을 잘 수행할 수 없디면 가장 효과적인 방안이 될 수는 없을 것이다. 양학선 선수의 경우에도 1차 시도에서의 난이도가 2차 시도에서의 난이도 보다 높은 점수였지만, 2차 시도에서의 합산 점수가 1차 시도에서의 합산 점수보다 높게 나타났다. 그 이유는 1차 시도에서는 착지 동작에서 앞으로 두 걸음을 내딛는 실수가 조금 있었기에 수행 점수에서 감점이 있었던 반면, 2차 시도에서는 착지 동작까지 완벽하게 수행함으로써 감점 없이 높은 수행점수를 받았기 때문이다.

이처럼 어떤 행동의 결과가 효과적으로 달성되기 위해서는 수행의 능력이 중요한 요소로 작용하게 된다. 만약 양학선 선수가 1차 시도의 착지 동작에서 조금의 실수가 없었다면 더 높은 점수를 결과로 얻을 수 있었을 것이다. 그런데 난이도 점수가 높으면 그만큼 수행을 하는 데에도 어려움이 따르면서, 실수를 할 가능성도 많아진다. 물론 양학선 선수는 착지 동작 이외에는 거의 완벽하게 동작을 수행하였기 때문에 1차 시도의 점수 역시 다른 선수들에 비해서 아주 높은 점수를 획득할 수 있었다. 그렇기 때문에 양학선 선수가 1차, 2차 시도에서 선택한 기술 난이도는 그에게 가장 좋은 방안이면서 가장 효과적인 방안이었다. 실제로 두 시도 역시 수행을 거의 완벽하게 잘 하였기 때문에 높은 합계 점수를 얻었고, 또한 금메달을 획득할 수도 있었다.

그런데 우리가 문제해결을 위한 노력을 시도할 때, 가장 좋은 방안을 문제해결자인 '나'와는 상관없이, 즉 '나'의 능력에 대한 고려 없이 선택을 하고, 일정 기간이 정해진 문제에 대해 검토하지 않고서, 실행을 한다면 목표를 달성하지 못하고 문제해결의 어려움만을 경험하게 될 수 있다. 예컨대, 뜀틀에서 공중 회전 방법을 선택할 때, 2.4점의 난이도를 충분히 완벽하게 수행할 수 없는 현재의 '나'의 능력임에도 불구하고 3.8점의 난이도를 선택하여 경기에 임하는 것은 실패할 가능성이 많다는 것이다. 그럼, 여기서 우리가 검토하고 있는 주제인 문제해결의 방안 개발 방법에 관한 논의로 돌아와보자. 요컨대, 문제해결의 방안을 개발 할 때, 물론 가장 좋은 방안을 개발할 수 있어야 하지만, 최적의 해결방안을 선택할 때에는 문제해결을 실행하는 문제해결자인 '나' 혹은 '우리'의 수행능력을 고려해야만 한다는 것이다. 문제해결자의 수행능력을 고려하여 가장 효과적인 결과를 산출할 수 있는 방안을 선택하는 것을 우리는 문제해결 방안에서 가장 합리적인 선택이라고 부른다.

합리적인 문제해결 방안을 선택하는 데 있어서 고려해야 하는 것은 문제해결자의 수행능력이며, 이 수행능력을 고려하여 가장 좋은 방안을 선택하는 것이 합리적인 문제해결 방안 검토이다. 합리적인 문제해결 방안을 검토할 때 기준이 되는 것은 여러 해결 방안들 중에서 '현재 여기에서' 문제해결자에게 적합한 것이 무엇인지를 검토하는 것이다. '현재 여기에서' 문제해결자가 '할 수 있는' 것이 문제해결자에게 적합한 방안이다. 그리고 그 방안 중에서 문제해결의 목표와 연관 하에서 목표 달성에 가장 좋은 방안이 문제해결자가 선택할 수 있는 최선의 적합한 방안이 되며, 이 최선의 적합한 방안을 문제해결자가 찾아서 선택을 하는 것이 가장 적합한 선택이 된다. 물론, 지금껏 그 누구도 수행해 낸 적이 없는 방안을 선택하여 성취를 이룬다면, 그보다 더 좋은 것은 없을 것이다.

때때로 역사에 기록되는 위대한 성취는 이제까지 그 누구도 시도한 적이 없는 방안을 선택하여 그것을 잘 수행함으로써 이루어졌다. 그러나 모든 사람이 역사에 기록되는 위대한 성취를 목적으로 삼고 희망하며 꿈을 꿀 수는 있지만, 모든 사람이 실제로 행동하여 그 성취를 이룰 수는 없다. 그렇다고 해서 '나는 할 수 없다'고 단정할 필요는 전혀 없다. 그 성취를 양학선 선수처럼 언젠가는 이룰 수도 있기 때문이다. '할 수 있다'

는 도전정신은 문제해결자의 수행능력 검토에서 반드시 요구되는 주요 정신적 요소이다. 그러나 현실적인 차원에서 일반적으로 우리가 문제해결의 방법을 개발하고자 할 때에는 '나' 혹은 '우리'가 수행할 수 있는 능력의 현재 상황 및 상태에 대한 객관적 검토가 이루어져야 한다. 이처럼 문제해결자의 수행능력에 대한 검토의 방법이 필요하다는 것에 많은 사람들이 동의할 것이며, 이런 관점에서 우리는 문제해결자의 수행능력 검토 및 합리적 선택을 위한 전략 수립에 도움이 되는 방법으로서 'SWOT 분석법'을 본 장에서 소개하고자 한다.

　'SWOT 분석법'은 기업의 내부 환경과 외부 환경을 강점(Strength), 약점(Weakness), 기회(Opportunity), 위협(Threat)라는 네 가지 요소로 구분하여 분석하고 이를 토대로 합리적인 경영 전략을 수립하는 방법으로, 미국의 경영컨설턴트인 알버트 험프리(Albert Humphrey)에 의해 고안된 것으로 잘 알려져 있다. 특히, SWOT 분석법은 분석의 구조가 간결하고 응용이 용이하며 광범위한 영역에서 널리 적용될 수 있는 장점을 가지고 있기 때문에, 오늘날 기업의 경영 전략 수립에서 널리 사용되고 있으며, 아울러 다른 영역 및 분야에서도 널리 확산되고 있다. 문제해결의 방법을 전략적으로 도출하는 차원에서도 오늘날 기업뿐만 아니라 개인에게도 쉽고 널리 적용되고 있다. 그리고 이러한 SWOT 분석법은 문제해결자의 수행능력을 검토하거나 함양하는 차원에서도 아주 효과적으로 활용될 수 있다. SWOT 분석법을 이해하는 데 있어서, 주의해야 할 점은 내부 환경요인과 외부 환경요인의 구분과 이해이다. SWOT 중에서 강점(S)과 약점(W)은 내부 환경요인에 해당하며, 기회(O)와 위협(T)은 외부 환경요인에 해당한다. 기업의 경우 강점은 기업이 현재 가지고 있는 경영역량이며, 약점은 기업이 현재 가지고 있지 않거나 부족한 경영역량이며, 기회는 경쟁 기

업, 고객, 거시적 환경 등 외부에서 비롯된 기업경영의 목표 실현의 기회 요인이며, 위협은 외부에서 비롯된 기업경영 위협 요인이다. 이러한 내외부 환경요인 구분은 문제해결자인 개인의 측면에서도 마찬가지이다. 개인의 경우 강점은 자신이 현재 가지고 있는 문제해결역량이며 약점은 개인이 현재 가지고 있지 않거나 부족한 문제해결역량이며, 기회는 문제해결 방안을 실행하고자 할 때 경쟁자, 조력자, 거시적 환경 등 외부에서 비롯된 문제해결 방안 실현의 기회 요인이며, 위협은 외부에서 비롯된 문제해결 방안 실현의 위협 요인이다. 이처럼 내부와 외부를 잘 구분하여 이해해야 한다. 이러한 구분을 알기 쉽게 도표로 정리하면 다음과 같다.

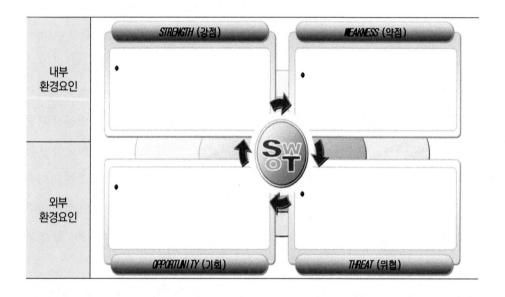

위와 같은 4등분 된 용지에 내부와 외부를 구분하고, 내부에 강점과 약점, 외부에 기회와 위협을 분류하고 각각의 항목에 구체적인 요소들을 기록하면서 분석하면 SWOT 분석 메트릭스가 완성된다. 그런데 여기서 문제해결 방안에 대한 검토의 과정으로서 SWOT 분석을 할 때, 청소년기에 처음 분석을 하는 경우, 대부분 내부 환경요인 분석은 잘 이해하고 분석을 하지만, 외부 환경요인은 잘 이해하지 못하는 것을 보게 된다. 예컨대, 취업이나 진로와 관련된 문제를 해결하기 위해서 SWOT 분석을 시도할 때, 자신이 가지고 있는 강점에 주목을 하면서 약점까지도 비교적 잘 분석을 한다.

그런데 대부분은 문제를 해결할 수 있는 외부적 기회나 위협이 무엇인지를 분석하라고 하면 잘 못하는 경향이 있다. 공무원 시험 같은 어떤 시험에 합격하는 것을 목표로 자신이 지닌 문제해결 수행능력을 검토할 때, 대부분 자신이 성실하고, 열심히 공부하며 좋은 성격을 지니고 있다는 성격적 장점을 강점란에 쉽게 적는다. 그리고 비슷하게 때로는 성실하지 않고 아침에 늦게 일어나고 놀기 좋아하는 성격적 단점을 약점란에 쉽게 적는다. 물론 강점과 약점에는 성격적 특성 이외에도 현재 자신이 가지고 있는 시간, 정보, 이미지, 수행 비용 등등도 고려할 사항이다. 주의 깊고 적극적인 학생은 이러한 요소들을 생각하며 강점과 약점을 분석한다. 그런데 외부 환경 요인은 쉽게 적지 못하는 경우가 많이 있다. 문제를 성공적으로 해결하는 데 있어서 외부로부터 비롯되는 기회나 위협이 무엇인지를 잘 생각 못하는 경우가 많다. 공무원 시험과 같이 일정 인원을 선발하는 경쟁적 시험이라면 경쟁자가 얼마나 많이 몰리는지, 시험의 경향이 어떻게 이루어지고 있는지에 대한 정보, 사회 정치적으로 공무원에 대한 역할 요구 등이 어떻게 변하고 있는지에 대한 외부 환경 요소들을 자신에게 기회나 위협이 되는 것으로 분류하면서 분석할 수 있어야 한다.

외부 환경요인을 분석할 때에는 다음과 같은 세 가지 기준을 고려하면 보다 더 잘 분석할 수 있다. 첫째, 자신의 내부를 제외한 모든 것(예컨대 기술, 정보, 고객, 경쟁상대 등에서부터 더 크게는 사회, 경제, 정치의 차원에까지)을 생각하면서 분석한다. 둘째, 외부 환경 요인이 아무리 좋은 것이라 하더라도 나의 현재 문제와 관련하여 관련성이 없으면 기회라 할 수 없다. 즉, 나의 문제 해결에 좋은 방향으로 작용하는 것이 기회이다. 이처럼 나의 문제 해결의 관점에서 좋은 것으로 작용하는지 나쁜 것으로 작용하는지에 따라 기회 혹은 위협으로 분류해야 한다. 동일한 정보라 하더라도 다른 많은 사람들에게 부정적일지라도 자신에게 긍정적이라면 기회가 될 수 있으며, 그 반대 역시 마찬가지이다. 셋째, 특히 언론 매체에서 드러나는 시대적 흐름 등의 정보에 민감하게 반응하면서 사회의 상식적인 변화의 내용을 잘 분석하면서 자신에게 미치는 영향을 순서대로 정리하는 것이 도움이 된다. 외부 환경에서 기회가 되거나 위협이 되는 것은 한 눈에 쉽게 보이는 경우도 있지만, 그렇지 않는 경우도 많으며 중요한 요인을 충분히 고려하지 못해 실패하거나 실수하는 경우도 많다. 따라서 사회 환경 변화에 주목하여 정보들을 잘 정리할 필요가 있다.

위와 같이 SWOT 각각의 요인을 분류하여 분석했다면, 다음으로는 SWOT 전략을 수립할 수 있어야 한다. 전략은 간단히 말해서, 외부로부터 온 기회는 최대한 살리고 위협은 피하며, 아울러 내부에서 자신이 가지고 있는 강점은 최대한 두드러지게 하고 약점은 보완하는 방향으로 이루어진다. 이러한 방법이 가장 합리적이라는 차원에서 전략은 다음과 같은 4가지 전략으로 구분된다.

첫째, 'SO전략(강점-기회 전략)' : 내부의 강점을 최대한 활용하면서 외부의 기회를 살리는, 장점과 기회의 극대화 전략(외부의 기회를 살리기 위해 내부의 강점을 최대한 활용하는 전략)

둘째, 'ST전략(강점-위협 전략)' : 내부의 강점을 살리면서 외부의 위협을 피하는 전략(외부의 위협을 피하기 위해 내부의 강점을 최대한 활용하는 전략)

셋째, 'WO전략(약점-기회 전략)' : 내부의 약점을 보완하면서 외부의 기회를 살리는 전략(외부 기회를 활용하여 내부의 약점을 보완하는 전략)

넷째, 'WT전략(약점-위협 전략)' : 내부의 약점을 보완하고 위협을 회피하는, 약점과 위협의 최소화 전략.(외부의 위협을 피하기 위해 내부의 약점을 최대한 보완하는 전략)

같은 위의 네 가지 전략을 간단히 알기 쉽게 도표로 정리하면 다음과 같이 정리할 수도 있다.

구분		내부 환경 요인	
		강점(Strengths)	약점(Weaknesses)
외부 환경 요인	기회 (Opportunities)	SO 내부강점과 외부기회 요인을 극대화	WO 외부기회를 이용하여 내부약점을 강점으로 전환
	위협 (Threats)	ST 외부위협을 최소화 하기 위해 내부 강점을 극대화	WT 내부약점과 외부위협을 최소화

위의 4가지 전략은 SWOT 각각 요인들을 분류한 뒤, 최선으로 취할 수 있는 합리적인 전략 선택이다. 위의 4가지 전략 중에서 SO전략이 가장 좋은 전략인 것으로 보이지만, 사실 위의 4가지 전략은 전략 그 자체로서는 우열이 없으며, 문제해결자는 자신의 관점에서 4가지 중에서 하나를 선택할 수 있다. 내부의 장점이 강하고 그 장점이 외부의 기회와 잘 어울린다면 SO전략을 선택할 수도 있다. 그런데 만약 내부의 강점이 아무리 강하고 많다고 하더라도 그 장점과 연관된 외부의 기회가 없다면, 더욱이 위협적 요소가 강하다면, 그리고 위협적 요소를 피하는 데 강점이 도움이 된다면, ST전략을 선택하는 것이 합리적인 전략 선택이다.

WO와 WT 역시 마찬가지이다. 실제로 SWOT 분석법을 활용한 전략을 수립할 때 WT전략을 의도적으로 멀리 생각하는 경우를 흔히 볼 수 있는데, 때로는 문제해결자의 현재 상황에서 볼 때, WT전략이 문제해결자인 '그'에게 가장 좋은 합리적인 전략이 될 수도 있다. 축구 경기에서 어떤 팀이 공격를 주도하는 공격수의 능력이 약하다면, 그리고 상대팀의 공격수의 능력이 강하다면, 감독은 수비 위주의 흔히 '5-3-1 전술(수비수 5명, 미드필드 3명, 공격수 1명)'이라 불리는 수비형 전략을 수립하여 준비하는 것이 승리로 가는 가장 효과적인 방법이 될 수도 있다. 즉, 문제해결자에게 가장 적합한 것을 전략적으로 선택하는 것이 문제해결의 목표에 도달하기 위한 가장 효과적인 방안 선택이 된다.

4가지 전략 중에서 두 개 이상 혹은 모든 것을 자신의 전략으로 선택할 수는 없다. 사실상 모든 전략을 수행할 수 없으며, 그러한 경우를 전략이라고 할 수 없기 때문이다. 전략이란 여러 가지 중에서 가장 합리적인 것을 선택한다는 의미를 내포하고 있다. 특히, 수행의 관점에서 특정 시기 특정 장소에서 실행해야 함을 고려한다면, 두 개 이상을 선택하는 것은 합리적인 선택이 아니다. 그래서 전략은 여러 가지 중에서 가장 효과가 높은 것을 하나로 선택해야 한다. 다음의 도표를 보고 이해하면서 전략을 수립하면 도움이 될 듯하다.

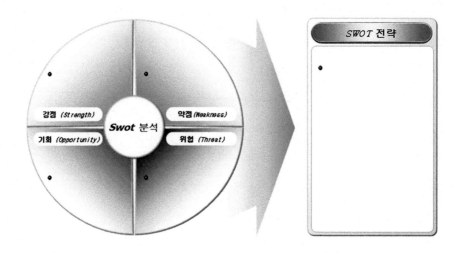

4. 최적의 문제해결 방안 도출과 논리적 사고

　　문제해결 방안 개발의 과정에서는 창의적인 사고가 필요하며 또한 많은 도움이 된다는 점을 앞서 서술하였다. 특히, 오늘날 기술의 발전에 힘입어 시대적으로 사회적 삶의 방식이 급변하고 이에 따라 사회적 생산물도 기존의 것과는 다른 전혀 새로운 것들이 도출되는 시대에, 개인적인 삶에 있어서도 기업의 경제 활동에 있어서도 창의적 사고에 의해 새로운 방안 개발이 필요함은 주지의 사실이다. 그러나 문제해결자의 수행 능력 검토의 과정에서는 창의적인 사고가 반드시 필요한 것은 아니며 때로는 효과적인 문제 해결 실행에 도움이 되지 않을 수도 있다. 왜냐하면 문제해결자의 수행 능력이 현재의 관점에서 볼 때 낮은 수준인 상황을 가정할 때, 아무리 창의적인 사고를 통해 자신의 능력을 상상적으로 부풀린다고 하더라도 실제 자신의 수행 능력이 그 '생각'을 통해서 향상되는 것은 아니기 때문이다. 물론 그러한 상상적인 '생각'이 장기적인 관점에서 문제해결자의 수행 능력을 향상시키는 동기이자 계기가 될 수 있다. 그러나 현재의

상황에서 해결해야 하는 문제의 상황에 직면했을 때에는 창의적인 사고보다는 현재의
상황을 철저하게 분석할 수 있는 논리적인 사고가 무엇보다 필요하다.

흔히 '가슴으로는 뜨거운 열정을, 머리로는 차가운 지성을 가져라'는 격언을 많이
하고 많이 듣곤 한다. 여기서 차가운 지성은 분석과 추론을 바탕으로 한 논리적 사고의
능력을 의미한다. 추론은 주어진 사실에 대한 판단으로부터 어떤 새로운 판단을 이끌
어내는 사고의 과정으로서, 이러한 사고를 언어의 형태로 표현하면 우리가 논증이라
부르는 논리적 말이나 글이 된다. 이러한 추론과 논증은 본 책의 2부인 사고력에서 보
다 자세하게 다루어질 것이다. 본 장에서는 문제해결의 방법 개발의 차원에서 논리적
사고가 왜 필요하고 중요한지를 언급하도록 하겠다. 문제해결의 방법을 개발하기 위한
회의를 진행할 때, 흔히 문제해결의 획기적인 방안 개발에만 집중하면서 여러 가지 새
로운 아이디어들만 내어 놓는 회의자를 볼 수 있다.

물론 그 아이디어들이 그 자체로 나쁜 것들은 아니다. 오히려 그 자체로는 좋은 것
들이다. 그런데 아이디어 생산에만 그치고 정작 실행을 위한 검토의 과정은 전혀 고려
하지 않는 경우가 있는데, 그럴 경우 회의는 공허하게 되면서 아무런 실행 방안도 마련
하지 못하고 끝나는 경우가 쉽게 발생한다. 아울러, 함께 문제를 해결해야 하는 사람들
을 피곤하게 만드는 경우가 생기기도 한다. 앞서 여러 예시로 언급을 하였지만, 아무리
좋은 방안이며 획기적인 방안
이라 하더라도 문제해결자인
나 혹은 우리가 그 방안을 실
행하지 못하면 문제해결을 위
한 최선의 방안이 될 수 없다.

문제해결의 방안을 개발
할 때 염두에 두어야 하는 것
은 최선의 방안을 선택하는 것

이며, 그 최선의 방안을 선택하기 위해서는 문제해결자가 충분히 수행할 수 있는 수행 능력을 검토하여 가장 합리적인 선택을 하는 것이다. 이 합리적인 선택을 하기 위해서는 여러 가지 방안들을 비교 검토하고, 또한 문제해결자의 수행 가능성을 각각의 방안에 따라 검토하는 과정을 거치면서, 문제해결자가 수행할 수 있으면서 문제해결의 목표를 달성할 수 있는 최대의 효과를 기대할 수 있는 방안을 선택할 수 있어야 한다. 이러한 합리적인 선택을 위해서는 논리적인 사고가 필요하다.

논리적 사고의 핵심은 어떤 하나의 판단을 내릴 때, 그냥 그 자체로 판단하는 것이 아니라, 그 판단을 내릴 수 있는 근거를 찾고 그 근거에 따라 가장 좋은 판단을 찾는 것에 있다. 즉, 아무런 근거 없이 판단을 내리지 않는 것이 논리적 사고의 기본이다. 그리고 근거를 찾았다면 그 근거로부터 도출할 수 있는 최선의 판단을 추론의 방법을 활용하여 찾는 것이다. 이때 최선의 판단으로 도출한 것을 주장이라 부른다. 또 한편, 근거가 언어로 표현된 것을 우리는 전제라 부르고, 주장을 결론이라 부르기도 한다. 여하튼, 논리적 사고는 하나의 좋은 판단을 내리기 위해 그 판단을 내릴 수 있는 근거를 찾고 그 근거에 따라 가장 좋은 판단을 찾는 것이라 요약할 수 있다.

위와 같은 논리적 사고의 핵심을 고려하여 문제해결 방안들 중에서 최선의 방안을 찾는 노력을 기울일 때, 문제를 해결하여 희망하는 목표를 달성할 수 있는 수행 능력의 가능성을 찾는 것이 합리적인 판단의 기준이 될 수 있다. 요즈음 사회적으로 볼 때, 청소년들은 대부분 자신의 내부적인 강점과 약점에 대해서, 자신을 둘러싼 외부 환경의 기회나 위협에 대해서 논리적으로 분석하지 못하고, 대체로 감성적 차원에서 편향되게 분석하는 경향이 많다. 자신의 내부적인 요인에 대해서 너무 강점만 생각한다거나 때로는 별것 아님에도 불구하고 약점으로 생각하는 경향이 많다.

또 한편으로는, 외부의 환경에 대해서 단순 정보에 의지하여 기회라고 생각한다거나 때로는 조금 노력하면 이겨낼 수 있는 것임에도 불구하고 아주 자신을 힘들게 만드는 거대한 위협으로 생각하는 경향이 많다. 강점, 약점, 기회, 위협은 누구에게나 동일한 것은 아니며, 어떤 성격이 그 자체로 강점이 되거나 약점이 되는 것도 아니며 정보가 그 자체로 기회가 되거나 위협이 되는 것도 아니다. 동일한 것으로 보이는 성격이나 정보라 하더라도 문제해결자가 어떻게 분석을 하느냐에 따라 내용은 달라지는 것이다. 이러한 측면에서 SWOT 분석은 원칙적으로 주관적인 분석일 수밖에 없다. 그러나 그 분석을 할 때 감성적 경향에 편중하여 주관적으로만 분석을 하게 되면 문제해결을 위한 최적의 방법을 찾는데 실패할 가능성이 많다. 그러하기에 분석은 철저하게 논리적인 사고를 바탕으로 최선의 방안을 찾기 위한 가장 합리적인 선택을 할 수 있어야 한다.

제4장
문제해결 시나리오와 문제해결능력 실행

1. 문제해결 실행 계획과 문제해결 시나리오 작성

산을 오르는 산악인들은 등산
과정에서 해결해야 하는 문제를 사
전에 엄밀하고 철저하게 검토하여
대비를 한다고 한다. 에베레스트와
같은 큰 산을 오르고자 할 때에는 등
산 과정에서 해결해야 하는 문제들
로 예상되는 것들이 아주 많이 있을
것이며, 또한 예기치 않게 우연히 발

생할 수 있는 많은 문제의 상황이 있을 수도 있을 것이다. 고도가 높아짐에 따라 공기
중의 산소량이 부족하여 정상적인 호흡이 어려워지는 문제를 해결하기 위하여 저산소
상태에서도 등산을 할 수 있는 운동이나 장비 등의 대비를 할 수 있으며, 또한 높은 고
도에서 갑자기 변하는 날씨로 인해 정상적인 체온 유지가 어려워지는 문제를 해결하기

위하여 저체온 상태에서 등산을 할 수 있는 운동이나 장비 등의 대비를 할 수 있을 것이다. 이 이외에도 에베레스트와 같은 큰 산을 등산하는 산악인들이라면 예상되는 문제 혹은 예상되지 않는 문제의 상황에 대비하여 사전에 엄밀하고 철저하게 검토하여 대비를 해야 할 것이다. 만약 문제를 철저하게 검토하지 못하여 대비를 충분히 하지 못하였다면, 등산 과정에서 해결해야 하는 문제에 직면하여 문제해결 능력을 충분히 발휘하지 못하고 조난을 당할 수도 있다. 물론 에베레스트와 같은 큰 산을 등산할 때에는 철저히 검토하고 대비를 충분히 하였더라도 조난을 당할 수도 있다.

산을 오르는 산악인들은 등산을 시작하기 전에 해결해야 하는 문제를 사전에 검토하고 대비를 하면서, 소위 말해서, '개념도'라는 것을 만든다고 한다. '개념도'는 등고선을 표시한 단순한 지도가 아니다. 지도 그 이상이다. 산의 정상까지 도달하는 과정에서 어느 길로 가는 것이 가장 좋은 방법이며 가장 효과적인 방안인지 등산의 방향성이 표시되어 있으며, 그 과정에서 단계별로 예상되는 문제들에 대한 검토 내용 및 예기치 않은 돌발 상황에 대처하는 방법 등이 구체적으로 표시된 것이다. 물론 손에 들고 있는 구체적인 종이가 아니라고 하더라도 베테랑 산악인들은 머릿속에 그 '개념도'를 충분히 가지고 있다. 여러 가지 문제에 직면할 것을 대비하여 처음 출발과 마지막 도착 사이에 여러 가지 다양한 방안들을 함께 가지고 있는 것이다.

에베레스트와 같은 큰 산을 등산할 때에는 거의 모두 여러 명이 함께 준비를 하게 되는데, 이런 경우라면 그 '개념도'를 등산 대원들 모두가 함께 공유하며 충분히 숙지를 하는 준비를 하게 된다. 이 '개념도'를 준비하기 위해서는 등산하고자 하는 산에 대한 지리학적인 지도와 기후 정보 등 과학적이며 객관적으로 알려진 정보를 수집하여 분석하는 것도 필요하며, 또한, 그보다 더 중요하게, 그 산을 먼저 등산하였던 산악인들의 실제 경험 사례들을 수집하여 분석하는 것도 필요하다. 대체로, 등산 팀이 구성될 때 같은 수준의 산을 등정한 경험이 아주 많은 베테랑 산악인이 등반 대장을 맡으면서 '개념도'를 철저하게 준비한다.

에베레스트와 같은 아주 큰 산을 등산하는 경우가 아니라고 하더라도, 우리 일상 인들의 수준에서 지리산이나, 설악산, 한라산 등을 동호회 차원에서 혹은 친구들과의 여행으로 등산하는 경우가 있다. 이때에도 소위 '개념도'라는 것을 준비하여 하루 이틀 정도는 준비를 한다. 예컨대, 체내 수분이 떨어질 때를 대비하여 오이를 준비한다거나 당분이 부족할 때를 대비하여 초콜릿을 준비한다거나, 높은 지대의 산장에서 잠을 잘 때를 대비하여 침낭을 준비한다거나 말이다. 겨울철이라면 눈이 내리는 것을 대비하여 장비를 준비해야 할 것이다. 이러한 세세한 것들의 준비 뿐만 아니라 등산 과정에서 발생할 수 있는 여러 가지 문제의 상황을 고려하고 등산을 하는 사람의 체력 조건이나 등산 경험 등을 고려하여, 등산 코스를 미리 선택을 할 것이다.

예컨대, 지리산을 등산할 때 노고단에서부터 천왕봉으로 완만한 능선을 따라 등산을 할 수도 있고, 뱀사골이나 중산리 계곡에서부터 계곡을 거슬러 올라서 천왕봉으로 등산을 할 수도 있다. 어느 코스를 선택하느냐에 따라 등산 일정이 달라지며, 또한 등산 과정에서 해결해야 하는 문제들도 달라질 수 있다. 노고단에서 천왕봉까지 등산을 하는 경우라면 대체로 일반인들은 2박 3일의 일정을 잡아서 준비를 할 것이고, 그에 따라 이틀의 밤을 지내는 방법, 식량 등과 관련하여 해결해야 하는 문제들을 사전에 철저하게 대비를 해야 할 것이다. 천왕봉에서 일출을 보는 것이 목표라면 장터목 대피소 산장에서 잠을 자고 이튿날 새벽 동트기 전에 새벽 산행을 하여 천왕봉까지 올라가야 하는 정보도 알고 있어야 하며, 대피소 정보도 잘 알고 있어야 한다.

문제해결 과정에서 해결해야 하는 문제를 사전에 엄밀하고 철저하게 검토하여 대비를 해야 하는 이유를 등산의 과정에 비유하여 설명을 하였다. 그리고 실행하기 전에 사전에 철저하게 해결해야 하는 문제를 검토하고 대비하는 '개념도'의 중요성을 강조하였다. 우리는 이러한 '개념도'에 해당하는 것을 문제해결에서는 '시나리오(Scenario)' 라고 할 수 있다. 그리고 에베레스트와 같은 세계적인 큰 산을 등산하는 전문 산악인의 경우이든, 지리산이나 설악산, 한라산과 같은 준봉을 등산하는 일반 산악 애호가의 경우이든, 아니면 동네 봉우리와 같은 산을 등산하는 경우이든 위와 같은 '개념도'가 필요하다는 이해를 바탕으로, 우리는 문제해결에서도 해결하기가 쉽지 않은 큰 문제를 해결하든 아주 쉬운 문제를 해결하든 모든 문제해결에서 '시나리오'가 필요하다는 것을 전제한다. 그래서 본 장에서는 모든 문제해결에서 적용할 수 있는 '문제해결 시나리오' 작성의 일반적 틀을 소개하고, 아울러 이 틀을 활용한 문제해결자의 문제해결 시나리오 작성 방법을 안내하고자 한다. 그리고 학습자가 본 장에서 소개되는 '문제해결 시나리오' 작성의 일반적 틀을 이해하고 각자 해결해야 하는 문제에 적용하여 문제해결자가 시나리오를 작성하는 방법을 학습한다면, 우리는 문제해결능력 향상을 위한 교육적 효과를 충분히 달성할 수 있을 것으로 기대한다.

'시나리오(Scenario)'라는 용어는 문제해결에서 사용되는 전문 용어는 아니다. '시나리오(Scenario)'라는 용어는 연극에서 쓰이는 '신(scene)'이라는 말에서 유래되었으며, 오늘날 연극뿐만 아니라 영화의 전문 용어로 많이 사용된다. 연극이나 영화에서 '신(scene)' 일반적으로 한 막, 한 장면을 가리킨다. 영화에서는 한 단위의 시간과 공간을 구분할 때 사용되기도 한다. 이러한 장면들이 모여서 한편의 연극 혹은 영화가 만들어진다. 보통 100분짜리 영화를 제작하는 경우 한 편의 영화는 110~130개 정도의 '신'으로 이루어진다. 이러한 '신'들은 각각 촬영한 다음 하나로 이어 붙여 한 편의 이야기를 담은 연극이나 영화가 만들어진다.

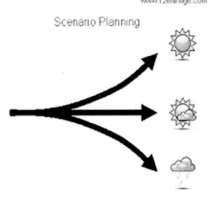

연극이나 영화가 만들어지기 위한 최소 단위로서의 이러한 '신'들을 엮은 일련의 전체 흐름의 구조를 뜻하는 것이 시나리오이며, 이러한 시나리오는 연극이나 영화를 만들기 위한 일종의 기본 '설계도'라고 할 수 있다. 시나리오에는 주로 장면을 구성하는 이야기와 배우에 의해 만들어지는 행동

과 대사 및 동작 등에 대해 알려주고 지시하는 기록이 들어 있다. 요컨대, 한 편의 연극이나 영화가 만들어지기 위해서 필요한 기초 단계의 계획이 '시나리오'이다. 아이디어만으로 연극이나 영화를 만들 수는 없다. 아이디어 단계에서는 구체적인 이야기와 등장인물을 행동과 대사 및 동작에 대한 지시 내용이 아직 구체적으로 마련되어 있지 않기 때문이다. 연극이나 영화에서 좋은 작품을 만드는 성패는 '시나리오' 단계에서 좌우된다. 이러한 점은 건축에서도 좋은 건축물을 만드는 성패가 '설계도' 단계에서 좌우되는 것과 같은 것이라 할 수 있다. 문제해결에서도 마찬가지로, 해결방안만 있다고 실제로 행동을 할 수는 없으며, '시나리오'가 잘 준비되어 있을 때 좋은 실천이 이루어지며, 그럴 때 문제해결의 목표도 잘 달성된다고 할 수 있다.

시나리오를 구성하는 요소들 중에서 가장 큰 비중을 차지하는 핵심은 '이야기(Story)'에 있다. '이야기'는 연극이나 영화에서 처음부터 끝까지 등장인물을 중심으로 사건이 진행되어 가는 시간적 흐름을 말한다. 이러한 '이야기'는 소설 형식의 문학 작품에서도 가장 큰 비중을 차지하는 핵심이 된다. 우리는 소설이든 연극이든 영화든 우선적으로 '이야기'가 잘 짜여진 것을 좋은 작품으로 평가한다. 그럼 어떻게 짜여진 이야기가 좋은 것인가?

소설이든 연극이든 영화든 등장인물의 행위가 중심으로 이루어지는 작품에 대한 가장 오래된 이론서로 오늘날까지 받아들여지고 있는 아리스토텔레스의 『시학(poetics)』에서는 "모든 이야기에는 시작이 있고, 중간이 있고, 끝이 있다"고 말한다. 이 말은 가장 간단하면서도 아주 설득력이 있는 것으로서, 쉽게 말한다면, 모든 이야기에는 처음과 중간, 그리고 끝이 있다는 것이다. 이 말을 토대로

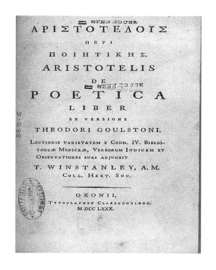

가장 오래된 장르인 연극에서는 오래전부터 처음과 중간, 끝으로 연결되는 3막의 구성을 통해 이야기를 만들어왔다. 물론 기, 승, 전, 결의 4막이나 발단, 상승, 위기, 절정, 결말의 5막 구성도 생겨났지만, 처음과 끝이 분명히 있고 그 가운데 중간 부분을 세부적으로 나누었다는 차원에서 보면 기본적으로 3막의 구성이다. 이러한 3막의 구성을 문제해결 과정에서 연관하여 생각해보면, 우리는 너무나도 쉽게 3막의 구성이 적용될 수 있음을 이해할 수 있다. 말하자면, "모든 일에는 처음과 끝이 있고 그 사이에 과정이 있지 않느냐?"고 누가 말한다면 그 말에 동의하지 않을 사람이 없을 것이기 때문이다. 따라서, 우리는 문제해결 시나리오 작성에서도 위와 같은 구성 즉, 시작-중간-끝으로 이어지는 3막 혹은 3단의 틀에 따라 일반적으로 구성할 수 있다. 이러한 구성을 우리는 문제해결 시나리오의 일반 원칙으로 제시한다.

우리가 이러한 일반 원칙을 제시하였을 때, 모든 사람들이 일반적이라 받아들이지만, 그중 많은 사람들은 '그건 너무 당연하지'라고 말하며 진부하게 받아들일 수도 있을 것이다. 사실 진부할 수 있다. 아리스토텔레스도 너무 진부한 말을 거창하게 서술했다고 할 수도 있다. 그런데 이처럼 너무 당연해 보이는 것이 행동으로 실천하고자 할 때 쉽지만은 않다. 당연하게 이해된다는 것이 반드시 실천을 쉽게 해주는 것은 아니라는 차원에서 보다 더 생각을 해 보자.

어떤 해결해야 하는 문제 앞에 선 문제해결자가 어려움을 호소하는 것 중에서 대표적인 것이 바로 '언제 어디서부터 무엇을 시작해야 할지'를 모르는 경우이다. 흔히 문제해결에 아직 서투른 청소년이나 초년 시기에 많이 겪게 되는 어려움이다. 이때 대체로 문제해결에 조금 더 익숙한 어른이나 선배들은 '첫 단추를 잘 끼워야 한다.'라든가 '시작이 반이다'라는 말을 건네며 일의 시작점을 잘 찾는 것의 중요성에 대해 조언을 한다. 또 문제해결능력을 평가할 때 '일머리'를 알고 시작하는 사람과 '일머리'를 모르는 사람을 구분하며, 적어도 '일머리'를 알고 시작하는 사람을 두고 기초 능력을 갖춘 사람이라고 대체로 평가한다. 한편으로는, 일의 끝을 잘 알고 '일 마무리'를 잘 하는 사람을 두고 기초 능력을 갖춘 사람이라고 대체로 평가한다. '일 마무리'에 서투른 사람에게 어른이나 선배들은 '유종의 미를 잘 거두어야지.'라든가 '시작했으면 끝을 맺어야지'라는 말을 건네며 일의 종착점을 잘 찾는 것의 중요성에 대해 조언을 한다. 이런 말들은 일을 시작하고 그 일을 마무리 하는 것이 아주 중요함에도 그렇게 잘 하지 못하는 경우에 자주 회자되는 말이다. 그럼 어떤가. 모든 일에는 시작과 끝이 있음을 너무 당연하게 이해하고 있지만, 우리가 그것을 잘 실천하고 있다고 할 수 있는가?

처음과 끝 사이의 중간 과정에서 어려움을 겪는 경우도 마찬가지이다. 과정을 잘 수행해야 함을 잘 알고 있지만, 그리고 처음 시작은 하였지만, 그 다음에 이어지는 과정에서 무엇을 어떻게 해야 할지를 몰라서 시간만 허비하고 결국에는 기대하는 일의 마무리를 못하는 경우를 우리는 많이 경험한다. 처음에 시작한 일이 중간 과정을 거쳐서 끝에 마무리가 되어야 하는데도 불구하고, 대부분의 사람들이 중간에서 헤매는 경우를 많이 경험해 보았을 것이다. 극단적으로 이런 표현도 있다. '배가 항구에서 출발하였는데, 가다 보니 산으로 올라가게 되었다.' 목적지가 전혀 다른 곳으로 일이 진행되어 가버렸다는 뜻이다. 일의 시작과 끝 사이의 중간에는 사실 해결해야 하는 수많은 세부 문제들이 있으며, 그 문제들 중에서 때로는 변수가 많은 것들이 있다. 이 때문에 처음과 끝보다 과정이 더 어려울 수 있다. 그렇지만 시작과 끝을 분명히 하여 시작-중간-끝의 연결 과정을 미리 설계한다면 도중에 헤매거나 다른 곳으로 가는 등의 어려움은 줄일 수 있다.

행동으로 옮겨질 수 있는 모든 일에는 시작과 끝이 있고 그 사이에 중간 과정이 있다. 문제를 해결하는 일에도 마찬가지이다. 문제해결을 위한 행동의 시작이 있고 끝이 있으며, 그 사이에 중간 과정이 있다. 그리고 이러한 시작-중간-끝이 연관되어 있음은 문제해결에서 우리가 일반적으로 받아들일 수 있는 보편적인 틀이다. 자신의 정체성에 대해서 방황하며 '나는 누구인가?'라는 물음에 대해 끝임 없이 고민하는 사춘기 시절에 많은 청소년들이 어려움을 겪는 것들 중에 하나가, '이 고민의 끝은 어디인가?'라는 물음에 답을 하지 못할 때이다. 사춘기를 겪는 청소년들은 마치 그 고민이 도무지 해결되지 않을 것 같고 끝도 없이 이어질 것으로 생각을 한다. 그래서 더욱 더 방황을 한다. 그런데 사춘기를 지나고 나면 얼마 되지 않아서 모든 사람들은 사춘기의 끝이 있음을 알게 된다. 심리학적으로 사람의 발달 과정에서 모든 사람은 사춘기를 거치게 되며 일정 시간이 지나면 끝이 난다. 이런 사실을 모르는 사람은 사춘기를 시작해서 끝없는 방황과 고민을 하고 있는 그 시기의 청소년이다. 이러한 사실은 문제해결능력의 발달 과정에서도 유사하게 적용될 수 있다. 모든 문제는 정도의 차이가 있지만 일정 시간이 지나면 해결이 된다. 물론 시작이 없었다면 끝도 없을 것이다. 그러나 처음 시작이 있으면 끝도 있다. 그러하기에 문제를 해결하고자 하는 사람은 끝을 염두에 두어야 하며, 그 끝에 도달하기 전에 최초 어디에서 언제 무엇을 시작할 것인지를 생각하여 결정하고 행동에 옮겨야 한다.

자아정체성에 대한 발달과정에서 모든 사람이 겪는 사춘기에 비유를 하면서 문제해결능력의 발달을 언급하였지만, 사실 문제해결능력의 '함양'은 심리학적 차원에서 말하는 '발달'과는 다른 것이다. 왜냐하면 우리가 문제해결능력의 함양을 목표로 문제해결 시나리오 작성의 일반적인 원칙을 제시할 때, 기본 전제로 놓았던 것이 실천을 위한 사고 능력의 함양이기 때문이다. 그리고 사고 능력은 경험적 행동을 통해서 자연스럽게 발달되는 것이 아니라 그 능력의 함양을 위해 필수적으로 요구되는 지성적 학습이 반드시 필요하기 때문이다. 사춘기를 지나고 성년이 되었다고 해서, 더 나아가 경험이 풍부한 어른이나 고참자가 되었다고 해서, 그것 때문에 문제해결능력이 보다 더 뛰어난 사람이 되는 것은 아니기 때문이다. 이 점에 대해서는 조금 뒤에 실천적 지혜와 비판적 사고를 설명하는 부분에서 보완하기로 하고 우선 문제해결 시나리오 작성의 일반적 틀을 활용하여 문제해결자가 직접 작성 할 수 있

는 방법에 대해서 고찰해 보도록 하자.

2. 문제해결 시나리오 작성 방법

자 그럼, 문제해결 시나리오 작성의 일반적 틀에 대한 소개와 이해는 이것으로 충분하다고 보이기에, 다음으로 이 틀을 활용한 문제해결자의 문제해결 시나리오 작성 방법을 소개하고 안내해 보도록 하자. 우선 위에서 소개한 문제해결 시나리오 작성의 일반적 틀을 문제해결자가 직접 작성에 활용할 수 있도록 도표를 만들어 보면 간단히 다음과 같이 만들 수 있을 것이다.

문제해결 시나리오 작성	
해결해야 하는 과제로서의 문제 :	
문제의 핵심 원인 분석 :	
문제의 핵심 해결 방안 :	
구분	**문제해결자의 작성 내용**
처음(도입)	
중간(전개)	
끝(결말)	

처음-중간-끝의 구성은 도입-전개-결말과 같은 용어로 대체하여 사용해도 좋다. 용어보다는 어떤 내용을 쓸 것인지에 대한 구성의 성격 구분이 중요하다. 우선 처음 부분부터 내용을 생각해보자. 문제해결 시나리오 작성에서도 첫 단추를 잘 꿰는 것이 중요하다. 앞서 행동으로 옮겨질 수 있는 모든 일에는 시작과 끝이 있고 그 사이에 중간 과정이 있다고 하였기 때문에, 흔히, 최초 시작되는 시점의 일을 처음에 써야 할 것으로 생각하기 쉽다. 그러나 먼저 결론부터 말하자면, 그렇지 않다. 일은 시간적인 흐름에 따라 시작되고 전개되고 끝나며, 물론 문제처리과정은 시간의 흐름을 거스를 수는 없지만, 문제해결 시나리오 작성에서는 시간의 흐름에 따르지 않는다. 이 점을 이해하기 위해서는 우리가 '이야기'라고 부르는 '스토리(Story)'와 '구성'이라 부르는 '플롯(Plot)'의 차이에 대해서 알아볼 필요가 있다.

연극, 영화, 소설 등의 문학에서 스토리와 플롯의 차이에 대한 이해를 해 보고 다시 문제해결 시나리오에의 작성 방법에 대해 돌아오도록 하자. 전체 대본이나 내용 중 핵심인 뼈대를 추려서 처음부터 끝까지의 시간적 흐름의 줄거리를 작성하면 그것이 우리가 '이야기'라고 부르는 '스토리'에 해당된다.

예컨대, 김유정의 소설 『동백꽃』은 다음과 같은 스토리로 정리될 수 있다. "주인공인 '나'는 순박한 농촌 청년으로 소작인의 아들이다. 그런데 어느 날 우리 집 마름의 딸인 점순이가 찾아와서 따뜻한 감자를 '나'에게 내민다. 하지만 '나'는 그녀의 성의를 거절한다. 그 다음 날부터 점순이는 우리 집의 씨암탉을 못살게 굴었다. 심지어 자기 집 수탉을 데리고 와서 우리 집 수탉과 싸움을 붙여 놓기도 했다. '나'는 우리 집 닭이 점순네 닭에게 당하는 것에 분노가 치밀어 올라 점순이네 수탉을 때려 죽였다. 그러자 점순이는 자기 집 닭을 때려 죽였다는 사실을 가지고 '나'를 위협한다. 그 위협은 소작인의 처지에서는 소작을 더 이상할 수 없게 만들 수 있을 정도로 무서운 것이었다. 결국 점순이는 '나'에게 앞으로 매정하게 굴지 않겠다는 약속을 받는다. 그리고 나서 '나'와 점순이는 노란 동백꽃 속으로 파묻히고 그 다음 정신이 아찔해진다. 그때 점순이 어머니가 찾는 소리가 들리며 점순이는 겁을 먹고 달려갔고 '나'는 산으로 내빼듯이 도망갔다." 이것이 전체 내용의 줄거리이다.

줄거리를 이렇게 정리하면 한 편의 소설의 전체가 시간적 흐름으로 보이게 된다. 그런데 김유정의 『동백꽃』의 작품 서술은 이와 같은 시간적 순서대로 되어 있지 않다. 첫 장의 시작은 점순이가 '나'에게 감자를 준 사건부터가 아니라, 주인공인 '나'의 집 수탉이 점순이네 수탉에게 공격을 당해서 피를 흘리고 있는 사건부터 시작하기 때문이다. 왜 이렇게 시간적 흐름에 따라 쓰지를 않는 것일까? 문학이 지니는 극적 효과를 작가 나름대로 극대화하기 위해서라고 할 수 있다. 이러한 극적 효과를 두드러지게 만드는 것이 플롯이다.

플롯은 스토리를 이어나가는 기술이라 할 수 있으며, 작가가 의도대로 스토리의 핵심이 되는 사건을 짜임새 있게 재구성하는 것을 뜻한다. 이러한 플롯은 문학 작품을 문학적으로 만드는 핵심으로서 문학이 처음 등장할 때부터 중요하게 고려되었다. 인류 지성의 가장 오래된 보고라 할 수 있는 호메로스의 서사시 『일리아스』에서도 찾아볼 수 있다. 『일리아스』는 잘 알다시피, 트로이 전쟁을 배경으로 아킬레우스라는 영웅의 성격이 두드러지도록 영웅들의 활약상을 묘사한 작품이다.

간단하게 트로이 전쟁의 스토리를 개요하면 아가멤논을 지휘관으로 하는 고대 그

리스 연합군의 영웅들이 트로이 지방으로 건너가 10년 동안 전쟁을 하면서 결국 그리스 연합군 진영의 불세출의 영웅 아킬레우스가 트로이 진영의 영웅 헥토르와의 결투에서 승리하는 때를 기점으로 하여 그리스 연합군의 영웅들이 트로이 진영의 성인 일리오스를 함락시키며 승리를 얻었다는 것이다. 그런데 호메로스의 『일리아스』의 작품 서술은 트로이 전쟁의 처음 발단에서부터 출항을 하고

첫 전투를 어떻게 하는 것에 대한 이야기는 생략하고 전쟁이 시작된 후 9년째 되는 해부터 시작한다. 첫 장의 시작은 영웅 아킬레우스의 분노에서부터 시작된다. 아마도 호메로스가 시나리오를 썼다고 한다면, 아킬레우스라는 영웅의 삶과 죽음에 초점을 맞추어 이러한 영웅적 성격이 가장 잘 드러나도록 하는 행위와 사건을 처음부터 놓고자 계획을 세웠을 것이다.

위와 같이 스토리와 플롯이 차이나는 것에 대한 예시는 오늘날 우리가 즐겨 보는 영화 작품 중에서 첫 부분이 두드러진 것을 보면 쉽게 확인이 될 것이다. 이러한 스토리와 플롯의 차이를 문학 작품에서의 예시를 통해 확인하면서, 우리는 이 차이에 주목하면서 문제해결 시나리오 작성에 응용하여 문제해결 시나리오 작성의 원칙을 제시하고자 한다. 원칙은 효과적인 문제해결 시나리오를 작성하기 위해서 스토리가 아니라 플롯에 따라서 작성해야 한다는 점이다. 일반적으로 문학에서의 플롯은 작가의 의도대로 스토리의 핵심이 되는 사건을 짜임새 있게 재구성하는 것을 말한다. 이러한 플롯의 뜻을 문제해결 시나리오에 맞게 정의를 한다면, 문제해결자가 스스로 의도한 바에 따라 문제해결의 과정에 핵심이 되는 사건 혹은 일을 짜임새 있게 재구성하는 것이라 할 수 있다. 여기에서 '짜임새 있다'는 뜻은 처음-중간-끝으로 이어지면서 문제해결의 목표를 달성하는 데 가장 효과가 있다는 뜻으로 이해할 수 있다. 그리고 '재구성 한다'는 뜻은 문제해결의 과정에서 발생하는 사건들을 시간 순서대로 배열하는 것이 아니라 인과관계에 기초한 논리적 과정으로 배열한다는 뜻을 지니고 있다.

대학생들에게 문제해결 시나리오 작성 과제를 내면 초등학교 저학년이 숙제로 쓴 일기 쓰듯이 하는 경우를 종종 발견한다. '아침에 일어났다. 세수했다. 밥먹었다. 학교에 갔다. 학교에서 수업 끝나고 사소한 일로 친구와 다투었다. 화해도 못하고 집에 왔다. 엄마에게 말하고 나서 혼이 났다. 내일은 화해할 것이라 반성한 후에 깊은 잠에 빠졌다.' '취업을 하기 위해 학점 등 공부를 열심히 할 것이다. 스펙도 많이 쌓을 것이다. 틈틈이 봉사 활동을 하면서 자기계발을 할 것이다. 기다리다가 좋은 기회가 오면 놓치지 않고 붙잡을 것이다. 매일매일 취업을 위해 노력할 것이다.' 스토리의 핵심이 되는 사건도 없고, 문제해결자의 성격적 특성도 드러나지 않으며, 문제의 상황을 변화시키는 방법도 없다. 그리고 앞의 것과 뒤의 것의 인과관계가 드러나지 않는다.

지난 2002년 한·일 월드컵에서 약체로 평가받던 우리나라 축구 대표팀을 4강에까지 진출시킨 '월드컵 4강 신화'의 주인공인 거스 히딩크의 문제해결 시나리오를 생각해보자. '월드컵 4강 신화'의 스토리를 일기 쓰듯이 하면, '히딩크 감독이 부임하고 난 후, 초반에 부직을 겪었지만 월드컵 예선전을 거치면서 승리하여 본선에 올랐고, 본선에서 기대 이상의 우수한 승리를 거두며 한국의 대표팀을 4강에 올려놓았다'는 것을 끝날 것이다. 그러나 이런 스토리를 만드는 힘인 히딩크가 생각한 시나리오에서 비롯되었다. 물론 히딩크가 시나리오를 작성하지 않았지만, 2002년 월드컵의 성공 이후 많은 사람들이 히딩크의 리더십을 이야기 하면서, 히딩크의 '압박 수비, 압박 공격'의 전략이 가능했던 이유를 다음과 같이 말한다. 히딩크는 선수들이 여러 가지 포지션을 소화해 낼 수 있는 멀티 플레이어가 되어야 하는 것을 성공 방안이라고 생각하면서 이러한 멀티 플레이어가 되기 위해서는 선수들의 기초 체력 훈련이 필수적이라 생각하였다. 아울러 단체 경기에서의 팀워크 멀티 플레이에 필수 요소임을 생각하고 단체 생활에서의 규율을 엄격히 하였다.

이런 생각에 따라 히딩크가 대표팀을 맡고 난 후 제일 처음으로 한 일은 선수들의 기초 체력을 강화하는 근력과 지구력 훈련이었다. 그리고 경기와는 상관없는 부분에서도 단체 생활의 규율을 강화하는 지도였다. 이렇게 처음의 한 일은 결국 실제 축구 경기에서 다양한 전술 방법을 익히는 데 이롭게 하였으며, 한 경기에 동시에 여러 가지 전술을 적용할 수도 있게 하였으며, 이를 바탕으로 신장과 기술 면에서 우수한 팀을 만나서도 약점을 극복하며 승리를 거둘 수 있게 되었다. 그런데 당시를 회고하면, 처음 시작 이후 얼마 지나지 않은 시점에 국가대표 평가전에서 여러 차례, 거의 매번 한 골도 못 넣고 지면서 당시 언론에서는 '5:0'이라는 별명을 붙이며 히딩크의 능력을 의심하기도 하였다. 하지만 히딩크는 처음-중간-끝까지 세운 시나리오대로 훈련을 하면서 결국은 월드컵 4강 진출이라는 신화를 만들어 내었다. 그러면서 히딩크는 자기에게 주어진, 그러면서 자신이 해결하고자 선택한 문제, 즉 '2002년 한·일 월드컵에서 성공적인 목표를 어떻게 하면 달성할 수 있을까?'의 문제를 해결하며 기대 이상의 목표를 달성하였다.

　히딩크의 사례로 살펴본 것처럼, 문제해결 시나리오 작성에서 처음에 선택하여 작성할 행동은 끝에 가서 이루게 될 목표를 염두에 두고서, 거기까지 도달할 수 있는 과정과 논리적으로 연결되는 것이어야 한다. 논리적으로 연결된다는 것은 과정에서 발생할 수 있는 우연적 요소를 줄이는 것으로 이해할 수 있다. 왜냐하면 '논리적'이라는 말은 '마땅히 그러한' 혹은 '그럴 수밖에 없는'의 뜻을 지니고 있기 때문이다. 논증에서 '타당(妥當, Valid)'이라는 말이 우연적 요소가 전혀 없이 '마땅히 그럴 수밖에 없는'의 뜻을 지니고 있음을 알고 있다면 '논리적'이라는 말을 이해하기가 더 쉬울 것이다. 논증과 관련하여서는 2부에서 충분하고 자세히 다루기로 하였으니, 자세한 언급은 뒤로 미루도록 한다. 우연적 요소를 완전히 없앨 수가 없는 경우라고 한다면, 적어도 줄일 수 있는 방법으로 행동의 전개 과정을 설계해야 한다. 우연적 요소를 줄일 수 있다면 그런 경우를 논리적 사고에서는 설득력이 있는 것이라 말하는데, 결국 문제해결의 가능성이 높아지는, 그래서 문제해결의 목표 달성에 효과가 높은 것으로 받아들여질 만한 방법으로 행동의 전개 과정을 설계해야 한다. 이러한 행동의 전개 과정을 설계하는 것으로 문제해결 시나리오를 작성해야 한다.

　이상의 논의를 바탕으로 우리는 문제해결 시나리오 작성에서 좋은 시나리오를 작성하기 위해서는 '스토리'가 아니라 '플롯'에 따라서 작성해야 하는 원칙을 제시하면서, 문제해결 시나리오 작성에서의 '플롯'은 문제해결자가 스스로 의도한 바에 따라 문제해결의 과정에 핵심이 되는 사건 혹은 일을 짜임새 있게 재구성하는 것이라고 정의한다. 여기에서 '짜임새 있다'는 뜻은 처음-중간-끝으로 이어지면서 문제해결의 목표를 달성하는 데 가장 효과가 있다는 뜻이며, '재구성 한다'는 뜻은 문제해결의 과정에서 발생하는 사건들을 논리적 과정으로 배열한다는 뜻임을 다시 한 번 확인한다. 참고로, 논리적 과정으로 배려하는 데 있어서 가장 일반적인 것은 인과관계에 따라서 배열하는 것이다. 그리고 덧붙여, 이러한 문제해결 시나리오 작성 방법이 연극이나 영화에서 주로 작성하는 '시놉시스(Synopsis)'와는 다름을 추가로 언급해 두고자 한다.

'시놉시스'는 아주 간단한 줄거리를 뜻하는 것으로서, 주로 작가가 작품의 주제를 다른 사람에게 알리기 위해 알기 쉽게 간단히 적은 것을 말한다. 흔히 개요라고도 한다. 시놉시스의 작성 목적은 다른 사람에게 자신이 작품을 만드는 의도가 무엇이고, 작가의 주관적 관점은 무엇이고, 전달하려는 메시지가 무엇인지에 관해 확실한 내용으로 전달할 수 있도록 하는 데 있다. 그래서 대체로 '시놉시스'에는 작품의 주제, 기획 및 집필의도, 주요 등장인물, 전체 줄거리 등의 요소가 포함된다.

이러한 '시놉시스' 작성은 작가가 계획한 주요 기획 및 줄거리를 바탕으로 하면서 다른 사람에게 명확히 전달하는 것을 목적으로 하는 것이기 때문에, 우리가 본 장에서 검토하고 있는 '문제해결 시나리오' 작성과는 근본 성격과 목적이 다르다. 우선 '문제해결 시나리오'는 스토리가 아니라 플롯에 따른 서술이라는 점에서 근본적인 성격이 다르고, 또한 특히, 다른 사람에게 보여주기 위해서 쓰는 것이 아니라는 점에서 목적이 다르다. 학생들 중에서는 '문제해결 시나리오'를 작성하면서 소위 '보여주기 용'으로 쓰는 경

우가 종종 있다. 단적으로 말해서, 이 경우 문제해결능력 함양에 도움이 되지 않는다. '문제해결 시나리오' 작성의 목적은 자신이 실제로 행동하게 되는 실천의 방향과 전략 수립 등의 가장 좋은 판단을 내리기 위한 것으로서, 즉 자기 자신이 해결해야 하는 문제를 실천적으로 해결하기 위해 자신이 선택할 수 있는 가장 좋은 판단을 내리기 위한 것이다. 따라서, 자신의 실천적 행위와 상관 없는 '문제해결 시나리오'라고 한다면, 그럴 경우 작성의 노력은 아무런 의미가 없다.

3. 문제해결 시나리오 검토와 실천적 지혜

문제해결 시나리오를 작성하였다면, 실제로 실행에 옮기는 단계로 나아가야 한다. 실행에 옮길 때 계획대로 잘 이루어진다면 실행에는 아무런 어려움이 없을 것이다. 그리고 큰 어려움이 없도록 시나리오를 잘 수립하였다면 계획대로 잘 수행하기만 하면 될 것이다. 그런데 우리가 어떤 문제를 실제로 수행하면서 계획대로 잘 이루어지지 않아서 어려움과 좌절을 겪기도 하고, 때로는 상황 전개에 따라 계획을 수정하는 경우가 생기기도 한다. 특히, 혼자서 해결해야 하는 일이 아니라 여럿이 함께 해결해야 하는 경우이거나, 여러 사람이 이해관계로 묶여 있는 경우라면 계획대로 잘 수행이 되지 않는 경우가 많이 있다.

이 때문에 문제해결의 실천에는 '지혜(智慧)'가 필요하다고 많은 사람들이 말을 한다. 지혜는 단지 배우거나 경험함으로서 알게 되는 지식(知識)에 그치는 것이 아니라, 사물이나 사태의 근본을 식별하고 그것을 통합적으로 이해하면서 행동과 관련된 가장 현명한 판단을 내리고 실천하는 것으로 이해되고 있다. 이러한 지혜를 갖추는 것은 해결해야 하는 문제를 발생시키는 상황과 문제해결 과정에서 전개되는 상황이 복잡할수록 더욱 필요한 것이라 할 수 있다. 오늘날 현대 사회가 복잡하고 여러 가지 복잡한 문제의 상황이 많은 것을 감안한다면 오늘날 실천적인 지혜가 문제해결능력을 함양하는 데 필요한 것이라 할 수 있다.

지혜에 관한 가장 오래된 사례이자 많은 사람들에게 알려진 것이 '솔로몬의 지혜'일 듯하다. '솔로몬(Solomon)'은 구약성서에 등장하는 영웅이자 고대 이스라엘의 제3대 왕으로서 매우 현명하게 모든 일을 처리하며 지혜를 바탕으로 백성들을 잘 다스린 슬기로운 왕으로 기록되어 있다. 여러 기록 중에서 지혜를 보여주는 대표적인 예로 『열왕기』에는 다음과 같은 사례가 있다.

어느 날 두 명의 여인이 솔로몬에게 판결을 받기 위해서 찾아왔다. 그 중 한 여인이 먼저 억울한 듯한 표정으로 다음과 같이 말했다. "우리는 같은 집에 살고 있는데, 제가 출산한 지 3일째 되는 날, 이 여자도 아기를 낳았습니다. 그런데 어느날 밤 이 여자는 자신의 실수로 갓난아기를 압사시킨 후, 제 아기와 죽은 아기를 바꿔놓고 잠든 척했습니다. 아침에 일어나 아기에게 젖을 주려던 저는 곤히 자고 있던 아기가 죽어 있는 것을 보고 깜짝 놀랐습니다. 하지만 그 아기는 제가 낳은 아기가 아니었습니다." 곧 이어 옆에 있던 여인이 소리를 쳤다. "아닙니다. 살아있는 아기는 제 아기입니다." 이처럼 두 여인이 모두 살아 있는 아기가 자신이 낳은 아기라고 주장했다. 이러한 상황에서 올바른 판결을 해야만 하는 문제가 솔로몬에게 주어졌다.

하지 아니하고
혜를 간구하였다.
.리려는 선한 생각이
가니라
었다.

솔로몬은 검을 가져와 두 여인 앞에 놓은 후 이렇게 말했다. "그럼 평결을 내리겠다. 이 검으로 아이를 두 동강 내서 반씩 갖도록 하라." 그러자 처음에 발언한 여인이 깜짝 놀란 얼굴로 다음과 같이 애원하였다. "폐하, 제발 아이를 살려주십시오. 차라리 저 여자에게 이 아이를 주겠습니다." 이 말에 솔로몬은 아기를 양보하려고 하는 여인이 진짜 아기의 생모임을 밝혀내고 판결을 하였다. 이상의 대화 내용은 '솔로몬의 지혜'로 잘 알려진 것이다. 이 내용을 문제해결 시나리오의 작성 방법에 따라서 재구성을 해 보자.

문제해결 시나리오 작성
해결해야 하는 과제로서의 문제 : 어떻게 하면 두 여인 중에서 진짜 아기의 생모를 찾을 수 있을까?
문제의 핵심 원인 분석 : 두 여인이 서로 자신의 아기라고 주장하고 있다. 한 명의 아기의 생모가 둘일 수 없기 때문에, 둘 중의 한 명은 분명 거짓말을 하고 있다. 거짓말을 하는 여인을 찾거나 진실을 말하는 여인을 찾으면, 문제를 해결할 수 있을 것이다. 그렇다면, 거짓말을 하는 사람을 어떻게 찾을 수 있을까?
문제의 해결 방안 : 거짓 판결을 통해서 두 여인 중에서 한 여인이 거짓말을 하거나 진실을 말하도록 유도한다.

구분	문제해결자의 작성 내용
처음(도입)	거짓 판결을 내려 거짓말 혹은 진실된 말을 유도한다. 판결 내용 : 검으로 아기를 두 동강 내서 반씩 갖도록 하라.
중간(전개)	위와 같이 판결하면, 아기가 두 동강 나는 것을 원치 않는 것을 원하고 자신의 주장을 포기하는 여인이 나올 것이다. 만약 애절하게 포기하는 여인이 나오면 그 여인이 생모일 것이다. 왜냐하면 두 동강 나는 것은 아기가 죽는다는 사실을 의미하며, 그렇게 아기가 죽는 것을 생모라면 결코 원치 않을 것이기 때문이다.
끝(결말)	아기를 두 동강 내기보다는 다른 여인에게 아기를 주겠다고 말하는 여인이 진짜 아기의 생모라고 판결을 한다.

솔로몬의 판결 사례에서 시사하는 점은, 처음 도입부에 솔로몬이 판단하고 행동한 것이다. 처음 도입부에서 솔로몬이 판단하고 행동한 내용만 본다면, 솔로몬은 많은 사람들이 칭송하는 현명한 재판관이 아닌 것으로 보인다. 중간과 끝의 시나리오가 없이 처음 단계의 판단과 행동을 했다면 칭송이 아니라 오히려 비난을 받을 것이다. 살인을 유도한 것으로 처벌을 받을 수도 있다. 그러나 중간과 끝으로 이어지는 일련의 시나리오가 있었고 재판장의 상황을 고려하여 실천에 옮기며 목표를 이루었기에 우리는 처

음 단계의 판단과 행동을 지혜롭다고 칭송한다. 위와 같은 지혜를 쉽게 생각할 수 있는 것은 아니다. 또한 솔로몬과 다른 경우에 처음 도입부에서는 솔로몬과 동일하게 판단하고 행동을 하였지만, 중간 단계에서 상황이 예상한 시나리오대로 되지 않을 수도 있다. 즉, 두 여인 모두 애절하게 양보하는 말을 그날 그 재판장의 솔로몬 앞에서 하지 않을 수도 있는 것이다. 그럴 때, 어떻게 할 것인가? 왕으로서 판결한 말의 엄중함이 있기 때문에, 시종을 시켜서 아기를 두 동강 내어서 두 여인에게 반씩 나누어 줄 수는 없는 일이다. 이처럼 문제해결 과정에서 상황이 처음 계획하였던 시나리오대로 전개되지 않을 수도 있다. 이러한 상황을 고려해서 다음의 대안을 충분히 생각하고, 시나리오를 수정하여 결국 의도한 결말로 끝맺는 노력을 해야 할 것이다. 아마도 솔로몬은 두 여인이 모두 애절하게 양보하는 말을 그날 그 재판장에서 솔로몬 앞에서 하지 않을 것을 대비한 대안도 가지고 있었을 것이다.

이처럼 문제해결 시나리오를 작성한 후, 실행 과정에서 계획대로 수행을 하되 문제해결 과정에서 발생할 수 있는 상황에 대한 고려 역시 해야 한다. 이러한 상황을 모두 고려하여 문제를 해결할 수 있는 능력을 갖춘 사람을 실천적 지혜의 능력을 갖춘 사람이라 할 수 있다. 문제해결능력 함양에 있어서 최고의 목표는 위와 같은 실천적 지혜의 능력을 갖춘 사람이라 할 수 있다. 이러한 실천적 지혜의 능력은 모든 사람이나 모든 문제의 상황에 일률적으로 적용되는 것이라 할 수는 없다. 구체적인 상황에 대한 고려와 그 순간에 필요한 판단이 중요하기 때문에 일반적인 어떤 방법이나 지침을 만들 수도 없다. 구체적인 상황은 문제해결 시나리오 작성 과정에서 미리 드러나지 않는 경우가 많다. 그렇기 때문에 문제해결 시나리오 작성 과정에서 이러한 실천적 지혜의 능력이 검토될 수가 없다. 그러나 문제해결 시나리오를 작성한 후 실행 과정에서 보다 더 좋은 목표를 달성하고자 노력하는 차원에서 시나리오를 검토하여 행동을 함으로써 실천적 지혜의 능력을 함양할 수는 있다.

이처럼 실천적 지혜의 능력 함양이 어려운 것이지만, 실천적 지혜의 능력에 관한 아리스토텔레스의 정의를 살펴보면 실천
적 지혜의 능력을 함양하는 가장 바람직한
방향을 고찰할 수 있다. 아리스토텔레스는
『니코마코스 윤리학』에서 '실천적 지혜'
즉 '프로네시스(phronēsis)'를 '감정이나 행
동에서 중용을 찾고 그것을 실행할 수 있
게 하는 능력'이라고 정의한다. 올바른 판
단을 내리고 적절한 행동을 하기 위해서 아리스토텔레스는 '중용'을 행위의 방향으로
제시하고 있다.

중용은 탁월함을 가진 사람이 선택할 수 있는 바람직한 품성상태로서, '지나치지도
않고 모자라지도 않는 어떤 중간의 상태'를 의미한다. 예컨대 '용감함'이라는 바른 품
성상태는 '무모함'이라는 지나침도 아니며, '비겁함'이라는 모자라지도 않는 어떤 상태
라는 것이다. 이러한 바람직한 중용의 상태를 찾고 그것을 실행하여 스스로의 행위를
통해 탁월함이 있는 상태가 되는 사람을 실천적 지혜를 가진 사람이라고 부른다. 문제
해결 시나리오를 작성하고 실제 행동을 할 때, 우리는 아리스토텔레스가 말하는 '프로
네시스'를 가장 바람직한 방향으로 설정하고 실천을 위한 판단을 찾아나갈 수 있다.

물론 아리스토텔레스가 말하는 '프로네시스'를 우리가 실천하여 실천적 지혜의 능
력이 탁월한 사람으로 되는 것은 쉽지는 않다. 그러나 아리스토텔레스가 논한 '프로
네시스'에서 한 가지 점은 중요하게 받아들일 필요가 있다. 그것은 '프로네시스'를 통
해 추구하는 방향성인 중용은 언제나 '좋은 것'을 목적으로 하고 있다는 점이다. '좋은
것 중에 좋은 것'을 찾아가는 방향으로 실천적 노력을 하게 된다면 우리는 실천적 지혜
에 다다를 수 있다고 쉽게 이해해도 좋을 것이다. 앞서 예시로 든 '솔로몬의 지혜'에서
도 솔로몬의 판결이 지혜로운 것으로 칭송받는 것은 솔로몬이 '좋은 것'을 목적으로 실
천적 지혜를 발휘하였다는 점이다. 아기를 죽이는 것은 나쁜 것이다. 아기를 살리면서,

어미가 자신의 아기를 되찾고 키울 수 있도록 하는 것이 좋은 것이다. 이러한 '좋은 것'을 목적으로 하였고 그것을 추구하여 목표를 달성하였기 때문에, 방법에 있어서 거짓 판결을 처음 하였지만, 시나리오 전체를 보았을 때 솔로몬의 판결은 실천적 지혜에 따른 것이라 할 수 있는 것이다.

4. 문제해결능력의 실행과 비판적 사고 능력

실천적 지혜를 단지 똑똑한 사람의 현명한 판단 능력으로만 이해한다면 그것은 올바른 이해가 아니다. 왜냐하면 똑똑한 사람의 현명한 판단이 때로는 비도덕적일 수도 있으며, 다른 사람에게 피해를 줄 수도 있기 때문이다. 세상에 똑똑한 사람이 많다. 오늘날 똑똑하지 않은 사람이 없다고 말해도 과언이 아닐 정도이다. 도심을 거니는 사람들 중에 저마다 똑똑한 사람이 넘쳐난다. 똑똑한 사람은 저마다 문제의 상황에서 현명한 판단을 내린다. 똑똑한 사람은 현명한 판단을 내릴 수 있는 능력을 충분히 갖춘 사람이다. 이렇게 똑똑한 사람들이 많은 세상이라면, 그리고 그 사람들이 모두 현명한 판단을 내린다면, 우리가 신문이나 뉴스를 통해서 접하고 있는 수많은 사회적 문제들이 줄어들어야 할 것이다.

그런데 그렇지 않다. 똑똑한 사람들이 부를 늘리기 위해서 주식 투자의 방법을 찾고, 세금을 적게 내는 방법에 골똘하고, 공정보다는 불공정으로 거래를 하고, 자신과 자녀의 이익을 위해서라면 모든 현실적 상황 조건을 고려하고 그러한 조건을 변화시킬 수 있도록 하는 방법과 지혜를 모으는 데에만 실천적 노력을 다하는 경우가 많다고 한다면, 우리가 신문이나 뉴스를 통해서 접하고 있는 수많은 사회적 문제들이 줄어들 수가 없을 것이다.

한편 나쁜 것을 목적으로 문제해결능력을 함양하는 경우도 있을 수 있다. 문제해결능력은 그 자체로는 선한 것도 악한 것도 아니다. 해결해야 하는 문제를 해결하는 실천적 능력일 뿐이다. 그렇기 때문에 이 능력은 선한 것에 발휘될 수도 있고 악한 것에 발휘될 수도 있다. 영화에서  처럼 문제해결능력이 뛰어난, 그렇지만 악을 추구

하는 사람이 있다. 예컨대 영화 '베트맨' 시리즈 중에시 극중 가상의 도시인 '고담'의 도시를 악의 상태로 만들기 위해 시나리오를 짜고 그에 따라 실천을 하는 뛰어난 능력을 지닌 '조커'가 있다. '조커'는 자신의 의도대로 문제를 해결하기 위한 방법들과 실행 과정을 잘 알고 실천하는 행동을 보여준다. 그런데 그는 도시를 악의 상태로 만드는 것을 목적으로 추구하고, 모든 것을 숙고하고 계획하여 준비하고 실천하였다.

영화를 보면서 이런 상상을 해본 적이 있다. 만약 '조커'가 '고담' 시의 시장으로 부임하여 도시의 발전과 시민의 행복을 위해 문제해결능력을 발휘 하였더라면 그 도시는 어떠한 상태가 되었을까? 가정을 하고 상상을 해 본 것이니 그런 상태를 구체적으로 그려보는 서술을 하지는 않겠다. 단지, 이를 통해서 말하고자 하는 것은, 좋은 목적을 추구하는 것이 실천적 지혜에 꼭 필요하다는 점이며, 우리가 문제해결능력의 함양을 추구함에 있어서 간과하지 말아야 할 중요한 점이라는 것이다.

우리가 문제해결능력 함양의 궁극적인 목적이 해결해야 하는 문제를 해결할 수 있도록 하는 가장 최선의 좋은 판단의 능력과 그에 따라 실행할 수 있는 실천적 지혜의 능력에 있다고 할 때, 중요하게 고려해야 하는 것은 '가장 최선의 좋은 판단이 무엇인가'에 대한 고찰이다. 이 고찰을 위해서는 비판적 사고에 대한 이해가 필요하다. 비판적 사고는 주어진 상황 속에서 최선의 판단을 이끌어 내기 위한 '필요 불가결한 탐구의 도구'이면서, 아울러 해석, 분석, 평가 및 추리를 산출하는 '의도적이고 자기 규제적인 판단'이라고 정의할 수 있다(김광수, 1995, 25). 이러한 비판적 사고는 어떤 주제나 주장 등을 적극적으로 분석하고 종합하며 평가하는 '능동적 사고'에 기초한다(김희정, 밝은

진, 2008, 22). 이러한 비판적 사고에 대한 정의 및 이해에서 우리가 주목할 만한 키워드를 뽑아서 다시금 재구성 하면, '능동적 사고'에 기초하여 최선의 판단을 이끌어 내기 위한 '필요 불가결한 탐구의 도구'로서 '의도적이고 자기 규제적인 판단'으로 정리할 수 있다. '능동적 사고'라는 것은 행위자가 스스로 생각하는 것에 기초한다는 뜻이며, '필요 불가결한 탐구의 도구'라는 것은 최선의 판단을 이끌어내기 위해 필수적이라는 뜻이며, '의도적이고 자기 규제적인 판단'이란 스스로 자기의 판단을 규제할 수 있다는 뜻이다. 이러한 정리에서 볼 때, 비판적 사고는 결국 스스로 규제할 수 있는 판단을 하기 위한 사고이며, 이 판단은 최선의 것을 목적으로 하면서, 그 판단은 다른 사람이 대신해 줄 수 없다는 의미로 이해될 수 있다.

문제해결 시나리오 작성에서 처음-중간-끝으로 이어지는 일련의 계획에 들어가는 내용은 모두 문제를 해결해야 하는 문제해결자가 쓰는 것이다. 그 이외에 다른 사람이 대신해 줄 수 있는 것이 아니다. 오늘날과 같은 자유로운 선택과 결정이 널리 보장된 시대에 만약 어떤 사람에게 미리 다른 사람에 의해서 작성된 시나리오를 건네주면서 그대로 실행할 것을 요구한다면, 그 사람은 아주 불쾌한 표정을 지으며 거부할 것이다. 아마도 그 사람은 자신에게 자유로운 선택과 결정의 능력이 없는 것으로 간주되는 상황으로 받아들이고서는 무시를 당했다고 생각하며 거칠게 항의할 수도 있을 것이다. 그렇기 때문에, 문제해결 시나리오를 문제해결자 이외에 다른 누군가가 대신 써줄 수는 없는 일이다.

만약 반대의 상황으로, 즉 미리 다른 사람에 의해서 작성된 시나리오를 건네주면서 그대로 실행할 것을 요구할 때 그것을 받아들이고 그대로 실행하는 사람이라면, 그 사람으로부터 문제해결능력의 함양을 기대하기는 어려울 것이다. 그렇기 때문에, 비판적 사고 능력은 스스로가 능동적으로 사고하면서 최선의 판단을 이끌어내기 위해 필수적인 도구로 활용하면서 스스로가 자신의 판단을 규제할 수 있는 판단을 내리고자 하는 사람에게서 발휘되고 함양될 수 있는 것이다. 이 능력의 확인 또한 마찬가지로 실천적으로 비판적 사고를 하는 사람에 의해서 확인이 될 수 있는 것이다. 그렇기 때문에, 비판적 사고의 능력은 이 능력이 실천적 행동으로 드러나기 전에는 어떤 실체가 있는 것이 아니며, 어떤 일반적 측정 도구를 통해서 측정할 수 있는 것도 아니다.

논리적 사고 능력의 경우는 논리적 사고를 잘 할 수 있도록 하는 데 아주 유용한 법칙들이 있다. 예컨대, 조건문 추론에서 전건긍정법, 후건부정법이 있으며, 선언문 추론에서는 선언지제거법이 있다. 또한 복합문 추론에서는 양도논법도 있다. 이러한 타당한 추론의 연역법칙 이외에도 잘 알려진 귀납 추론의 방법들도 있다. 귀납적 일반화, 통계적 일반화, 통계적 삼단논법, 유비추론, 가설추리 등의 방법들이 있다. 물론 비판적 사고를 잘 하기 위해서는 논리적 사고의 능력이 필수적으로 요구되지만, 그러나 비판적 사고는 이런 법칙에 따른 사고라 할 수는 없다.

또 한편으로, 창의적 사고의 경우는 여러 사람이 함께 모여 아이디어를 생산하고 공유하고 연결하는 방법으로 능력을 함양할 수 있다. 일반적으로 잘 알려진 방법으로 브레인스토밍이나 퍼실리테이션 등이 있다. 그런데 비판적 사고의 경우는 이러한 특화된 방법이라 할 수 있는 것은 없다. 단, 토론의 방법이 비판적 사고의 능력을 함양하는 데 가장 효과적인 방법이라는 것만 알려져 있다. 그래서 토론의 방법을 통해서 비판적 사고의 능력을 함양하는 교육을 많이 한다. 하지만 토론의 경우도 토론자로 참여하는 사람이 능동적이고 적극적으로 사고하면서 스스로가 최선의 판단을 이끌어내고자 하면서, 그 판단에 대해 스스로 규제할 수 있는 실천적 사고 활동을 하지 않는다면, 토론의 방법도 기대하는 효과를 얻지 못할 수가 있다. 그래서, 무엇보다도 중요한 것은 스스로가 능동적으로 생각하면서 최선의 판단을 이끌어내기 위해서 실천적 사고의 노력을 다하는 것이다.

이러한 비판적 사고의 능력을 잘 함양한다면, 문제해결능력의 실행 과정에서 그 능력의 빛이 발휘될 것이다. 일생을 살아가면서 비판적 사고의 능력이 매 순간 시시때때로 필요한 것은 아니다. 그렇지만 인생의 중요한 결정의 시기에 비판적 사고의 능력이 잘 발휘되면, 그로 인해 인생의 의미와 가치가 달라질 수 있다.

문제해결능력의 실행에서 비판적 사고 능력은 문제해결 시나리오를 검토하는 과정에서 발휘되고 함양될 수 있다. 문제해결 시나리오의 구성에서 처음-중간-끝에 서술되는 모든 내용들은 문제해결자의 자기 판단에 기초한다. 이 판단은 다른 사람에 의해서 미리부터 주어진 것이 아니다. 문제해결자인 '나'의 판단이다. '나' 스스로가 능동적으로 판단하여 선택한 것이며, '나'의 행동을 위한 판단이다. 처음-중간-끝으로 이어지는 논리적 연결은 판단들의 논리적 결합이다. 이 판단들이 합리적일 수 있으며, 아울러 상황을 고려한 최선의 판단일 수 있다면, 그 판단은 좋은 판단이라 할 수 있다. 어떤 사람의 판단이 항상 좋은 판단이 된다고 한다면, 그 사람의 문제해결능력은 탁월하다고 할 수 있을 것이다. 그런데 여기서 문제는 일상을 살아가는 우리의 판단이 항상 좋은 판단이 될 수는 없다는 것에 있다. 인간은 유한한 존재이기 때문에 아마도 모든 사람이 이러한 사실에 동감을 할 것이다. 그렇기 때문에, 우리가 할 수 있는 최선의 일이란, 최선의 판단을 찾기 위해 자신의 판단을 스스로 검토하는 것이다. 스스로 검토하여 잘못된 판단을 수정할 수도 있는 실천적 활동을 자기 규제라고 한다.

인간은 완전한 존재가 아니기 때문에, 늘 판단이나 행동에 오류를 범할 가능성에 놓여 있다. 일생을 살아가면서 자신의 판단이나 행동에 오류를 한 번도 범하지 않은 사람은 지구상에서 아마 없을 것이다. 이렇게

본다면, 동서고금의 성인을 막론하고 모든 사람이 판단이나 행동에 오류를 범할 수 있기 때문에, 우리가 오류를 범한다는 것은 인간의 한계에 따르는 자연스러운 것으로 받아들일 수 있다. 이처럼 우리가 오류를 범할 수 있다는, 더 정확히는, 아주 많이 범할 수 있다는 사실을 받아들이면서, 오류를 범하지 않는 차원에서 최선의 판단을 이끌어내도록 노력하는 것이 비판적 사고 함양에 있어서 최선의 길이 될 것이다. 이런 차원에서 우리는 오류를 두려워하거나 회피할 것이 아니라, 오류에 대해 적극적으로 생각하면서 '나' 역시 오류를 범할 수 있다는 가정 하에, 오류를 범하지 않도록 최선의 판단을 내리고자 하는 태도를 가지는 것이 비판적 사고를 위한 가장 바람직한 태도가 될 것이다.

그런데 안타까운 것은, 비판적인 사고에 대해 많은 오해가 있다는 것이다. 비판적 사고 교육을 한다고 말하면, 흔히 상관에게 따지기를 잘 하는 사람을 키우는 것으로 오해를 하며, 또 비판적 사고를 능동적인 사고를 하는 자신이 아니라 다른 사람의 판단이나 행동을 지적하는 것을 오해하며, 또 자신과는 상관없는 일에 대해 시시비비를 가리기를 좋아하는 사람들을 두고 비판적 사고를 잘 하는 것으로 오해를 한다. 단적으로 말해서, 비판적 사고는 그러한 것이 전혀 아니다. 비판적 사고의 대상은 능동적으로 사고하는 주체의 자기 판단이다. 스스로 내리는 판단에 대해 스스로가 최선의 판단인지를 검토하고 스스로 규제하는 판단이다. 그리고 그런 판단의 능력을 가진 사람이 비판적 사고의 능력을 갖춘 사람이며, 그런 사람은 자신의 판단에 오류가 있는 경우 스스로가 수정하여 다시금 최선의 판단을 찾는 사고의 수고로운 활동을 기꺼이 하는 사람이다.

위와 같은 비판적 사고의 능력을 충분히 이해할 때, 문제해결 시나리오는 처음 작성을 하였다고 해서 완벽한 것이 아니며, 언제나 오류의 가능성이 있는 것이며, 실행 과정에서 계속 수정될 필요가 있는 것이다. 이렇게 계속해서 최선의 판단을 위한 수정을 해 나갈 때, 문제해결능력은 함양될 수 있다. 따라서, 본 장에서 중점적으로 고찰한 문제해결 시나리오 작성과 문제해결능력의 실행과 관련하여 어떤 당위적 명령을 우리

스스로가 세워 말할 수 있다면, 다음과 같이 말하는 것이 좋을 듯하다. '나'의 판단의 오류 가능성을 열어두고, 그 오류를 두려워하지 말고, 오류를 극복할 수 있는 차원에서 최선의 판단을 내리기 위해, '나'의 판단을 끝까지 비판적으로 사고하라. 이것이 문제 해결을 위한 올바른 판단과 실천으로 '나'를 이끄는 최선의 길이다.

제2부
사고력

제1장
논증(Arguments)과 사고

1. 논리와 사고

일상에서 우리는 어떤 생각이나 말을 전개할 때, 사람들이 지녀야 하는 원리를 "논리(logic)"라는 단어를 총칭하여 사용한다. 예를 들어 "그 친구의 말에는 논리가 없다."고 말하거나 "이번 토론에 나온 사람의 주장은 대단히 논리 정연하다."라고 말할 경우, 그 표현들 속에 등장하는 "논리"가 그러한 의미로 사용된 것이다. 또한 우리는 사

물 속에 있는 이치나 혹은 사물들 사이의 법칙적인 연관된 의미를 지칭할 때도 "논리"란 단어를 사용한다. 예를 들어 "힘의 논리"나 "적자생존의 논리"와 같은 것들이 그러한 용례에 해당한다. 이렇게 "논리"라는 단어는 굳이 우리가 사전을 동반하여 찾아보지 않더라도 쉽게 이해할 수 있는 그러한 낱말이다. 더욱이 "논리(論理)"라는 단어가 논(論)자와 리(理)자인 한자(漢字)들로 구성된 낱말이기에 각각의 한문이 지니는 의미로 논리를

이해해 볼 수 있다. 논리(論理)에서의 논(論)은 논할 논(론)으로 말언(言)변에다 묶다나 조리를 세움을 의미하는 륜(侖)자가 합쳐진 한자어다. 따라서 '논리'가 지닌 한자적 의미는 "말들이 조리 있게 묶여있는지 그 이치(理)를 다룰 수 있다는 것"을 의미한다.[2]

대학 입학전형에서나 대학에서 시행되는 중간이나 기말 시험은 주로 논술(論述)형 문제가 많이 등장한다. 그리고 논술은 제시된 주제에 관해 수강생이나 지원자, 즉 문제에 답하려는 필자들이 자신의 의견이나 생각을 논리적으로 서술해 나가는 것을 말한다. 그래서 논술을 다른 말로 표현하면 '논리적 글쓰기'라 할 수 있다. 또한 말로써 자기 주장을 펼치는 것은 '구술(口述)'이나 '논리적 말하기'라 하겠다.

그렇다면 대학의 입시나 대학교육과정에서 논술이나 논리적 능력이 중요시하는 이유는 무엇일까? 그것은 아마도 현실의 대학교육에서 논술이나 구술의 근간이 되는 논리 교육이 사회생활을 준비하는 학부생들에게 필수적 소양으로 간주되기 때문이다. 그리고 논술이나 구술이 글이나 말로써 자신의 주장을 남에게 설득력 있는 전달을 목적으로 한다. 결국 앞에서 말한 바를 정리하면 대학에서 요구되는 최소한의 논리 교육은 자신의 주장이나 생각을 다른 사람들에게 설득력 있게 전달할 수 있는 능력을 배양하는 것이다.

다른 사람에게 자신의 주장을 설득력 있게 펼치기 위해서 인간의 생각이나 사고(thinking)에 대한 기

---

2) 논리라는 말에 해당하는 영어는 'logic'이다. 이 'logic'이라는 단어는 그리스어의 'logos'에서 생겼다. 그리스어의 'logos'는 매우 다의적인 단어다. 성경에 나오는 유명한 구절인 "태초에 말씀이 있었다."에서 '말씀'에 해당하는 그리스어도 'logos'다. 로고스라는 그리스어는 말, 단어, 문장이라는 뜻과 함께 이성, 이유(reason), 규칙이라는 의미도 가지고 있다. 그런 의미에서 'logic'도 말과 관련된 법칙이라는 의미로 해석될 수 있을 것이다. 결국 영어의 'logic'이나 우리말의 '논리'를 '말 묶음에 관한 이치'라 해석해도 크게 틀리지 않을 것이다. 송하석, 《리더를 위한 논리 훈련》, 사피엔스, 2010, 16쪽을 참조.

본적인 이해가 필수적이다. 인간이 사유한다는 것은 다른 사람과 나누는 대화를 자신과의 대화로 전환시키는 것이다. 다시 말해 우리는 자신과의 대화를 독백이라고 이름하지만 그것은 다른 사람과의 관계를 전제하지 않으면 그러한 독백은 불가능하다. 그리고 이러한 독백이 우리의 머릿속에서 이루어질 때 그것은 생각이나 사고가 된다. 전통적으로 우리는 이것을 마음 내지는 의식이라고도 불러왔다. 이러한 사고는 마치 흐름과 같이 과정을 수행하게 된다. 이러한 사고의 과정들 중에 이미 알고 있는 사실로부터 새로운 사실을 도출하는 행위나 사고의 과정을 추론(推論)이라고 한다. 그리고 이러한 추론이 포함된 생각을 우리는 추리(reasoning)라고도 부른다.

자기의 주장이나 생각이 설득력을 갖추기 위해서는 무엇이 필요할까? 그것은 다른 사람들이 동의하게 만드는 논리다. 논리를 세우는 절차에는 주장을 뒷받침하는 근거들로부터 어떤 주장을 설득하는 사고의 과정, 즉 "추론"이 등장한다. 그리고 그러한 추론이 대개 언어(말이나 글)들의 묶음으로 표현된 것을 우리는 "논증(argument)"이라고 한다. 이렇게 추론이 들어있는 글이나 말 즉 논증을 갖춘 주장은 그렇지 못한 것보다 높은 설득력을 갖추게 된다. 이제는 다음의 사례들을 가지고 논증을 설명해 보자.

〈사례 1〉
주장 : 태아가 사람이라면, 임신중절은 도덕적이지 않다.
이유나 근거 : 임신중절 수술은 끔찍하니까.

〈사례 2〉
주장 : 태아가 사람이라면, 임신중절은 도덕적이지 않다.
이유나 근거 : 태아가 사람이라고 가정하면 태아는 생명에의 권리를 가진다. 태아에게 생명에의 권리가 있다면, 타인이 태아의 생명을 취할 수 있는 권리를 가졌다는 것은 잘못된 것이다. 그렇지만, 임신중절이 도덕적이라면 어떤 사람이 태아의 생명을 취할 권리를 가지게 된다.

위의 〈사례 1〉과 〈사례 2〉는 동일한 주장을 하고 있다. 하지만 그 주장에 대한 이유나 근거들을 보면 이 사례들은 분명한 차이를 보인다. 여러분은 어느 주장에 더 설득력이 있다고 생각되는가? 아마도 대부분의 사람들은 〈사례 2〉가 더 설득력이 있다고 생각할 것이다. 그 이유가 무엇일까? 〈사례 1〉은 주장에 대한 합당한 근거가 부족하기 때문입니다. 따라서 추론적 사고의 도움으로 논증이 들어 있는 글을 구성하는 것이 그렇지 않은 글보다 더 좋은 기법일 뿐만 아니라 독자를 설득하는데 보다 효과적이다. 그렇다면 이제 다음 절에서는 어떠한 사실로 새로운 사실을 이끌어 내는 사고의 흐름인 추론적 사고와 그것의 언어적 표현인 논증이 어떤 특징과 목적들을 지니는지를 살펴보도록 하자.

2. 추론적 사고와 논증의 목적

앞에서 언급된 것처럼 추론은 이미 알고 있는 사실로부터 새로운 사실을 도출하는 행위나 사고의 과정이다. 또한 추리, 즉 추론적 사고는 추론을 통해 더 높은 설득력 있는 사고과정을 말한다. 영화 「셜록홈즈(2009)」에 다음과 같은 장면이 등장한다. 셜록 홈즈(로버트 다우니 주니어 배역)은 그의 친구 왓슨 박사(주드 로)으로 부터 그의 약혼녀를 소개받는다. 우리는 그 장면에서 홈즈의 천재적인 추리를 엿볼 수 있다. 홈즈는 "가장 사소한 단서가 가장 중요한 증거가 되는 법이다."라는 대사와 함께 추론이 지니는 장점을 왓슨의 약혼녀에게 설명한다. 홈즈는 그의 친구 왓슨이 가지고 다니는 지팡이는 전쟁에서 공을 세웠거나 훌륭한 군인들에게 지급하는 것이니 그가 군인이었다는 것을 추론할 수 있다고 한다. 뿐만 아니라 그의 주머니에서 내기를 하는 권투시합의 시합표를 꺼내며 그가 내기를 좋아하니 경제권을 약혼녀가 갖는 것이 좋다고 말한다. 이렇게 홈즈는 사소한 단서들로 그녀의 직업이나 과거의 일까지도 적중하기에 이른다. 여기서 그의 주장들은 단순한 추측과는 다르다. 홈즈는 물리적인 단서들을 제시하며 자신의 주장에 대한 논리를 세운다. 이 장면에서 홈즈가 수행한 행위는 이미 알고 있는 사실들, 즉 사소한 단서들로 부터 또 다른 사실을 도출하는 추론이다.

논리는 추론이라고 간추려 말할 수 있다. 만약 어떤 사람이 "소나기가 쏟아지겠는데, 그렇게 되면 오늘의 야구시합은 취소되겠지"라고 말을 했다고 하자. 또한 이 말을 듣고 있던 다른 사람이 창문을 열고 밖을 내다보면서 "지금 소나기가 오는 것 같은데"라고 말을 이었다고 하자. 그렇다면 앞의 사람은 "그럼 오늘 야구시합은 취소되겠군"이라고 말할 수 있다. 여기에는 추론이 있다. 논리가 추론이라면, 그것은 우리의 일상생활 속에서 늘 행하는 사고의 실질적인 활동이며 어떤 특별한 것이 아니다. 오히려 논리와 추론은 우리의 일상적인 행동을 결정하는 근본적인 단초가 된다. 그러나 추론이라고 해서 모두 설득적이거나 타당한 것은 아니다. 왜냐하면 외적인 형식은 추론을 갖추었지만 타당하지 못한 추론도 얼마든지 있기 때문이다. 따라서 우리가 추론을 검증하기 위해 우선 그것을 언어적으로 표현화해야 하고, 보다 정확하고 엄격하게 검토하기 위해 분석이 가능한 어떤 형식 속에 그 추론을 담아야 한다.

이렇게 추론들이 언어화되어 표현된 것, 동시에 논리적 분석이 가능한 그릇에 추론이 담긴 것을 우리는 논증이라 한다. 그리고 논증을 구성하는 각 문장들은 참과 거짓이 분명한 언명이나 진술들로 이루어진다. 이렇게 사물이나 사건의 이러저러함을 나타내는 언명이나 진술(statements)로 참이나 거짓이 구분되는 문장을 우리는 수학적인 용어를 빌어 명제(命題, proposition)라 부른다. 다시 말해 명제는 판단(혹은 믿음)의 결과 혹은 그것의 언어적 표현으로 낱말들 간의 결합이다. 예를 들면 다음과 같은 사례들이 명제에 해당된다.

삼각형은 세 변을 가지고 있다.

나는 감기에 걸렸다.

너는 거짓말쟁이다.

그렇지만 다음의 문장들은 명제가 아니다.

조지 워싱턴이 대통령입니까?

면도해라!

와우!

위의 문장들은 어떤 사태를 명료하게 기술하는 것이 아니기 때문에 이런 문장들에는 참, 거짓이라는 진리 값이 적용되지 않는다. 따라서 그 문장들은 명제가 아니다. 명제에 대한 보다 자세한 내용은 이 책의 2장 "논증과 언어"에서 설명하도록 하겠다.

사실 논증은 궁극적으로 어떤 명제가 참이라는 것을 정당화할 목적으로 사용된다. 특히 아직까지 해결되지 못한 문제나 논란 중에 있는 주제, 즉 논제들(issues)과 관련하여 많이 사용된다. 뿐만 아니라 논증은 정보의 단순한 전달 이상의 것, 즉 설득이나 권유, 아이디어 제공이나 어떤 사태나 사건을 보다 면밀히 이해하려고도 사용된다. 게다가 논증은 읽거나 듣는 사람의 태도나 행동에 영향을 미치려고 할 때에도 사용된다. 이렇게 논증의 구체적인 목적은 정보를 효과적으로 전달하는데 있다. 그래서 일상에서 우리는 어떤 문제에 결정을 하기 위해서나 설명과 이해, 예측과 설득을 위한 목적으로 논증을 구성하는 경우가 있다. 예를 들면 다음의 논증들이 그러한 경우에 해당한다.

〈결정하기 위한 논증 구성〉

나는 언제나 전기에 대해 관심이 많았다.

또한 전기 공학 분야에는 매력적인 직업기회가 많다.
그러므로 나는 전기 공학자가 되는 쪽으로 노력할 것이다.

〈이해나 설명하기 위한 논증 구성〉
내가 집을 나서려는데 갑자기 급한 전화가 와서 시간이 소요되었다.
또한 약속 장소로 가는 길에 교통사고가 나서 교통정체가 있었다.
그래서 나는 약속 시간에 늦었다.

〈예측하기 위한 논증 구성〉
고속도로에서 130km 이상 달려 교통사고가 나는 경우가 많다.
교통사고는 과속 때 일어날 확률이 높다.
따라서 고속도로에서 130km 이상 달리면 사고가 날 가능성이 높다.

〈설득하기 위한 논증 구성〉
과도한 흡연은 폐암을 일으킬 수 있다.
부모가 흡연하는 아이는 커서 흡연할 가능성이 크다.
그러므로 아이가 있는 부모는 흡연을 삼가는 것이 좋겠다.

3. 논증의 구성요소 : 전제와 결론

앞에서 우리는 추론을 이미 알고 있는 사실로부터 또 다른 사실을 도출하는 사고의 과정으로 정의했다. 이것을 언어화하는 데 있어 이미 알고 있는 사실들은 어떤 주장, 즉 또 다른 사실을 위한 근거나 단서가 된다. 만일 셜록 홈즈가 친구 왓슨이 가지고 다니는 지팡이가 전쟁에서 공을 세웠거나 훌륭한 군인에게 지급하는 것이기 때문에 그가 군인이었다고 추론을 논증이 되는 명제들의 집합으로 정리하면,

"이 지팡이는 전쟁에서 공을 세웠거나 훌륭한 군인에게 지급하는 것이다.",

"내 친구 왓슨이 이 지팡이의 주인이다.",

"따라서 그는 군인이었다."가 된다.

여기서 앞의 두 명제는 그가 군인이었다는 마지막 명제의 단서나 근거가 된다. 또한 이 마지막 명제는 주장이 된다. 이렇게 논증을 집에 비유하면, 기둥은 근거고, 지붕은 주장인 셈이다. 그래서 근거는 어떤 주장이 참이라는 것을 믿게 만드는 토대며, 논술에서는 주로 "논거"라는 말을 사용되는데, 이러한 근거나 논거를 논리학에서는 '전제(前提, premise)'라고 한다. 그리고 그 전제에 의해 참이 정당화되는 주장이나 논지를 우리는 '결론(結論, conclusion)'이라 부른다. 따라서 이 책에서는 앞으로 근거나 단서 혹은 논거를 '전제'라는 용어로, 그리고 주장이나 논지 대신하여 '결론'이라는 용어로 통일하여 사용할 것이다.

학술적으로 논증을 정의하면 논증은 어떤 명제가 참이라는 것을 정당화하기 위해 전제(근거, 논거)들로 어떤 명제를 결론(주장, 논지)으로 전개된 추론이 들어있는 명제들의 집합이다.

이렇게 전제와 결론은 논증을 구성하는 기본적 요소다. 다음의 사례를 가지고 논증의 구조를 자세히 살펴보자.

> ㈎ 오전에 눈이 올 것이다.
> ㈏ 과학자들은 상상력이 풍부한 사람들이다.
> ㈐ 오전에 눈이 올 것이다. 오늘 아침에 집에서 나오는 길에 라디오를 들었는데 그때 방송된 일기예보의 아나운서가 그렇게 말했다.
> ㈑ 이제까지 나는 과학자를 여럿 만났는데 그들은 모두 내가 생각하지 못한 이야기들만 늘어놓았다. 과학자들은 상상력이 풍부한 사람들이다.

위의 사례에서 ㈎와 ㈏에는 결론만 있고 ㈐와 ㈑에는 결론과 더불어 그 결론에 대한 전제들도 제시되어 있다. 따라서 ㈎와 ㈏는 논증이라고 할 수가 없다. 그리고 하나의 단순한 논증에서 전제와 결론이 각각 하나의 명제들로 구성될 수 있다. 그러한 논증을 논리학에서는 하나의 전제에서 결론을 이끌어낼 수 있다하여 직접추리라고 한다. 예를 들어 다음의 경우가 그러하다.

> 연아에게는 쌍둥이 자매가 있다. (전제)
> 그러므로 연아는 외동딸이 아니다. (결론)

하지만 대개의 논증들은 전제가 하나 이상이 있다. 아래와 같이 한 개 이상의 전제에서 결론을 이끌어내는 논증을 논리학에서는 간접추리라고 한다. 다음의 예가 간접추리에 해당한다.

> 낙태는 살인과 같다.(전제)
> 살인은 잘못이다. (전제)
> 그러므로 낙태는 잘못이다. (결론)

또한 어떤 경우에는 하나 이상의 다수의 결론(multiple conclusion)을 지닌 논증들 찾을 수 있다. 예를 들어 다음의 경우가 그러하다.

> 모든 여성들은 머리가 길기 마련이고 감성적이다. (전제)
> 연아는 여자다. (전제)
> 그래서 연아는 감성적이다. (결론)
> 그래서 연아는 머리가 길다. (결론)

논증은 그것의 구성 요소인 전제와 결론을 쉽게 식별할 수 있도록 명시적으로든 암시적으로든 적절한 접속어들이 사용된다. 그리고 논증에서 전제와 결론의 구분은 그 논증을 평가하는 기본적인 활동이다. 따라서 어떤 명제가 전제인지 혹은 어떤 명제가 결론인지를 명시적으로 나타내는 신뢰할 만한 지시어들(indicators)이 있다. 그리고 우리는 어떤 명제들이 전제임을 나타내는 지시어를 전제 지시어라 하고, 결론임을 암시하는 지시어를 결론 지시어라 부른다.

전제 지시어들: 전제를 지시하는 지시어들은 지시어 뒤에 전제가 뒤따라 나옴을 명시하는 용어들을 말한다. 예를 들어 왜냐하면(because), 때문에(for), 결국(after all), 만약 …하다면(given), …이므로(whereas), 비록 …일지라도 (although), …라고 전제하지(suppose), 가정하자(assume), …이라고 산주하자(let us presume), …라고 한다면(granted), 이러한 사실 때문에(here are the facts)등이 전제 지시어에 해당한다. 어떤 구문이 이러한 전제 지시어들로 시작될 때, 전제 지시어에 뒤따르는 말은 대부분 그 논증의 전제들이다.

결론 지시어들: 어떤 문장이 결론을 지시하는 지시어들은 그 지시어로 뒤에는 결론이 등장한다. 예를 들어 '그러므로(therefore)', '그래서(so)', '따라서 (hence)', '그것은 다음과 같다. (it follows)', '…라고 증명 되었다. (prove)', '…라고 드러난다. (… shows)', '우리는 이제 …을 추론할 수 있다. (we can now infer)', '이것은 그 관점이나 주장을 지지한다. (this supports the view or claim)', '…라고 추론하자. (let us infer)', '우리가 연역할 수 있는 결론으로는 (as consequence we can deduce)' 등이 결론 지시어에 해당한다.

이렇게 전제와 결론으로 된 명제들의 집합이면 일단은 논증이다. 그리고 전제가 되는 명제들과 결론이 되는 명제를 구분하여 정리한 명제들의 집합을 논증의 표준식 (standard format of argument)이라고 한다. 그리고 논증의 표준식은 논증을 평가하는 기본적인 자료가 될 수 있다. 물론 논증에도 평가가 있다. 어떤 논증은 좋은(올바른) 논증이 되고 어떤 논증은 나쁜(올바르지 못한) 논증이라고 우리는 평가한다. 논리학에서는 좋은 논증을 그 형식이 올바른 것을 말한다. 따라서 논증의 올바른 형식들에 관한 논의는 중요하다. 그리고 논증의 평가를 올바로 수행하기 위해서 우리는 논증의 구성요소인 전제와 결론의 지지관계를 명확히 이해할 필요가 있다. 뿐만 아니라 논리적으로 올바른 논증은 크게 두 가지 유형인 연역과 귀납으로 구분될 수 있는데, 그 유형들 역시 논증의 전제와 결론 간의 지지관계에서 비롯된다.

4. 논증의 유형 : 연역 논증과 귀납논증

논증을 형식적 측면에서 분석하면 올바른 논증은 전제가 그 결론을 지지하는 방식에 따라 크게 두 가지 유형으로 구분된다. 두 유형들 중에 하나는 연역논증(deductive argument)이고, 다른 하나는 귀납논증(inductive argument)이다. 대부분의 사람들은 연역논증은 일반적인 것에서 특수한 것을 추론해 내는 논증으로, 반대로 귀납논증은 특수한 것에서 일반적인 것을 추론해 내는 논증으로 이해하고 있다. 하지만 그러한 방식의 연역과 귀납에 대한 이해는 아주 단편적이다. 물론 이러한 연역논증과 귀납논증 정의의 사용이 반드시 유용한 구분이 되지 못할 뿐만 아니라, 연역과 귀납의 논증을 구분하는 좋은 기준이 되지 못한다. 다음의 예가 일반적인 것에서 특수한 것으로 추론이 되느냐의 여부가 반드시 좋은 기준이 아님을 보여준다.

> 모든 포유류는 심장을 가지고 있다. (전제)
> 모든 말은 포유류다. (전제)
> 그러므로 모든 말은 심장을 가지고 있다. (결론)

이 논증은 전제와 결론 모두가 일반적인 것을 담고 있다. 따라서 대부분의 사람들이 가지고 있는 기준으로는 연역과 귀납을 구분하기에는 한계를 가지고 있다. 그렇다면 과연 연역과 귀납을 명확하게 규정하는 기준은 무엇일까? 간단히 말해서 연역 논증과 귀납 논증은 논증을 구성하는 전제가 결론을 지지하는 유형에 의해 구분된다. 연역논증의 경우, 전제는 결론을 절대적으로 혹은 필연적으로 지지하는 것이고, 그에 반해 귀납논증은 전제가 결론을 그럴듯하게 혹은 개연적으로 지지할 것으로 기대되는 논증이다. 이러한 식으로 논증의 유형을 구분하는 것이 전자의 일반과 특수의 관계로 구별하는 것보다 연역과 귀납의 구분을 더 잘 설명하는 유용한 방식이다. 그렇다면 이제는 연역논증과 귀납논증의 특징이 각기 무엇인지를 설명해 보자.

우선 연역논증은 앞에서 논의 된 것처럼 논증의 결론이 전제로 부터 필연적으로 따라 나오게끔 의도된 논증이다. 그리고 연역논증은 전제에서 주장한 것 이상의 내용을 결론에서 주장하지 않는다. 다시 말해 연역논증의 전제는 결정적 근거를 결론에 제공하기 때문에 연역 논증은 전제로부터 결론을 논리적 필연성이나 확실성을 가지고 이끌어 낼 수 있다. 따라서 연역 논증에서 만약 전제들이 모두 사실이라면, 결론은 반드시 옳음을 주장하게 된다. 다음의 예를 살펴보자.

만약 내가 달에 간다면, 나의 몸무게는 줄어들 것이다. 만일 내 몸무게가 줄어든다면, 나는 날씬하게 보일 것이다. 그러므로 만약 내가 달에 간다면, 나는 날씬하게 보일 것이다.

위의 논증이 논증의 표준식으로 수정되면 다음과 같다.

만약 내가 달에 간다면, 나의 몸무게는 줄어들 것이다. (전제)
만일 내 몸무게가 줄어든다면, 나는 날씬하게 보일 것이다. (전제)
그러므로 만약 내가 달에 간다면, 나는 날씬하게 보일 것이다. (결론)

이러한 논증의 표준식에서 결론의 내용은 전제의 내용 속에 이미 함축되어 있다. 그래서 전제들이 사실이라면, 즉 참이라면, 결론도 필연적으로 참일 수밖에 없으며 결론이 거짓일 수 없다. 이러한 경우 그 연역논증은 타당하다(valid)라고 평가한다. 이렇게 타당한 연역논증의 특징은 우선 결론에 등장하는 전체의 내용이 적어도 전제들에 함축되어 있어야 한다. 그래서 논리학에서는 이러한 연역논증의 특징을 비확장적(nonampliative)라고 한다. 또한 연역논증에 있어 논증을 구성하는 전제들이 참일 때, 결론이 거짓일 수 없는 경우가 타당하며, 연역논증은 바로 이런 타당성을 지향하는 논증이다. 그래서 타당한 연역논증은 **필연적으로 진리-보존적**(necessarily truth-preserving)이다.

반면에 귀납논증은 논증의 결론의 내용은 그 전제들의 내용을 넘어선 것을 포함하고 있기 때문에 **확장적**(ampliative)이다. 뿐만 아니라 올바른 귀납논증의 경우 논증은 참인 전제들과 반드시 참이 되지 않을 수 있는 결론으로 구성될 수 있다. 그래서 귀납논증은 전제의 **진리가 필연적으로 결론에 보존되어진다고는 할 수 없다**(not necessarily truth-preserving). 다음의 예는 이것을 잘 설명해 준다.

> 지금까지 관찰된 백조는 모두 흰색이었다. 이 호수에서 백조 한 마리가 새로이 관찰되었다. 그러므로 그 백조도 흰색일 것이다
>
> 위의 논증을 논증의 표준식으로 고치면 다음과 같이 된다.
>
> 지금까지 관찰된 백조는 모두 흰색이었다. (전제)
> 이 호수에서 백조 한 마리가 새로이 관찰되었다. (전제)
> 그러므로 그 백조도 흰색일 것이다. (결론)

연역 논증과 달리, 귀납 논증은 논증을 구성한 전제들이 모두 참이라 하더라도 결론이 참일 개연성이 높을 뿐, 결론이 필연적으로 참임을 기대할 수는 없다. 왜냐하면 결론의 내용이 전제의 내용을 넘어서는 것이기 때문이다. 다시 말해 결론이 전제보다 확장된 내용을 담고 있다. 전제에서 제시하는 새로이 관찰된 백조 한 마리가 결론에서 주장하는 흰색의 백조라는 것이 절대적으로 보장되지는 않는다.

어떤 연역논증이 타당할 경우, 그리고 그 타당한 연역논증에 새로운 전제가 더해지더라도, 물론 기존의 전제들에 다른 전제가 부여 되더라도 논증의 타당성은 그대로 유지되는 특징을 지닌다. 이렇게 연역논증은 **침식증명**(erosion-proof)의 특징을 지닌다. 또

한 연역논증은 타당한 논증이거나 부당한 논증(all-or-nothing)으로 평가되는 특징을 지닌다. 그래서 연역논증의 타당성 문제는 전제와 결론 간의 정도의 문제로 해석되지 않는다. 다음의 논증은 오직 전제의 단어가 지니는 정의를 기초로 한 연역논증이다. 이 직접추리인 타당한 연역논증을 가지고 연역논증의 특징을 설명해 보자.

> 타당한 연역논증 (a)
>
> 칸트는 총각이다. (전제)
>
> 따라서 칸트는 미혼이다. (결론)
>
> (a') 칸트는 총각이다. (전제)
>
> 칸트는 남자다. (기존의 전제와 논리적으로 모순되지 않은 전제)
>
> 따라서 칸트는 미혼이다. (결론)
>
> (a'') 칸트는 총각이다. (전제)
>
> 칸트는 처녀다. (기존의 전제와 논리적으로 모순되는 전제)
>
> 따라서 칸트는 미혼이다. (결론)

위의 (a)는 타당한 연역논증이다. 그리고 그 논증에 어떠한 전제가 부여되더라고 원래 논증의 타당성은 유지된다. (a')과 (a'')은 각각 "칸트는 총각이다."이라는 전제를 보조하거나 반대되는 전제들이 포함된다하더라도 원래 논증의 타당성은 유지가 된다. 더욱이 타당한 연역논증에 있어 새로운 전제가 기존의 전제와 모순되면서 결론과도 모순된다면 그 논증은 자기모순이기 때문에 연역논증은 전제들이 결론을 전체적으로 지지하지 정도로 지지하지 않는다. 예를 들어 "칸트는 총각이 아니다."란 전제가 a)의 두 번째 전제로 추가된다면 그 논증은 자기모순이 된다. 그래서 연역 논증은 전체적으로 타당하거나 부당하다라고만 평가된다.

반면 100% 미만의 통계나 확률에 기초를 둔 논증은 연역논증이 아니라, 대체로 귀납논증이라고 할 수 있다. 더욱이 귀납논증은 결론과 모순되는 전제가 논증의 새로운 전제로 추가되면 귀납논증의 전제와 결론의 지지정도는 달라진다.

> 강한 귀납논증 ⓑ
>
> 지금까지 관찰된 백조는 모두 흰색이다. (전제)
>
> 그러므로 모든 백조는 흰색일 것이다. (결론)
>
> ⓑ' 지금까지 관찰된 백조는 모두 흰색이다. (전제)
>
> 검은색 백조가 출현했다. (전제)
>
> <u>그러므로 대부분의 백조는 흰색이다. (결론)</u>

　　합리적이고 논리적인 사람이라면 논증 ⓑ'이 결론인 "지금까지 관찰된 백조는 모두 흰색이다."를 ⓑ와 동일한 방식으로 유지할 것이 힘들다는 데 동의할 것이다. 그래서 귀납논증은 **침식증명이 아니다**(not erosion-proof). 또한 귀납논증은 전제와 결론의 **지지 강도의 차이**로 평가되는 특징을 지닌다. 따라서 논증 ⓑ와 ⓑ'은 전제들이 결론을 지지하는 정도의 차이를 가진다.

　　이렇게 연역논증과 귀납논증 각각이 지니는 특징을 표로 정리하면 다음과 같다.

기 준	연역논증	귀납논증
전제와 결론의 관계	필연적 관계	개연적 관계
전제와 결론의 내용	비확장적 내용	확장적 내용
전제와 결론의 진리	진리 보존적임	진리 보존되지 않음
새로운 전제의 추가	침식 증명	침식 증명이 아님
논증의 평가	타당성	정도의 문제

확인 문제 A

다음의 인용문을 근거가 되는 부분과 주장이 되는 부분으로 구분해 보세요.

행위의 여러 대안들을 심사숙고하는 사람은 누구나 자신이 자유롭다고 믿는다. 모든 사람들이 행위의 여러 대안들을 심사숙고했기 때문에 우리 모두는 우리 자신들이 자유롭다고 믿는다는 결론이 나온다.

해설 및 정답

앞에서 두 진술은 전제, 즉 근거가 되는 부분에 해당되며 세 번째 진술은 결론, 즉 주장이 되는 부분에 해당한다. 하지만 전제와 결론을 구분하여 논증의 표준식을 만드는 방식에는 다음과 같은 절차를 따르는 것이 좋다.

ⅰ. 전제(근거가 되는 부분)와 결론(주장이 되는 부분)을 구분한다.

ⅱ. 앞쪽에 전제들을 배열한다. (전제들의 순서는 문제되지 않는다.)

ⅲ. 마지막에 결론 부분을 배열한다.

ⅳ. 모든 전제들과 결론을 명시적으로 만들기, 원래 논증에서는 암묵적일 수도 있지만 논증에서 필수적인 전제들과 결론을 모두 명시적으로 만들어야 한다.

여기서는 전제와 결론 사이에 수평선이나 사선(/)을 긋고 결론을 의미하는 '∴'를 덧붙인 뒤 마지막으로 결론을 제시하는 방식을 답을 구성한다.

행위의 여러 대안들을 심사숙고하는 사람은 누구나 자신이 자유롭다고 믿는다.

모든 사람들이 행위의 여러 대안들을 심사숙고한다.

/ ∴ 우리 모두는 우리 자신들이 자유롭다고 믿는다.

전제들과 결론을 확인하기 위해, 다음의 논증에 지표 지시어들을 이용하라. 다음의 예처럼 결론을 괄호로 묶고, 각각의 전제들과 결론 사이를 구분하는 / 선을 넣어 구분해 보세요.

〈예〉
(지구의 형태는 구형이다.) / ∵ 왜냐하면, 밤 하늘은 지구의 북반구와 남반구에서 다르게 보이고, 지구의 형태가 구형이라면 이것이 사실이기 때문이다.

- Aristotle

1. 태아가 사람이라고 가정하면 태아는 생명에의 권리를 가진다. 태아에게 생명에의 권리가 있다면, 타인이 태아의 생명을 취할 수 있는 권리를 가졌다는 것은 잘못된 것이다. 그렇지만, 임신중절이 도덕적이라면 어떤 사람이 태아의 생명을 취할 권리를 가지게 된다. 결론적으로 태아가 사람이라면, 임신중절은 도덕적이지 않다.

2. 내가 신을 믿는다면, 그럴 경우 그가 존재한다면, 나는 이득을 보는 것이고 그가 존재하지 않아도 나는 손해 보는 것은 아니다. 반대로 내가 신을 믿지 않는다면, … 그럴 경우 그가 존재한다면 나는 손해를 보는 것이고 그리고 그가 존재하지 않는다면 나는 이득을 보지 못할 것이다. 이것으로부터 내가 신을 믿는다면 이득을 보거나 또는 손해 보지 않을 것이다. 반면 내가 믿지 않는다면 나는 손해를 보거나 또는 이득 보는 데 실패할 것이다.

3. 만약 어떤 사람이 사회에서 어떤 역할을 수행한다면, 그 역할은 자연적으로나 사회적으로 결정될 것임에 틀림없다. 그렇지만 만일 그 역할이 자연적으로 결정된다면, 그 역할은 성공을 꿈꾸는 이기적인 사냥꾼의 역할이 될 것이다. 따라서 사회가 인간의 역할을 결정한다. 그렇지 않을 경우 사람은 늘 성공을 꿈꾸는 이기적인 사냥꾼의 역할을 수행할 것이다.

4. "이제 2년 이상의 기간 동안, 나는 수많은 가깝거나 먼 물체들, 크거나 작은 물체들, 밝거나 어두운 물체들을 대상으로 수 십만 번의 실험을 통해 새롭게 발명된 망원경을 테스트했다; 따라서 어떻게 내가 관찰에서 어리석게 현혹되었다고 어떤 사람이 생각할 수 있는지 알 수 없다."

5. 만약 우리가 뇌물을 비난한다면, 사람들은 뇌물을 주지 않을 것이다. 그러나 사람들이 뇌물을 주지 않는다면 뇌물사건에 공적인 주목이 생겨나지 않을 것이고, 사람들은 뇌물이 그들의 주목을 받지 않는다면, 뇌물이 나쁜 것임을 알지 못할 것이다. 이러한 모든 것과 뇌물은 사람들이 뇌물이 잘못된 것임을 안다면 잘못된 것이라는 도덕적 원리를 고려할 때, 우리는 다음과 같은 놀라운 결론을 내릴 수 있다. 즉 뇌물은 잘못된 일이 되려면 오직 우리가 그것을 비난하지 않는 경우에 한해서이다.

6. '기독교의 하나님의 존재 같은, 그러한 신의 존재가 개연적이라는 것을 증명할 수 있는 방법이 있을 수 없다는 것이 일반적으로 인정되지 않고 있다. 하지만 이것 또한 쉽게 볼 수 있다. 왜냐하면 신과 같은 존재가 개연적이라면 그럴 경우 그가 존재한다는 명제는 경험적 가설이 될 것이다. 그리고 그런 경우에 그것과 다른 경험적 가설들로부터 이러한 다른 가설들로부터 연역될 수 없는 어떤 다른 경험적 명제들을 도출하는 것이 가능할 것이다. 하지만 실제로 이것은 가능하지 않다.'

7. 전 세계 사람들의 건강에 대한 [체르노빌 원자력 발전소 사고로 인한] 전체 영향력은, 수 천명을 죽음으로 이끄는 암의 영향력과 맞먹을 것이다. 그러나 그 영향력은 아마 소련에서 1년 동안 화석 연료를 사용하는 것에 의해 야기된 영향력보다는 덜 심각할 것이다. 그러므로 만약 평균 공중 건강이 유일한 목적이라면, 그리고 체르노빌 사고가 1년에 한 번보다 더 적게 발생한다면, 소련에서의 RBMK 원자로는 유사한 규모의 석탄을 사용하는 발전소보다 덜 해로운 것으로 여겨질 수 있다.

1. 태아가 사람이라고 가정하면 태아는 생명에의 권리를 가진다. 태아에게 생명에의 권리가 있다면, 타인이 태아의 생명을 취할 수 있는 권리를 가졌다는 것은 잘못된 것이다. 그렇지만, 임신중절이 도덕적이라면 어떤 사람이 태아의 생명을 취할 권리를 가지게 된다. / ∴ (태아가 사람이라면, 임신중절은 도덕적이지 않다.)

2. (내가 신을 믿는다면, 그럴 경우 그가 존재한다면, 나는 이득을 보는 것이고 그가 존재하지 않아도 나는 손해 보는 것은 아니다.) / ∵ 반대로 내가 신을 믿지 않는다면, 그럴 경우 그가 존재한다면 나는 손해를 보는 것이고 그가 존재하지 않는다면 나는 이득을 보지 못할 것이다. 이것으로부터 내가 신을 믿는다면 이득을 보거나 또는 손해 보지 않을 것이다. 반면 내가 믿지 않는다면 나는 손해를 보거나 또는 이득 보는 데 실패할 것이다.

3. 만약 어떤 사람이 사회에서 어떤 역할을 수행한다면, 그 역할은 자연적으로나 사회적으로 결정될 것임에 틀림없다. 그렇지만 만일 그 역할이 자연적으로 결정된다면, 그 역할은 성공을 꿈꾸는 이기적인 사냥꾼의 역할이 될 것이다. / ∴ 따라서 (사회가 인간의 역할을 결정한다. 그렇지 않을 경우 사람은 늘 성공을 꿈꾸는 이기적인 사냥꾼의 역할을 수행할 것이다.)

4. "이제 2년 이상의 기간 동안, 나는 수많은 가깝거나 먼 물체들, 크거나 작은 물체들, 밝거나 어두운 물체들을 대상으로 수 십만 번의 실험을 통해 새롭게 발명된 망원경을 테스트했다. / ∴ 따라서 (어떻게 내가 관찰에서 어리석게 현혹되었다고 어떤 사람이 생각할 수 있는지 알 수 없다.)"

5. 만약 우리가 뇌물을 비난한다면, 사람들은 뇌물을 주지 않을 것이다. 그러나 사람들이 뇌물을 주지 않는다면 뇌물사건에 공적인 주목이 생겨나지 않을 것이고, 사람들은 뇌물이 그들의 주목을 받지 않는다면, 뇌물이 나쁜 것임을 알지 못할 것이다. 이러한 모든 것과 뇌물은 사람들이 뇌물이 잘못된 것임을 안다면 잘못된 것이라는 도덕적

원리를 고려할 때, 우리는 다음과 같은 놀라운 결론을 내릴 수 있다. / ∴ (뇌물은 잘못된 일이 되려면 오직 우리가 그것을 비난하지 않는 경우에 한해서이다.)

6. '(기독교의 하나님의 존재 같은, 그러한 신의 존재가 개연적이라는 것을 증명할 수 있는 방법이 있을 수 없다는 것이 일반적으로 인정되지 않고 있다). 하지만 이것 또한 쉽게 알 수 있다. / ∵ 왜냐하면 신과 같은 존재가 개연적이라면 그럴 경우 그가 존재한다는 명제는 경험적 가설이 될 것이다. 그리고 그런 경우에 그것과 다른 경험적 가설들로부터 이러한 다른 가설들로부터 연역될 수 없는 어떤 다른 경험적 명제들을 도출하는 것이 가능할 것이다. 하지만 실제로 이것은 가능하지 않다.'

7. 전 세계 사람들의 건강에 대한 [체르노빌 원자력 발전소 사고로 인한] 전체 영향력은, 수 천명을 죽음으로 이끄는 암의 영향력과 맞먹을 것이다. 그러나 그 영향력은 아마 소련에서 1년 동안 화석 연료를 사용하는 것에 의해 야기된 영향력보다는 덜 심각할 것이다. / ∴ 그러므로 (만약 평균 공중 건강이 유일한 목적이라면, 그리고 체르노빌 사고가 1년에 한 번보다 더 적게 발생한다면, 소련에서의 RBMK 원자로는 유사한 규모의 석탄을 사용하는 발전소보다 덜 해로운 것으로 여겨질 수 있다.)

확인 문제 C

다음의 추론들 중 그 추론의 성격이 다른 하나는 무엇인가요?

(1) 까치는 날개가 있다. 까마귀도 날개가 있다. 이들은 모두 새이다. 이것으로 미루어보아 모든 새는 날개가 있음을 알 수 있다.

(2) 모든 생물에게는 절대적으로 수분이 필요하다. 인간도 짐승이나 식물과 마찬가지로 생물의 일종이다. 그러므로 인간은 수분이 없이는 살 수 없다.

(3) 우리나라의 민요는 대부분 애조를 띠고 있다, 이는 어느 나라나 마찬가지다. 그러므로 각 나라의 민요는 민족의 기쁨보다 슬픔을 더 많이 반영한다고 봐야 한다.

(4) 지구에는 많은 생명체가 있다. 화성은 표면의 상태가 행성 중에서 지구와 가장 비슷하고 대기권이 있다고 한다. 이것으로 보아 화성에도 틀림없이 생명체가 있을

것이다.
(5) 바닥에 꽃병이 깨져있고 금고는 열려 있었으며 벽에 긁힌 자국이 선명했다. 이곳
에 강도가 든 것이 분명하다.

해설 및 정답

(1), (3)과 (5)는 일반화에 의거한 귀납논증이고, (4)는 유비에 의거한 귀납논증이다. 하
지만 (2)는 전제가 결론을 필연적으로 지지하는 연역논증이다. 따라서 귀납과 연역을
구분하여 보면 (2)는 연역논증이다. 따라서 답은 (2)다.

🅐 다음 논증에서 전제와 결론을 찾고, 만약 있다면 전제 지시어와 결론 지시어를 지적하
시오.

1. 만약 달걀을 높은 고도에서 삶아서 익히려면 평지에서 삶는 것보다 시간이 더 오래
걸린다. 따라서 너는 물을 평소보다 더 오래 끓여야 할 것이다.

2. 나의 의뢰자는 무죄다. 왜냐하면 그는 정당한 방어를 했기 때문이다.

3. 피해자는 김 씨를 죽이겠다고 협박했다. 김 씨는 피해자의 공격으로부터 자기를 방
어하려고 했다. 그는 무죄임이 틀림없다.

4. 나는 이번 학기에 논리학 수업을 신청하지 않을 것이다. 나는 이미 많은 수업을 신
청했다. 내가 신청한 과목에서 해야 할 것이 많다. 더구나 나는 논리학을 좋아하지
않는다.

해설 및 정답

1. '따라서'는 결론 지시어이며 그 이후가 결론에 해당된다.
2. '왜냐하면'은 전제 지시어로 그 이후가 전제다.
   논증 표준식 답안: 나의 의뢰자는 무죄이다.(결론)
   / ∵ 왜냐하면 (전제지시어) 그는 정당한 방어를 했기 때문이다.(전제)
3. 지시어가 없는 논증은 읽을 때 암묵적으로 지시어를 삽입하는 것이 효과적이다.
   3번의 경우,
   피해자는 김 씨를 죽이겠다고 협박했다.(전제)
   [그리고] 김 씨는 피해자의 공격으로부터 자기를 방어하려고 했다.(전제)
   / ∴ [따라서] 그는 무죄임이 틀림없다.(결론)

4. 나는 이번 학기에 논리학 수업을 신청하지 않을 것이다.(결론)

   [왜냐하면] 나는 이미 많은 수업을 신청했다. 내가 신청한 과목에서 해야 할 것이 많다. 더구나 나는 논리학을 좋아하지 않는다.[않기 때문이다.] (전제들)

B 다음 글에서 직접 표현되지는 않았지만 결론을 성립하게 하는 데 가장 필요한 전제는 무엇인가?

> 어떤 심리학자에 따르면 사람이 행복하기 위해서는 다른 사람과 친밀한 관계를 가져야만 한다. 그러나 이 세상의 위대한 작가들은 홀로 시간을 보내고 다른 이와 친밀한 관계를 가지지 않았다. 결국 이 심리학자의 이론은 거짓이다.

(1) 세상의 위대한 작가들은 행복하다.
(2) 고독은 위대한 글을 쓰기 위한 필수 조건이다.
(3) 위대한 작가들은 사람들과의 친밀한 관계를 회피한다.
(4) 다른 사람과 친밀한 관계를 가지려는 사람들은 혼자서 시간을 보내지 않는다.
(5) 불행한 사람은 친밀한 관계를 가진 작가들이다.

[해설 및 정답]

위에서 결론은 "이 심리학자의 이론은 거짓이다."라는 부분이다. 따라서 전제들로부터 결론이 연역적으로 추론되기 위해서는 위대한 작가들은 다른 사람과 친밀한 관계를 가지 않고 홀로 보냈음에도 불구하고 행복했다는 부분이 필요하다. 따라서 답은 (1)이다.

C 다음 논증에 대한 분석으로 옳지 않은 것은?

> ⓐ 행복한 사람에게는 친구가 필요하지 않다는 주장이 있다. ⓑ 그는 이미 좋은

것들을 가지고 있으며 자족적인 만큼 그 어떤 것도 추가적으로 필요하지 않다. ⓒ 친구는 본인 스스로 할 수 없는 것을 제공해 주는 사람이니 말이다. 그런데 ⓓ 신이 행복한 사람에게 모든 좋은 것을 다 나눠주면서 친구를 주지 않는다는 것은 이상한 일이다. ⓔ 친구가 하는 일이 서로 잘 해주는 것이면서 서로의 선행을 받아주는 것이라면, 또 선행을 베푸는 것이 좋은 사람, 탁월한 사람이 하는 일이라면, 그런 사람은 자신의 선행을 잘 받아줄 사람을 필요로 하게 될 것이다. 그렇다면 ⓕ 행복한 사람에게 친구가 필요하지 않다는 것이 주장하는 바는 무엇인가? ⓖ 대중은 자신에게 이로운 사람을 친구로 간주한다. ⓗ 행복한 사람은 좋은 것들을 가지고 있기 때문에 자신에게 이로운 친구를 필요로 하지 않는다. ⓘ 그러한 친구를 필요로 하지 않기에 친구를 필요로 하지 않는 것처럼 보이는 것이다.

(1) 이 논증은 ⓐ의 '주장'을 반박하는 부분과 ⓐ의 '주장'을 사람들이 받아들이는 이유를 설명하는 부분으로 되어 있다.
(2) 행복한 사람에게 이로운 친구는 없어도 되지만 자신의 선행을 받아줄 친구는 필요하다는 점에서 ⓐ의 '주장'이 부정된다.
(3) ⓑ와 ⓒ가 결합하여 ⓐ의 '주장'을 뒷받침한다.
(4) ⓔ는 ⓓ를 뒷받침한다.
(5) ⓖ와 ⓗ가 결합하여 ⓐ의 '주장'을 반박하는 근거가 된다.

해설 및 정답

제시된 논증에 대한 분석으로 옳지 않은 것을 고르는 문제이다. 제시된 논증은 ⓐ에 대해 ⓑ와 ⓒ는 부연 설명을 하고 있다. ⓓ는 ⓐ를 부정한다. 이러한 부정 논증을 ⓔ로 부연하면서 상충되는 점을 지적한다. 그런 후 ⓐ의 진정한 의미를 묻는 ⓕ를 제기한다. ⓕ에 대해 ⓗ와 ⓘ로 부연한다.

(1) 이 논증은 ⓐ의 '주장'을 반박하는 부분과 ⓐ의 '주장'을 사람들이 받아들이는 이유

를 설명하는 부분으로 되어 있다: 이것은 ⓐ의 '주장'을 반박하는 부분, 즉 ⓓ와 그 부속 문장과 ⓐ의 '주장'을 사람들이 받아들이는 이유를 설명하는 부분, 즉 ⓑ와 ⓒ, 및 ⓕ에 대한 ⓗ와 ⓘ로 구성되어 있으므로 이것은 옳다.

(2) 행복한 사람에게 이로운 친구는 없어도 되지만 자신의 선행을 받아줄 친구는 필요하다는 점에서 ⓐ의 '주장'이 부정된다: 행복한 사람에게는 모든 것이 충분하게 다 주어져 있으므로 이로움을 주는 친구는 없어도 되지만, 선행을 받을 친구는 필요하다는 ⓕ, ⓗ, ⓘ로 행복한 사람에게는 선행을 받아 줄 친구가 필요하다는 주장을 개진하고 있으므로 이것은 옳다.

(3) ⓑ와 ⓒ가 결합하여 ⓐ의 '주장'을 뒷받침한다: ⓐ에 대해서는 도치 형식으로 그 이유에 해당하는 ⓑ와 ⓒ가 제시되어 있으므로 이것은 옳다.

(4) ⓔ는 ⓓ를 뒷 받침한다: ⓓ에 대해서 ⓔ로 석명하고 있으므로(즉 ⓔ이 때문에 ⓓ라고 주장할 수 있기 때문에) 이것은 옳다.

(5) ⓖ와 ⓗ가 결합하여 ⓐ의 '주장'을 반박하는 근거가 된다: ⓖ와 ⓗ는 ⓐ의 근거이지 반박하는 근거가 아니므로 이것은 옳지 않다. 따라서 정답은 ⑤다.

Ⓓ 다음 중 연역논증인 것은?

(1) 최근 우리나라 사람들은 건강에 매우 큰 관심을 갖고 있고, 의학도 크게 발전했다. 따라서 우리나라 사람들의 평균수명은 크게 길어졌을 것이다.

(2) 철이는 시끄러운 것을 몹시 싫어하는데, 파티장은 너무 시끄러웠다. 그러니 철이가 파티장을 일찍 떠났을 것이다.

(3) 낙동강에 암모니아 성분이 검출된다면 낙동강은 오염된 것이다. 그런데 지난달 낙동강에서 암모니아가 검출되었으니 낙동강은 오염되었음에 틀림없다.

(4) 최근의 통계를 보면 겨울에 평균 이상의 강설량을 보였을 경우 그 다음 해 벼농사가 평균 이상의 수확을 보이는 경향이 있는 것으로 나타났다. 지난 겨울에는 눈이 평균보다 훨씬 많이 내렸으니 올 벼농사도 풍작이 예상된다.

(5) 1kg의 물체와 100g의 물체를 동시에 떨어뜨린다면, 1kg의 물체가 먼저 땅에 떨어진다. 왜냐하면 아리스토텔레스가 자유 낙하하는 속도는 물체의 무게에 비례한다고 말했기 때문이다.

해설 및 정답

답은 (3)이다. 왜냐하면 그것이 전제가 결론을 필연적으로 지지하는 연역논증이기 때문이다.

제2장
논증과 언어

1. 논증과 명제

문장이란 생각이나 감정을 말로 표현할 때 완
결된 내용을 나타내는 최소의 단위다. 문법적으로
는 주어와 서술어를 갖추고 있는 것이 원칙이나 때
로 이런 것들이 생략될 수도 있다. 형식적으로는
문장의 끝에 '.', '?', '!' 따위의 마침표를 찍는 경우
가 다반사다. 그래서 우리는 문장을 생각이나 감정

이 언어적으로 진술될 수 있도록 언어의 규칙에 맞게 낱말을 배열한 것으로 이해한다.

이미 우리는 앞에서 논증이 어떤 명제와 그것이 참이라는 것을 뒷받침하는 근거들
을 명제들의 집합으로 구성된다는 사실을 살펴보았다. 명제(proposition)는 판단(혹은 믿
음)의 결과 혹은 그것의 언어적 표현으로 낱말들 간의 결합이다. 또한 명제는 사물이나
일이 이러저러함을 나타내는 진술로 참이나 거짓을 분명하게 가릴 수 있는 문장들이
다. 다음의 문장들은 명제가 무엇인지 구체적으로 보여주는 사례들이다.

나는 눈병에 걸렸다.

삼각형은 세 각을 가지고 있다.

철수는 사기꾼이 아니다.

너는 가수다.

소녀시대는 인피니트보다 인기가 많다.

위의 문장들은 모두 명제다. 왜냐하면 위의 문장들 각각은 그것이 참이거나 거짓인지가 인식적으로 분명하게 구분된다. 물론 이러한 문장들을 인식하는 사람들마다 참과 거짓이 결과는 달라질 수 있다. 하지만 어떻게 되든지 간에 이 문장들은 참과 거짓 중의 하나로 귀결된다. 그렇지만 다음의 문장들은 다르다.

삼각형은 각을 세 개 가지고 있니?

벨 소리 좀 줄여라.

창문 좀 닫아주세요.

안녕, 근혜야.

헐!

위의 문장들은 어떤 사태를 기술하는 것이 아니다. 그래서 이런 문장들에는 참, 거짓이라는 가치를 부여할 수가 없다. 따라서 이러한 문장들은 명제가 아니다. 이러한 문장들은 각각 명령문, 의문문 그리고 감탄문의 유형의 형태를 갖추는 특징을 가진다. 이것들은 단지 상황이나 감정 혹은 감정에 따른 분위기만을 전달하는 문장들이며 참과 거짓의 의미로 귀결되지 않는다. 일상에서 우리는 명제를 통해 우리는 어떤 사태를 서술한다. 만약 실제로 나타난 사태를 기술한다면 그것은 참인 명제이지만, 그렇지 않다면 그것은 거짓인 명제다.

이쯤에서 명제인 문장이 지니는 특징을 보다 자세히 이해하기 위해 문장과 명제의 차이를 분명히 해두는 것이 필요하다. 다음의 (a)과 (b)는 명제의 특징을 잘 보여주는 예이다.

> (a) 이승엽은 김제동의 친구다.
> (b) 김제동은 이승엽의 친구다.

위의 두 문장은 주어와 서술어가 다른 서로 상이한 문장이지만, 동일한 의미를 담고 있으며 동일한 주장을 하고 있다. 즉 (a)와 (b)는 각각 표현상 다른 문장 형태를 지니고 있지만, 동일한 의미와 주장을 담고 있는 한 개의 명제를 언표하고 있다. 그래서 명제란 문장이 주장하는 내용을 가리키는 특징을 지닌다. 그리고 문장이 주장하는 논리적 가치는 궁극적으로 참 아니면 거짓이다. 그래서 우리는 명제를 참이거나 거짓인 문장이라고 하는 것이다. 다음의 영어문장들은 이러한 차이점을 좀 더 분명히 이해하기에 도움이 된다.

> (c) Tom loves Jerry.
> (d) Jerry is loved by Tom.

위의 (c)와 (d)도 각기 문법적으로는 능동태와 수동태의 형태를 갖춘 상이한 문장이지만 동일한 명제다. 또한 우리나라 문장인 '비가 온다.'와 영어 문장인 'It rains' 도 상이한 문장이지만 그 역시 동일한 의미를 지닌 명제다. 명제는 단지 객관적인 사태를 표상하는 추상적인 기호체계로서 구체적인 언어의 종류나 문법적 차이와 관련이 없다. 또한 동일한 문장이라 하더라도 상황에 따라 각각 다른 주장을 의미하는 경우가 있다. 이러한 문장을 우리는 진술(statement)이라고 부른다.[3]

---

3) 문장(sentence)은 진술될 수 있도록, 언어의 규칙에 맞게 낱말을 나열한 것이며, 진술(statement)은 참이거나 거짓인 문장을 구체적인 상황에서 사용하는 것이다. 반면 명제(proposition)는 문장이 담고 있는 내용이 참이거나 거짓인 문장으로 구분된다.

한국의 현 대통령은 과거 대기업의 CEO이었다.

위 진술은 올바른 구조로 이루어진 제대로 된 문장이다. 그렇지만 누군가가 이 명제를 2013년 3월에 말한다면, 그 말은 거짓이다. 반면에 그 명제가 2012년의 진술이었다면, 그 말은 참이 된다. 이렇게 진술은 그것이 언제 또는 어디서 언급되었는가에 따라, 다른 내용을 언표하게 된다. 진술은 그 서술적인 문장이 어떤 구체적인 맥락에서 사용되었는지에 대해 참과 거짓이 인식적으로 구분된다. 그럼에도 진술 역시 그 문장의 내용이 참과 거짓으로 분명하게 구분된다면 그것은 명제다.

이미 1장에서 살펴본 것처럼 논증은 분명 명제들의 집합이다. 하지만 명제들의 집합이라고 해서 모두 논증이 되는 것은 아니다. 다음의 예는 명제들의 집합이다.

(가) 나는 남자다.
    나는 한국대학교 학생이다.
    나는 한국여자대학교의 여학생이다.

(나) 삼각형은 세 변으로 이루어져 있다.
    현재 서울시에는 서울시청이 있다.
    한국에는 여성대통령이 있다.

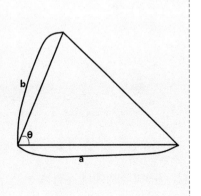

(다) 모든 남자는 콧수염이 난다.(전제)
    나는 남자다.(전제)
    따라서 나는 콧수염이 난다.(결론)

위의 (가)와 (나)도 (다)와 마찬가지로 명제들의 집합이다. 하지만 (가)와 (나)는 논증이 아니다. 또한 (가)를 구성하는 명제들은 각각 참 아니면 거짓으로 판명되지만 세 개의 명제들 중 하나 이상은 분명 거짓된 진술이 된다. (나) 또한 세 개의 명제로 구성되어 있으며 지금 현재로는 모두 참인 명제들의 집합이다. 그 역시 논증은 아니다. 하지만 ㈐는 세 개의 명제들이 모여 있으며 전제와 결론의 구조를 가지고 있는 논증이다. 물론 논증 ㈐를 구성하는 각각의 명제들이 참이든 거짓이든 간에 ㈐는 위의 두 명제(전제)들이 아래의 세 번째 명제(결론)가 되게끔 하는 관계를 가지고 있는 명제들의 집합이다. 논리학에서는 ㈎와 같이 적어도 하나의 거짓된 명제로 구성된 명제들의 집합을 비일관적(inconsistent)이라 평가를 하며 ㈐와 같이 모인 명제들이 모두 참으로 구성되었을 경우 일관적(consistent)이라고 평가한다.

이렇게 논증이 아닌 명제들의 집합은 일관적으로 혹은 비일관적으로 평가되지만, ㈐와 같은 논증은 일관적인지 아니면 비일관적인지에 대한 평가를 넘어 전제와 결론간의 지지관계도 평가의 대상이 된다. 따라서 어떤 명제가 참이라는 것을 정당화하기 위한 전제들과 어떤 명제를 결론으로 하는 명제의 집합이 논증이 되는 것이다. 그렇다면 다음 절에서 논증과 논증이 아닌 명제들의 집합이 어떻게 다른지를 보다 구체적으로 살펴보도록 하자.

2. 논증과 논증이 아닌 문장들의 집합들

앞에서 논의 된 것처럼 명제들로 구성된 문장의 집합이 언제나 논증인 것은 아니다. 문장의 집합에서 우리는 논증을 발견할 수 있지만 논증이 아닌 것들도 발견할 수 있다. 그래서 논증이 아님에도 불구하고 논증으로 착각되거나 어떤 주장이나 사고를 설득적으로 전달하기는 하지만 논증이 아닌 것들을 논증과 구별하는 것은 논증의 특성을 알아야 가능하다. 어떤 종류의 문장의 집합들이 논증이 아닌 것에 해당하는지를 인지하는 것은 논증을 보다 분명히 이해하고 구성하는 기본적 능력이 된다. 우선 논증이 아닌 글 중에는 의견(opinion)이나 신념(belief)이 있다. 아래의 문장들은 경고, 충고, 제안 등처럼 글쓴이의 의견이나 신념일 뿐 논증이 아니다. 또한 아래의 문장들은 글쓴이가 옳다고 생각하는 것을 증명하기 위한 것이 아니다. 따라서 그 문장들은 논증이 아니다.

> 각 정당은 불법 선거 운동을 엄중 처벌하겠다는 선관위의 경고에 귀를 기울여야 한다.
> 교사는 어떤 상황에서도 학생들에게 손대지 않겠다는 결심했다.
> 나는 높은 도덕적 전통을 가진 우리나라가 이런 갈등을 해소하기 위한 부차적 책임을 가진다고 생각한다.

다음은 다른 논증이 아닌 것의 사례다.

> 그 건물은 2층으로 나뉘어 있었다. 또한 아래층은 상가로 구성되어 있고, 윗 층은 주거용 오피스텔로 구성되어 있다.
> 교실은 총 6개의 줄로 한 줄당 책상이 10개씩 계단으로 배열되어있다.

위의 문장은 단순하게 관찰한 사실을 객관적으로 서술하고 있을 뿐 어떠한 주장도 포함되어 있지 않다. 이러한 문장의 집합 즉 그러한 말 묶음을 우리는 기술(記述, description)이라고 한다. 결국 사실을 있는 그대로 보도하는 방송이나 사건의 보도 기사와 같은 문장들의 집합이 기술에 해당한다. 기술은 자신에게 인식되고 있는 이러저러한 사실들을 그대로 서술할 뿐 어떤 주장이나 근거를 갖춘 논증이 아니다. 또한 어떤 문장의 집합은 어떤 상황에 대한 기술인 동시에 보고문인 경우도 있다. 물론 기술과 비슷하지만 단순히 어떤 내용을 보고(report)를 목적으로 하는 문장들의 집합도 있다. 아래와 같은 예가 보고에 해당한다.

> 우리나라의 농촌에서 실제로 사용하던 솥 전체와 뚜껑의 무게의 상관관계를 조사하여 정리한 표를 보면, 솥과 뚜껑의 무게 비율은 대부분 3:1 정도로, 다른 재

질로 만든 그릇들에 비해 뚜껑의 무게가 무거웠다.

이 보고는 어떤 상황이나 사건에 관한 정보를 전달하는 문장들로 구성된 것이지 어떤 사실을 증명하기 위한 주장이나 주장과 그것을 뒷받침하는 전제로 구성되어 있지 않기에 논증이 아니다. 또한 어떤 문장이나 명제들의 집합에 주장만 있고 그것을 뒷받침할 근거가 없는 경우도 있다. 우리는 그것을 억지(stubbornness) 부린다고 한다. 진정한 의미의 논증이 되기 위해서는 주장인 결론뿐만 아니라 반드시 그 주장에 대한 근거인 전제들이 있어야만 한다. 예를 들어 설명해 보면 다음의 경우는 억지를 부리는 말에 해당한다.

선생님, 저를 믿어주세요. 저는 어제 저녁에 게임을 하지 않았습니다. 정말입니다. 저는 단지 PC방에 앉아있었을 뿐이에요.

또한 글의 전개의 목적이 어떤 진술이 참임을 증명하려는 것에 있지 않고 어떤 개념이나 대상을 상세화하는 경우도 논증은 아니다. 다음의 예가 그러한 경우에 해당한다.

과학의 발전은 패러다임의 전환으로 나타나는데, 이는 누적에 의해 일어나는 것이 아니다. 옛 패러다임이 위기에 처하는 순간 새 패러다임이 나타나면서 혁명과 같은 방식으로 이루어진다. 패러다임의 전환이 이루어지면서 그 분야의 방법, 목적 등 가장 근본적인 부분이 바뀐다. 그리고 새로운 전통이 쌓일 것이다. 여기서 쿤은 과학의 발전을 보여주는 단어로 '패러다임'이라는 용어를 사용한다. 또한 '혁명'이라는 용어를 사용하면서, 합리적인 과학이 발전하는 모습을 비합리적으로 제시하고 있다.

위의 예는 이러 저러한 경우들을 제시하면서 패러다임이란 개념을 상세히 해설

(expository writing)하고 있다. 물론 어떻게 보면 이런 글은 논증과 유사한 점이 있는 것처럼 보이지만, 결정적으로 전제와 결론의 구조를 형식적으로 갖추고 있지 않고 있다. 따라서 이러한 종류의 글은 해설이지 논증이 아니다.

또한 어떤 진술이 그 진술의 구체적인 이해를 위해 예를 들어서 나열하는 문장의 집합도 있을 수 있다. 대개 우리는 그러한 문장의 집합을 예시(exemplification)라고 한다. 다음의 사례는 예시일 뿐 주장되는 명제 즉 결론과 그것을 정당화하려는 전제들이 없기에 논증이 아니다.

> 어휘 형태소는 어휘적 의미가 있는 형태소로 어떤 대상이나 상태, 동작을 가리키는 형태소를 말한다. 예를 들어, "위키백과에는 좋은 정보가 많다."라는 말에서 "위키", "백과", "좋-", "정보", "많-"이 어휘형태소에 해당한다.

논증과 논증이 아닌 문장들의 집합 가운데 많은 사람들에게 가장 혼동을 야기하는 것이 설명(explanation)이다. 논증이 전제와 결론을 구성요소로 한다면 설명은 다른 구성요소를 가지고 있다. 그 하나는 '피설명항(Explanandum)'이고, 다른 하나는 '설명항(Explanans)'이다. 피설명항은 설명되어야 할 사건이나 대상 혹은 현상을 진술하는 문장이다. 그리고 설명항은 피설명항을 설명하려는 진술이나 진술들을 말한다. 그럼에도 불구하고 설명 역시 논증과 마찬가지로 '왜냐하면', '… 때문에' 같은 전제 지시어를 동일하게 사용하기 때문에 많은 사람들이 설명을 논증으로 착각한다. 다음의 예를 가지고 설명과 논증은 비교하여 설명할 수 있다.

> 나는 어제 혼자 도서관에 갔는데, 내 여자 친구는 그 곳에 함께 가지 않았다. 왜냐하면 그녀는 사촌언니 결혼식이 있었거든.

위의 예는 내가 여자 친구가 함께 도서관에 가지 않은 사실을 피설명항으로 하며 그 이유를 그녀의 집안 결혼식이 있었다는 진술을 설명항으로 하는 문장의 집합이다. 즉 위의 예는 설명이지 논증이 아니다. 무작정 '왜냐하면'이란 전제 지시어가 있다고 해서 이 예를 논증으로 보아서는 안 된다. 만일 위의 문장의 집합이 다음과 같이 같았다면 그것은 논증이 될 것이다.

> 내 여자 친구는 어제 도서관에 나오지 못했을 것이다. 왜냐하면 그녀가 사촌언니 결혼식에 참석했기 때문이다.

3. 설명의 방법과 종류

이 절에서는 논증과 설명에 대한 구분을 이해하기 전에 설명이 지니는 특징들을 우선적으로 살펴보겠다. 사실 우리가 무엇인가를 설명한다고 할 때 무작정 머릿속에 등장하는 것을 언어적으로 표현했다고 해서 설명이 되지 않는다. 설명에도 여러 가지의 방법과 종류가 있다. 설명의 기술적인 방법에는 정의, 예시, 비교, 대조, 분류, 분석 등이 있다. 정의(定義, definition)는 어떤 용어의 뜻 즉 개념을 명확하게 풀어서 설명하는 방법이다. 이러한 정의는 어떤 개념이나 대상을 설명을 위한 가장 많이 쓰이는 방법이다. 예를 들어 보면 "효도란 자기를 낳아 준 제 부모를 극진히 섬기는 사람의 도리다."와 같은 정의는 효도이라는 개념을 이해하고 설명하는 방법들 중에 하나다. 또한 앞 절에서 살펴보았던 예시도 무엇인가에 대해 구체적인 사례들을 제시하여 설명하는 방법들 중의 하나다. "고양시의 문화재로는 행주산성, 서오릉, 고양향교, 서삼릉, 최영 장군의 묘 등이 있다."와 같은 문장이 바로 예시를 들어 설명하는 방법에 속한다.

뿐만 아니라 비교도 쉬운 이해를 돕는 좋은 설명의 방법이다. 비교는 둘 이상의 대상을 견주어 공통점을 중심으로 설명하는 방법들 중의 하나다. "잣나무는 소나무처럼 상록수이며 추운 지방에서 자라는 침엽수이다."라는 문장은 두 대상이 가지고 있는 공통점을 찾아 두 대상을 설명하는 비교의 방법을 잘 보여준다. 물론 둘 이상의 대상을 견주어서 차이점을 중심으로 설명하는 방법도 있는 데, 예를 들어 "시나리오는 장면 전환이 자유로워 과거와 미래, 미래와 과거를 짧은 시간 내에 제시할 수 있기에 아무리 먼 거리의 장면이라도 동시에 표현할 수 있는 특징을 지니고 있다. 이에 반해, 희곡은 일정한 무대 위에서 상연되는 것을 목적으로 이루어지기 때문에 공간적인 제약이 있다."라는 문장이 그런 경우에 해당한다. 우리는 이것을 대조라고 부른다. 분류와 분석도 설명하는 방법들이다. 분류는 일정한 기준을 정하여 나누거나 묶어서 설명하는 방법이고 분석은 대상을 그것을 구성하는 부분으로 나누어 설명하는 방법이다. 아래의 ㈎와 ㈏는 각각 분류와 분석의 예다.

㈎ 서양철학은 시대에 따라 고대철학, 중세철학, 근대철학, 현대철학을 나뉜다.
㈏ 고대철학 자연철학, 희랍 철학, 헬레니즘과 로마철학, 스토아학파, 에피쿠로스학파, 회의학파 등으로 구분될 수 있다.

이번에는 설명의 여러 종류들을 살펴보자. 설명에서 가장 우선되는 유형은 과학적 설명이다. 어떤 현상이나 사건의 근거를 묻고 답하는 과학적 과정에서 현상이나 사건 등에 대한 과학적 설명을 요구하는 질문의 형태는 모두 다 그런 것은 아니지만 대개 경우 "왜-질문(Why-Question)"의 형식을 갖추며 나타난다. 따라서 과학적 설명은 이런 왜-질문에 대한 대답으로 이어진다고 할 수 있다. 심지어 어떤 현상이나 사건에 대한 질문이 꼭 "왜(why)"라는 형태를 가지지 않았더라도 왜-질문의 형식으로의 변형은 가능하다. 이때 왜-질문에 상응되는 과학적 활동에서의 설명은 그 현상의 목적이나 이유, 원인이 무엇인지를 밝히는 쪽으로 이루어지는데, 그것은 과학적 설명 방식이 전통적으로 목적이나 인과적 구조를 밝히는 것이었기 때문이다. 왜-질문에 대해 '~때문에'라든지 '~를 위하여' 등으로 이루어진 대답은 대부분이 현상이나 사건의 원인이나 목적을 언급하는 문장들이다.

이러한 관점에서 폰 리히트(G. H. Von Wright)는 학문의 역사에서 전통적으로 존중되어 온 설명 방식을 크게 아리스토텔레스(Aristotle)에 뿌리를 둔 목적론적 설명(Teleological Explanation) 방식과 갈릴레이(Galilei)에게서 비롯된 인과적 설명(Causal Explanation) 방식으로 구분한다.[4] 아리스토텔레스는 전자의 설명이 생물학적, 사회적, 심리적 현상을 비롯하여 모든 사건에 적용된다고 생각한 반면, 근대 과학 혁명 이후 물리적 사건에 대해서는 전적으로 후자의 설명 방식이 적용되고 있다.

사회적 심리 현상들에 적용되는 목적론적 설명은 대게 어떤 사건을 행위자의 이유나 동기를 주된 관점으로 설명하는 것들이다. 다음의 왜-질문과 대답은 목적론적 설명을 대변해 준다.

왜-질문1. 왜 철수는 파티장에서 일찍 가버렸니?
    대답1. 철수는 파티장에서 영희와 심하게 다투었고, 그는 기분이 몹시 상했다. 그래서 가버렸다.

왜-질문2. 왜 국회의원들은 그 법안을 통과했는가?
    대답2. 국회의원들은 그 법안의 내용 중 일부분에 대해서는 불만이 있었지만, 전체적으로는 자신들에게 유리하다고 판단했기 때문이다.

이렇게 목적론적인 설명은 주로 심리적이나가 사회적인 이유와 동기로 현상이나 행위를 설명한다. 반면에 인과적 설명은 현상이나 사태를 구성하는 여러 가지 요소들 상호간의 인과 관계를 드러냄으로 그 현상이나 사태를 설명하는 것이다. 아래와 같은 왜-질문1과 2에 대한 대답1과 2는 인과적 설명에 해당한다.

왜-질문1. 왜 수도관이 왜 파열되었는가?

---

4) Von Wright(1972), 3쪽.

대답1. 기온이 영하로 내려가면 물이 얼게 된다. 그리고 물이 얼면 수도관은 파열된다.

왜-질문2. 왜 내가 그 컴퓨터에 등록한 직후 그 컴퓨터는 먹통이 되어버렸는가?
대답2. 컴퓨터가 바이러스에 감염되어 있었고, 그 바이러스는 컴퓨터가 켜진 순간 먹통이 되게 프로그램 되어 있었다.

왜-질문3. 왜 이 숟가락의 손잡이는 구부러져 있지?
대답3. 그것은 손으로 숟가락을 편안하게 잡을 수 있도록 하기 위해서다.

왜-질문3과 대답3은 인과적 설명이기보다는 기능적 설명이다. 기능적 설명이란 대상이나 사건을 그것이 처한 맥락에 놓고 거기서 어떤 역할을 맡는지를 밝히는 형식의 글을 말한다. 다시 말해 설명방식이 어떤 A가 존재하는 이유가 B에 대한 기능(function)을 갖고 있기 때문이라고 서술한다는 것이다. 이러한 기능적 설명은 본래 생물학에서 생물의 진화과정, 특히 자연 선택 과정을 설명하는 논리로 사용되었던 것인데, 어떤 생물이 특정한 속성을 갖고 있는 이유가 그 속성이 생존이나 활동에 가장 유리한 효과를 지니고 있기 때문이라는 것이다. 예컨대 새들의 뼈가 비어 있는 것은 빈 뼈가 나는데 유리하기 때문이다. 즉 기능적 설명은 어떤 대상의 존재 이유를 그것이 지닌 이로운 결과로 설명하려는 것이다. 위의 왜-질문 3과 대답 3도 '숟가락의 손잡이는 손으로 편안하게 잡을 수 있도록 하기 위하여 구부러져 있다.'와 같은 기능적 설명이다. 그렇다면 다음 절에서는 본격적으로 이러한 설명과 논증을 구분하는 방법을 논의 해보자.

5. 논증과 설명 구분하기

논증과 혼동하기 쉬운 명제들의 집합이 있는데, 그것은 설명이다. 논증은 어떤 명제가 참인지 거짓인지가 문제가 될 때, 왜 그 명제의 참을 받아들여야 하는지에 대한 근거를 제시하는 것이다. 이와 달리 설명은 이미 참이라고 알고 있는 명제에 대해 그것이 어떻게 해서 참인지 밝혀주는 것이다. 논증은 결론을 증명하기 위한 목적을 가지고 있다. 그래서 결론인 명제가 참이라 것을 믿을 만한 근거들을 전제로 논증은 제공한다. 사실 논증과 설명을 구분하는 것은 미묘한 문제다.

간단히 말해 "이 차는 시동이 걸리지 않는다."는 주장에 대해 그 주장의 참 혹은 거짓 여부가 문제라면 우리는 그 주장을 뒷받침할만한 근거로 "배터리가 나갔다."는 사실을 전제로 제시할 수 있다. 그렇다면 그것은 논증이 된다. 그렇지만 화자가 이미 차가 시동이 걸리지 않는다는 주장이 참이라는 것을 이미 알고 있다면, 그 경우에 배터리에 대한 주장은 그 차가 시동이 걸리지 않는 이유에 대한 인과적 설명이 된다. 다음의 쉬운 대화의 예를 가지고 논증과 설명을 구분해 보자.

대화 ㈎:
A: 현철이가 그녀를 매우 좋아 하는 것 같아.
B: 왜?
A: 그.

대화 ㈏:
A: 현철이가 그녀를 매우 좋아 해.
B: 왜?
A: 그녀의 눈이 맑고 예뻐서.

대화 ㈎와 ㈏ 각각은 "왜냐하면"을 지시어로 가진 표준식으로 정리하면 다음과 같이 된다.

대화 ㈎' 현철이가 그녀를 매우 좋아 하는 것 같다.(결론)

왜냐하면 현철이는 그녀가 가는 곳이면 어디나 따라다닌다.
게다가 그녀가 말을 걸면 당황해서 어쩔 줄 모르기 때문이다. (전제)

대화 (나)' 현철이가 그녀를 매우 좋아한다.(피설명항)
왜냐하면 그녀의 눈이 맑고 예쁘기 때문이다. (설명항)

표준식으로 정리된 대화 (가)'와 (나)'는 모두 두 문장으로 이루어져 있으며, '왜냐하면 … 때문이다'이라는 이유를 제시하는 문장들로 연결되어 있다. 그렇지만 대화 (가)와 (나)는 다르다. 대화 (가)'은 논증이고, (나)'은 설명이다. 전자는 현철이가 그녀를 매우 좋아한다는 진술이 참이라는 것을 정당화하려고 그 근거를 제시하고 있다. 반면에 후자는 현철이가 그녀를 좋아하는 사실을 피설명항으로 이미 인정하고 있으며, 그것의 원인이나 이유를 설명항으로 설명하고 있다.

논증과 설명의 구분은 그렇게 쉽지만은 않다. 뿐만 아니라 설명을 논증의 형식으로 쉽게 바꿀 수 있는 경우도 많다. 간단한 구분 요령은 다음과 같이 정리된다.

1. 설명은 주로 사실 관계를 말하는데 비해, 논증은 예측이나, 불가피함 등과 같이 당위적인 표현, 즉 그럴 수밖에 없다든지, 혹은 그럴 가능성이 매우 높을 수밖에 없다든지 하는 따위의 표현을 담고 있다.
2. 설명은 핵심 주장 부분 앞에 "그 결과 다음과 같은 사태가 발생한다(했다)"와 같은 표현을 붙이면 뜻이 잘 통하는 경우가 많은데 비해, 논증은 "이것을 근거로 다음과 같이 주장될 수 있다"와 같은 표현을 붙이면 뜻이 잘 통한다.
3. 논증의 경우 전제들 속에 주장되는 바(결론)가 필연적이든, 개연적으로든 이미 포함되어 있다.
4. 논증은 전제된 명제들과 결론인 명제간의 관계를 다루는 작업이고, 설명은 사건과 사건의 관계를 다루는 작업이다.

이제 다음의 예를 통해 논증과 설명의 구분이 가지는 한계점을 분명히 해 보자.

(a) 냄비에 물을 넣고 끓이면, 물 분자들에 열이 전달되어 각 물 분자들이 뜨거워진다. 그래서 냄비에 물을 넣고 끓이면, 물의 온도가 올라가는 것이다.

(b) 냄비에 물을 넣고 끓이면서 그 냄비에 온도계를 넣어 측정한 결과, 점점 온도계의 눈금이 올라갔다. 그런데 온도계는 온도가 올라갈수록 눈금이 올라간다. 따라서 냄비에 물을 넣고 끓이면, 물의 온도가 올라간다고 말할 수 있다.

앞서 말한 네 가지 식별 요령을 적용해 보면, 분명 (a)는 설명이고 (b)는 논증이다. 하지만 논증의 형식을 취하면서 동시에 인과적 설명인 경우가 있다. 어떤 경우에는 해당 문장의 집합이 대한 서술자의 의도에 따라 논증과 설명이 구분될 수 있다. 즉 단지 어떤 사태가 '왜' 혹은 '어떻게' 발생했는지를 밝히려는 의도에 입각한 문장의 집합은 설명에 가깝고, 그런 일이 발생할 수밖에 없음을 주장하려는 의도에 입각한 글은 논증에 가깝다. 하지만 어떤 경우는 문장의 집합이 원인을 밝히는 것이 동시에 근거를 제공하는 일이 될 수도 있다. 주로 미래에 벌어질 사건을 예측하는 경우에는 자신의 예측을 정당화하기 위해서 그런 사건이 일어나도록 만들 충분한 원인들이 있음을 밝히는 것이 보통인데 이 경우에는 인과적 관계의 설명이 동시에 논증의 역할을 한다.

이 금속은 열을 받았다.
열을 받은 모든 금속을 확장된다.
이 금속은 확장된다.

위의 문장의 집합은 분명 연역논증인데 자신이 주장하는 사태의 원인을 근거로 삼고 있는 논증이다. 따라서 이 글에는 '왜 이 금속이 확장되었는가?'에 대한 인과적 설명도 동시에 갖추고 있다. 따라서 논증과 인과적 설명의 구분이 반드시 절대적인 것은 아니며 논증은 설명의 역할을 수행하지만 설명이라고 해서 모두 논증인 것은 아니다.

헴펠(C.G. Hempel)은 과학에서의 인과적 설명의 구조를 설명항으로부터 피설명항이 연역적으로 이끌어내지는 과정이라고 주장한다. 여기서 설명항은 법칙을 논증의 전제로 포함하며 논증의 결론인 피설명항은 현상을 설명하는 기술이 된다. 이러한 형식은 분명 연역적 논증으로써 표현되는데 결론[피설명항]을 E라고 할 때 그 전제[설명항]는 일반 법칙을 이루는 법칙 명제들의 집합, L_1, L_2, $\cdots$, L_r과 초기 조건들을 이루는 다른 진술들의 집합, C_1, C_2, $\cdots$, C_k로 이루어진다. 이것들은 다음과 같은 설명의 표준 형식을 갖춘다.

C_1, C_2, $\cdots$. C_k	초기 조건	설명항
L_1, L_2, $\cdots$, L_r	일반 법칙	설명항
E	설명될 현상	피설명항

확인 문제 A

논증에 들어가는 문장들은 참/거짓이 판단 가능해야 한다. 〈보기〉에서 명제를 모두 골라 보세요.

───────────── 〈보 기〉 ─────────────

㉠ 저 여자는 어쩜 저렇게도 예쁠까!
㉡ 시끄러우니 조용히 해라.
㉢ 2 + 3i는 2 + 2i보다 크다.
㉣ 일본 동북부 지역에는 지진과 쓰나미가 발생했다.
㉤ 네 아들은 기골이 장대하니 감기는 안 걸리지?

① ㉠, ㉣   ② ㉡, ㉢   ③ ㉠, ㉤   ④ ㉡, ㉢   ⑤ ㉢, ㉣

해설 및 정답

정답은 ⑤다. 보기의 제시문들은 각각 ㉠ 감탄문, ㉡ 명령문, ㉢ 명제(거짓), ㉣ 명제(참), ㉤ 의문문이다.

확인 문제 B

다음 문장들의 집합 중에서 논증인 것은 무엇인가요?

(1) 수학과 논리학을 공부한 사람은 논리적이게 된다. 갑돌이와 갑순이는 논리적이지 않다. 그러므로 갑돌이와 갑순이는 논리학과 수학을 공부하지 않았다.

(2) 그 건물은 2층으로 나뉘어 있었다. 아래층은 상가로 구성되어 있고, 윗층은 주거용 오피스텔로 구성되어 있다.

(3) 선생님, 저를 믿어주세요. 저는 어제 저녁에 게임을 하지 않았습니다. 정말입니다. 저는 단지 PC방에 앉아있었을 뿐이에요.

(4) 지난번 학생회장 선거에서는 장애인 학우가 당선되었다. 그것은 다수의 학생들이 이제 학생들의 정치적 문제보다는 학생들의 복지에 더 관심이 많아졌기 때문이다.

(5) 통상적으로 컴퓨터가 지니는 특징들 중에 하나는 지루하게 반복적인 일을 신속하게 해결해 준다는 점에 있다. 예를 들어 문서를 작성하면서 어떤 낱말을 다른 낱말로 전부 바꾸려고 할 때가 컴퓨터의 편집기능은 그것을 단번에 해결한다.

해설 및 정답

이 문제는 제시된 (1)~(5) 문장들의 집합들 중 어떤 것이 논증이고 그렇지 않은지를 구별하는 능역을 시험한다. 앞에서 이야기 한 것처럼 논증이란 주장하는 부분과 주장을 뒷받침하는 논거가 되는 부분으로 구분이 이루어져야 한다. 우선 그러한 구분을 지닌 문장 즉 논증은 (1)번 밖에 없다. (2)는 단순히 관찰한 사실을 객관적으로 서술하고 있을 뿐 아무런 주장이 포함되어 있지 않다. 이러한 말 묶음을 우리는 기술(記述)이라고 한다. 반면 (3)에는 어떤 주장이 포함되어 있지만 그 주장에 대한 근거가 포함되어 있지 않다. 이렇게 주장만 있고 그것을 뒷받침할 근거가 없는 문장의 집합을 우리는 억지라 한다. (4)는 어떠한가? 많은 사람들이 (4)도 논증이라고 생각할 수 있다. 하지만 (4)는 논증이 아니다. (4)는 이미 발생한 사실(지난번 학생회장 선거 결과)에 대한 원인을 제시하고, 어떻게 해서 그런 사실이 발생했는지 설명하고 있는 것이다. 그런 의미에서 (4)와 같은 문장의 집합을 우리는 논증과는 달리 설명으로 구분하며, 보다 자세히 말해 이러한 것들을 인과적 설명(causal explanation)이라고 한다. 반면 (5)는 하나의 진술에 대한 구체적인 사례들을 나열하고 있는 문장의 집합, 즉 예시에 해당한다. 따라서 답은 (1)번이다.

확인 문제 C

다음 (가)~(라)에 대한 설명으로 올바른 것은 무엇인가?

(가) 그 용액을 테스트 튜브에 넣고 섭씨 35도까지 가열했다. 소량의 노란 증기가 발생했다. 이 증기는 아무런 냄새가 나지 않았다. 이 용액에 40밀리미터의 물을 더 넣은 후 끓을 때까지 가열해 보았다. 이번에는 증기의 색깔이 회색이었다. 물방울이 테스트 튜브의 옆면에 모였다.

(나) 알려진 바에 의하면 자동차 여행을 하는 도중 졸음운전을 하는 운전자들이 많으며 장거리 운전이 교통사고의 주범이라고 한다. 그 결과 고속도로 주변에는 휴게소가 더 많이 설치되어 운전자들이 쉬어갈 수 있었다.

(다) 너희들을 위하여 보물을 하늘에 쌓아두라. 거기에는 좀이 해치거나 녹이 슬지도 않으며, 또 도둑이 침입하여 훔쳐가지도 못한다. 왜냐하면 너의 보물이 있는 그곳에 너의 마음도 있기 때문이다. (마태 7:19)

(라) 그러므로 그 탑의 이름이 바벨이라 불린다. 왜냐하면 거기서 여호와가 온 땅의 언어를 혼란시켰기 때문이다. (창세기 11:9)

① (가)는 논증이고, (나)는 설명이다.
② (가)는 기술이고, (다)는 설명이다.
③ (나)는 설명이고, (라)는 논증이다.
④ (나)와 (라)는 설명이다.
⑤ (다)와 (나)는 논증이다.

해설 및 정답

㈎는 기술이고 ㈏는 설명이다. 또한 ㈐는 논증이고 ㈑는 설명이다. 따라서 답은 ④이다.

〈연습문제〉

A 다음 문장이 명제인지 아닌지 구별하시오.

1. 갈릴레오는 천문학자이다.
2. 면도해라!
3. 노무현 이외에는 진실을 아는 사람이 없다.
4. 힐러리는 대통령입니까?
5. 흡연하는 것이 폐암의 원인은 아니다.
6. 오 마이 갓!

해설 및 정답

위 문제의 지문들 중 홀수번호에 해당되는 문장들은 그것의 사실이 무엇지든지 간에 언제나 참 아니면 거짓으로 구분될 수 있는, 다시 말해 즉 참과 거짓을 지지하는 문장들이다. 반면 짝수번호에 해당되는 문장들은 각각 명령문, 의문문 그리고 감탄문으로 참과 거짓을 지시할 수 있는 문장, 즉 명제가 아니다. 이것들은 단지 상황이나 감정 혹은 감정에 따른 분위기만을 전달하는 문장들이며 참과 거짓의 의미로 구별되지 않는다. 따라서 명제는 1, 3, 5라 할 수 있다.

B 다음 〈보기〉에서 논증에 해당하는 것을 바르게 지적한 것은?

⊙ TV를 신청하는데 갑자기 TV가 꺼졌다. 왜냐하면 전원이 끊어졌기 때문이다.
ⓛ 나는 어제 영화관에 갔는데, 그 친구와 거기에 함께 가지 않았다. 왜냐하면 그는 집에서 할 일이 있었거든.
ⓒ 그 백조는 흰색일 것이다. 왜냐하면 이 호수에서 지금까지 관찰된 백조는 모두 흰색이었기 때문이다.

ⓔ 올해는 채소 값이 매우 비쌌다. 왜냐하면 비가 너무 많이 오고 일교차나 너무 심했기 때문이다.

ⓜ 철수는 수업에 늦었을 것이다. 왜냐하면 오늘 아침 철수네 집 근처에서 대형 자동차 사고가 발생했다는 뉴스를 들었고 극심한 교통정체가 예상되기 때문이다.

(1) ㉠,㉢   (2) ㉡,㉣   (3) ㉢,㉤   (4) ㉣,㉠

[해설 및 정답]

〈보기〉에서 ㉠,㉡,㉣은 설명에 해당되며, ㉢,㉤은 주장과 근거가 있는 논증에 해당된다. 보다 자세히 말하면 ㉢,㉤ 귀납적 추론을 가지고 있는 논증이기에 답은 (3)에 해당한다.

ⓒ 다음 중 논증인 것은?

(1) 농사를 짓기 위해 큰 저수지를 만들어야 하는데, 너무나 큰일이라 마을 사람들이 엄두를 못 내고 있었다. 그때 어떤 사람이 못을 파야 할 자리에 막대기를 꽂아 두고, 그 곳을 지날 때마다 한 치씩만 땅을 파고 가자고 하였다. 사람들이 지날 때마다 한 치씩 땅을 팠다. 그래서 그 못을 '한치못'이라고 부른다.

(2) 무거운 물체(M)와 가벼운 물체(m)를 동일한 위치에서 지표면으로 낙하를 시켜 보자. 그러면 M과 m은 지표면에 동시에 도착할 것이다. 만일 M이 m보다 먼저 떨어진다면, M과 그 아래에 m을 결합시킨 M+m, M, m 세 가지를 낙하시킬 때, 지표면에 도달하는 순서는 M+m, M, m일 것이다. 그런데 m은 M보다 늦게 떨어지므로 브레이크 역할을 하게 될 것이다. 그러므로 M+m이 M보다 먼저 떨어질 수 없다. 따라서 M+m이 M보다 먼저 지표면에 도착하면서 더 나중에 지표면에 도착할 수는 없다. 그러므로 M과 m은 지표면에 동시에 도착할 것이다.

(3) 그때 분명히 전의를 상실한 것처럼 보이는 도망자들과는 대조적으로 이순신은 배의 갑판 위로 당당하게 걸어 나가서 칼과 방패를 들고 맞서 싸울 태세를 갖추었다. 그의 대담성 때문에 왜군은 혼비백산하여 흩어져 버렸다.

(4) 그 건물은 두 부분으로 나뉘어 있다. 지하를 포함한 저층은 상가이며 고층은 주거용 오피스텔이다.

해설 및 정답

위의 제시문에서 (1)과 (3)과 (4)는 주장과 근거로 구분되지 않는 것이 아닌 문장들의 집합입니다. 따라서 그것들을 논증이라고 볼 수는 없다. 오히려 그것들은 기술이나 서술에 해당된다. 하지만 (3)은 '따라서'를 결론 지표어로 하는 논증이라고 할 수 있다.

D 〈보기〉에서 전제와 결론이 모두 제시되어 있는 완전한 논증을 모두 고르면?

〈보 기〉
- ㉠ 장사를 하려면 세금을 내야 돼. 지금 장사 시작했네요. 그러니 세금을 내야지요.
- ㉡ 나폴리는 아름다운 항구야. 멋지게 생긴 요트들이 해안에 많이 있어. 집들도 아기자기하게 배치되어 있잖아.
- ㉢ 엄마, 용돈 줘. 엄마 돈 많잖아. 용돈 안 주면 학교 안 갈 거야. 용돈 줘.
- ㉣ 까도남들은 다 초콜릿복근이 있어. 예를 들면, 현빈도 초콜릿복근이 있잖아.
- ㉤ 실수는 크기를 비교할 수 있어. 2와 3은 실수야. 그러므로 2와 3은 크기를 비교할 수 있어.

① ㉠, ㉣, ㉤   ② ㉡, ㉢, ㉤   ③ ㉠, ㉤   ④ ㉡, ㉢   ⑤ ㉡, ㉣

해설 및 정답

㉠ 연역논증 ㉡ 기술 ㉢ 억지 ㉣ 예시 ㉤ 연역논증. 따라서 정답은 ③번이다.

E 인과적 설명의 사례에 해당하지 않는 것은?

① 지난번 학생회장 선거에서는 비운동권 출신이 당선되었다. 왜냐하면 그것은 다수의 학생들이 이제 정치적인 문제보다는 학생들의 복지에 더 관심이 많아졌기 때문이다.

② 석이는 영이를 좋아한다. 왜냐하면 석이는 영이 주위를 떠나지 않고, 자주 선물을 하기 때문이다.

③ 이 섬 사람들은 대부분 어업에 종사할 것이다. 이 섬에서 농사지을 만한 땅을 보지 못했고 오직 내가 본 것은 크고 작은 어선과 어업 관련 용품을 파는 상점뿐이기 때문이다.

④ 편견을 가지고 있다는 것은 아주 수치스러운 일이다. 사람들이 이미 알고 있다고 확신하고 있는 것은 결코 배울 수 없을 뿐만 아니라, 동시에 그 경솔함 자체가 이미 바르지 못한 성정을 가진 정신이 표시가 되기 때문이다.

⑤ 민구는 겁에 질려 있어. 저 선생님의 꾸지람은 정말 무섭거든.

해설 및 정답

③번을 제외한 나머지들은 설명이다. 하지만 ③번은 전제와 결론이 구분되는 논증이다. 따라서 정답은 ③번이다.

제3장
연역과 논리적 사고

1. 연역의 타당과 부당 그리고 건전성

우리가 연역 논증을 평가하거나 이해할 때 반드시 알아야만 되는 몇 가지의 개념들이 있다. 다음의 문장들의 집합을 가지고 생각해 보자.

> 1. 모든 남성은 죽는 것이 당연하고 이성적이다.
> 2. 김말숙은 남자다.
> 3. 그래서 김말숙은 이성적이다.
> 4. 그래서 김말숙은 죽는 것이 당연하다.

이것은 네 개의 문장으로 이루어진 집합이다. 하지만 이 문장들의 집합은 두 개의 별개의 논증이 함축되어 있는 구조를 가지고 있다. 앞의 1과 2는 전제들이고 뒤의 3과 4는 그 전제로부터 도출된 결론들이다. 그래서 앞의 1에서 3까지를 하나

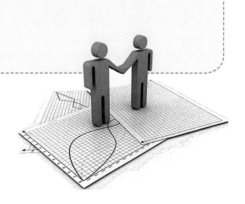

의 논증으로 구성할 수 있고, 1에서 2와 4는 또 다른 별개의 논증이라 할 수 있다. 여기서 '…로부터 도출된다.'라는 표현은 매우 중요한 의미를 가진다. 우리는 이 의미에서 타당한 논증이라는 개념, 즉 타당성(validity)을 이해할 수 있다.

다음의 논증들을 비교하면서 타당성의 개념을 이해해 보자.

> (ㄱ) 이승기는 총각이다. 따라서 이승기는 남자다.
> (ㄴ) 이승기는 사람이다. 따라서 이승기는 총각이다.
> (ㄷ) 이승기는 처녀다. 따라서 이승기는 여자다.
> (ㄹ) 이승기는 여자다. 따라서 이승기는 처녀다.

위의 직접 추리가 담긴 논증에서 대부분의 사람들은 (ㄱ)과 (ㄷ)은 타당하다고 말하지만 (ㄴ)과 (ㄹ)은 부당하다고 말하거나 평가할 것이다. 그렇다면 어떤 이유로 사람들은 왜 (ㄱ)과 (ㄷ)이 타당하고 말하는 것일까? 그것은 (ㄱ)과 (ㄷ)이 연역적으로 타당한 논증이기 때문이다. 여기서 연역적으로 어떤 논증이 타당하다는 것은 그 논증의 전제가 참이면서 그것으로부터 도출된 결론이 거짓일 수 없는 논증들이기 때문이다.[5] 쉽게 말해 이승기가 총각이라면 이승기가 남자가 거짓이 되는 경우는 없다는 것이고 이승기가 처녀라는 것이 참이라면 그럴 경우 이승기가 여자라는 사실은 반드시 참이 되는 경우에 해당한다. 그렇다면 이젠 다음의 논증을 생각해 보자.

> (ㄱ) 우리나라의 현 국무총리가 다음 2040년 선거에서 승리할 것이다.
> (ㄴ) 만약 현 국무총리가 다음 2040년 선거에서 승리한다면, 우리나라는 통일이
>   될 것이다.

---

5) 많은 논리학 책에는 타당한 논증을 "전제들이 모두 참이라면 결론도 반드시 참인 논증이다." 라고 정의하고 있다. 동일한 표현이기 하지만 저자는 타당한 논증을 "전제가 참이면서 결론이 거짓인 경우는 없다."는 표현을 더 지지한다.

ⓒ 그래서 우리나라는 통일이 될 것이다.

위의 논증 역시 ㉠과 ㉡의 전제들로부터 ㉢의 결론이 도출되는 타당한 논증이다. 하지만 우리는 어떠한 이유로 ㉠과 ㉡로 하여금 ㉢을 옳은 결론이라고 생각하게 만드는가? 이미 우리는 위 논증의 각각의 전제들이 현실적으로 우리가 사실을 확인할 수 있는 참이 아님을 알고 있다. 왜냐하면 우리는 그 전제들이 현실적으로 참인지를 알 수 없는 입장에 서 있기 때문이다. 또한 전제들에 말하고 있는 사건들은 아직 발생하지도 않은 일들이다. 하지만 여기서 분명한 것은 위의 전제들 ㉠과 ㉡이 참이라면, 그럴 경우 결론인 ㉢ 또한 마찬가지로 참일 수밖에 없다. 즉 ㉢이 거짓이 될 수 없다는 것이다. 여기서 우리는 논증이 [논리적으로] 연역적 타당성(the deductive validity of a argument)을 가진다고 평가하는 일과 그 전제들이 인식적으로 사실 즉 전제들의 참(the truth of its premises)을 인정하는 일 사이의 차이점을 분명하게 이해할 수 있다. 다음의 논증도 이러한 차이를 보다 분명하게 알게 해 준다.

㉣ 모든 물고기는 날아다닌다.
㉤ 날아다니는 어떤 것이든지 간에 말을 한다.
㉥ 따라서 모든 물고기는 말을 한다.

㉣~㉥의 진술들 각각이 분명히 현실에서 사실이 아닌 거짓일지라도, 이 논증은 연역적으로 타당하다. 그 이유는 그 전제들이 참이면서 동시에 그 결론이 거짓일 수 없기 때문이다. 만일 전제들이 참이게 되는 그런 일이 발생하더라도[물론 우리는 그러한 일

이 발생하지 않을 것이라 점을 이미 알고 있지만] 이 논증의 결론이 참이 되기 때문에 [어떤 이상한 방사능의 방출로 인해 모든 물고기가 날게 되고, 날아다니는 모든 것이 말을 하게 된다면, 모든 물고기는 말을 한다는 것이 참이기 때문에] 이 논증은 타당하다.

이제 앞의 논증으로 돌아가 보자.

> (ㄱ) 이승기는 총각이다. 따라서 이승기는 남자다.
> (ㄴ) 이승기는 사람이다. 따라서 이승기는 총각이다.
> (ㄷ) 이승기는 처녀다. 따라서 이승기는 여자다.
> (ㄹ) 이승기는 여자다. 따라서 이승기는 처녀다.

여기서 논증 (ㄴ)과 (ㄹ)은 부당하다. 왜냐하면 그것은 아무리 이승기가 사람이라는 것이 참이라 하더라도 이승기가 총각이 아닐 수 있기 때문이다. 또한 이승기가 여자라는 것이 참이라 하더라도 반드시 이승기가 처녀가 아니라 아줌마일 수도 있기 때문에 이 논증은 부당하다. 따라서 우리는 "어떤 논증이 부당하다."라고 말할 수 있는 경우는 주어진 전제들을 참이라 하더라도 그 전제들로 부터 도출되는 결론이 거짓이 될 수 있는 경우, 다시 말해 결론이 도출이 되지 않을 반례나 반대사례들이 존재할 경우에 우리는 그 논증이 부당하다(invalid)라고 말한다. 다음의 부당한 논증들도 생각해 보자.

> (ㅁ) 하느님이 존재한다면 피조물들은 완벽할 것이다.
> (ㅂ) 하느님은 존재하지 않는다.
> (ㅅ) 따라서 피조물은 불완전하다.

위의 논증 (ㅁ)~(ㅅ)은 부당하다. 전제 (ㅁ)은 하느님이 존재한다면 피조물의 상태가 어떠한 지를 의미한다. 그것은 하느님이 존재하지 않을 경우 피조물의 상태에 대해 그 어떤 것도 말하고 있지 않다. 따라서 피조물은 하느님이 존재하든지 안하든지와는 상관없이 완전할 수 도 있다. 그래서 위 논증은 부당하다. 우리는 일상에서 '타당하다(valid)'는 말과 '참이다(true)'라는 말을 상호 교환적으로 사용한다. 또한 상대어인 '부당하다(invalid)'는 말과 '거짓이다(false)' 말도 종종 동일한 의미로 사용한다. 그래서 사람들은 진술들이 타당하거나 부당하다고, 그 논증이 참이거나 거짓이라고 말할 수도 있다.[6] 이제 건전성 개념을 이해하기 위해 다시 한번 우리에게 익숙한 논증들로 돌아가 생각해 보자.

> (ㄱ) 이승기는 총각이다. 따라서 이승기는 남자다.
> (ㄴ) 이승기는 사람이다. 따라서 이승기는 총각이다.
> (ㄷ) 이승기는 처녀다. 따라서 이승기는 여자다.
> (ㄹ) 이승기는 여자다. 따라서 이승기는 처녀다.

앞에서 설명한 타당성의 정의에 따라 (ㄱ)과 (ㄷ)은 타당하다. 하지만 여기서 말하는 이승기가 우리에게 잘 알려진 남자 연예인 이승기를 지칭한다면 타당한 두 논증 (ㄱ)과 (ㄷ)은 차이를 보이게 된다. 우선 논증 (ㄱ)은 형식적으로 생각해 볼 때 연역적으로 타당하고 논증에 사용된 전제들이 실제로 참인 논증이다. 하지만 논증 (ㄷ)은 우리의 상식과 걸맞지 않은 전제로부터 도출된 타당한 논증이다. 우리는 연역적으로 타당하면서도 논증을 구성하는 전제가 인식적으로 참인 명제들로 구성된 논증을 건전한(sound) 논증이라고 한다. 그래서 논증 (ㄹ)~(ㅂ)은 타당하지만 불건전한 논증이다. 왜냐하면 우리의 상식에 따르면 모든 물고기가 날아다니는 것이 아니기 때문이다.

> (ㄹ) 모든 물고기는 날아다닌다.
> (ㅁ) 날아다니는 어떤 것이든지 간에 말을 한다.

---

6) 그렇지만 논리학자들이나 철학자들은 이 용어들을 보다 엄밀하게 사용하는데, '타당하다'와 '부당하다'는 논증에만 사용하고 '참이다'와 '거짓이다'는 진술에 사용한다.

(ㅂ) 따라서 모든 물고기는 말을 한다.

물론 연역 논리가 추구하는 논증의 목적은 논증을 구성하는 전제들의 건전성에 있기보다는 논증의 타당성에 있다. 왜냐하면 어떤 명제의 상식적인 참이나 인식론적인 참은 시대나 상황에 따라 변하기 때문이다. 논리학에서 말하는 논증의 일반적으로 좋은 논증이란 연역적으로 타당한 논증을 기본으로 한다. 그리고 그 타당한 논증들의 전제가 참인 명제들을 구성될 때에 우리는 이러한 논증을 건전하다(sound)라고 부른다. 어떤 논증이 타당하지만 그 결론이 거짓이라고 하자. 그렇다면 그 전제들 중 적어도 하나는 거짓일 수밖에 없으며, 그 논증이 타당할 지라도 그 논증은 불건전(unsound)하다라고 평가한다.

2. 숨은 전제 찾기와 기호화, 논리규칙

이미 앞에서 논의된 것처럼 명제는 참(true)과 거짓(false)이 구분되는 문장이다. 또한 논증은 전제와 결론으로 구성된 명제들의 집합이다. 그렇다면 우리는 다음과 같은 명제로 구성되는 네 가지의 논증의 구성을 생각해 볼 수 있다. 우선 (ㄱ) 전제와 결론이 모두 참인 명제들로 구성되는 경우, (ㄴ) 전제를 구성하는 명제는 참이지만 결론을 구성하는 명제가 거짓인 경우, (ㄷ) 전제는 거짓 명제이지만 결론이 참인 명제로 구성된 논증, 마지막으로 (ㄹ) 논증의 전제와 결론 둘 다 거짓된 명제로 구성되는 경우다. 각각의 경우들이 타당과 부당으로 평가될 때 우리는 다음의 표를 얻을 수 있다.

구분	전제	결론	타당한 논증	부당한 논증
(ㄱ)	참(true)인 명제	참(true)인 명제	가능	가능
(ㄴ)	참(true)인 명제	거짓 (false)	불가능	가능

(ㄷ)	거짓인 명제	참(true)인 명제	가능[7]	가능
(ㄹ)	거짓(false) 명제	거짓 (false)	가능	가능

위에 표에 의하면 부당한 논증은 전제와 결론을 구성하는 명제들이 참인 명제들로 구성되든지 혹은 거짓 명제들로 구성되어진지 간에 상관없다. 하지만 타당한 연역논증은 전제를 구성하는 명제가 참인 명제라면 그 결론은 거짓인 경우는 불가능하다. 타당성을 성의하는 많은 논리학 책들에는 타당한 논증을 "전제들이 모두 참이라면 결론도 반드시 참인 논증이라고 하고 있다. 하지만 이것과 동일한 표현이지만 저자들은 타당한 논증을 "전제가 참이면서 결론이 거짓인 경우는 없다."는 표현을 더 지지한 이유가 여기에 있다.

이제 아직은 부당하지만 타당해 질 수 있는 논증들이다.

(1) 범근이는 두리에 아빠다. 따라서 두리는 범근이의 아들이다.

(2) 시험을 치룬 사람이 40명이다. 따라서 감독자가 거둔 시험지는 총 40장이다.

(3) 연동이는 추론과 논리 과목을 수강하면서 결석이 총 시수의 1/4을 넘었다. 따라서 연동이는 추론과 논리 과목에서 F 학점을 받을 것이다.

우선 (1)은 부당하다. 왜냐하면 범근이가 두리에 아빠라는 것이 참이라 하더라도 두리가 범근이의 딸일 수 있다는 반례가 논리적으로 존재하기 때문이다. 하지만 "두리가 남자다."라는 명제가 (1) 논증의 전제로 첨가된다면 그 결론이

---

7) 이것의 대표적인 예로 "이승기가 처녀다. 따라서 이승기는 결혼하지 않았다."와 같은 논증이 있다. 인식적으로 거짓된 명제를 논증의 전제로 한다고 하더라도, 그 결론은 참인 명제로 연역적으로 지지할 수 있는 논증이 가능하기 때문이다.

거짓이 되는 사례, 반례는 존재하기 않게 되며 이것은 다음의 (4)와 같이 타당한 논증이 된다.

(4) ㉮ 범근이는 두리에 아빠다.

㉯ 두리는 남자다

─────────────────────────

㉰ 따라서 두리는 범근이의 아들이다.

이 때 (1)이 (4) 논증으로 바뀌는 과정을 우리는 "논증의 재구성"이라고 한다. 즉 논증을 전제와 결론으로 나누고 그 속에 있는 논리를 보다 명료하게 혹은 타당하게 나타내는 것이 바로 논증의 재구성이다. 이렇게 재구성된 논증의 구조와 내용을 일목요연하게 드러내는 과정에서 우리는 논증 (1)에 명제 ㉯를 부여한 것이 논증 (4)가 된다. 여기서 (4)의 ㉯와 같은 명제를 숨은 전제(hidden premises)나 혹은 빠진 전제라고 한다. 위의 논증 (2)에서 반대사례를 제거하는 숨은 전제는 '시험을 치른 학생들은 모두 각각 1장씩의 답안지를 제출한다.'는 것이 된다. 이렇게 자명하거나 일반적으로 참이라고 생각되는 전제를 생략하고 전개하는 논증을 잠재적 논증(potential argument)이라 한다. 그리고 이때 생략된 전제, 즉 숨은 전제를 보충하여 명백하게 타당한 논증을 만들 수 있는데, 그렇게 만들어진 논증을 실재적 논증(actual argument)이다. 또한 위의 논증 (3)에 숨은 전제는 "결석이 총 시수의 1/4인 수강생은 모둔 추론과 논리에서 F학점을 받는다." 이다. 이와 같이 의도했건, 의도하지 않았건 논증에서 생략된 논거인 '숨은 전제'를 찾아주려고 노력하는 것을 관용의 원칙 혹은 더 나아가 이른바 '선의의 원칙'(Principle of Charity)에 따른 행위라고 볼 수 있는데, 그러한 선의의 원칙에 따르는 것이 대화나 토론에서 상대방의 말꼬리나 허점을 잡으려 하는 태도보다는 대화나 토론을 훨씬 생산적인 것으로 만드는데 효과적이다.

일반적으로 명제의 진릿값은 참 또는 거짓을 나타낸다. 참(True)인 명제는 영어의 대문자를 표지하여 "T"로 표시하며, 거짓(False)인 명제는 "F"로 그 값을 표현한다.

명제의 참과 거짓들 판별할 때 참조하는 기본적인 형식들이 있다. 그것들은 학술적인 용어로 '연언 명제', '부정 명제', '선언 명제', 그리고 '조건 명제'이라고 보통 불린다. 이러한 형태의 복합적인 명제나 진술을 다루는 논리적 사고를 우리는 명제 논리(Propositional Logic)라 부른다.[8] 여기서 '그리고(and)', 혹은 "와/과"라는 접속의 단어를 가지고 두 진술을 문법적으로 연결하여 이루어지는 복합 문장을 우리는 논리적 연언(連言 conjunctions)이라고 한다. 그리고 '… 이면(if), 그럴 경우에(then) …이다.'라는 접속의 단어를 가지고 두 진술을 문법적으로 연결한 복합 문장을 논리적 조건문들(條件文 conditionals)을 표현할 수 있다. 또한, '…이거나(either) 혹은 …이거나(or) 이다.'란 접속의 단어로 두 진술이나 명제를 문법적으로 결합한 것을 논리적 선언들(選言 disjunctions)을 표현할 수 있다. 그리고 우리는 부정을 형성하는 '아니다(not)'라는 표현을 진술에 삽입함으로 이루어진 복합진술을 우리는 논리적 부정들(否定 negations)이라고 한다. 이것의 기호화는 다음과 같다.

∧ 혹은 & : 연언기호 (A∧B = A and B = A이고 B)

∨ : 선언기호(A ∨ B = A or B = A 또는 B)

→ : 조건기호 (p→q = if p then q = p이면 q)

~ : 부정기호 (~p = not p = p의 부정 = p가 아니다)

↔ : 쌍조건 기호 (p↔q = p if and only if q = p라면 그리고 오직 그럴 경우에 한해 q)

≡ : 논리적 동치

그렇지만 때때로 이러한 문법적 구조들이 모든 문장에 논리적 연언, 조건문, 선언, 또는 부정의 형태로 나타나지 않을 수 있다. 우리가 연역과 논리적 추론을 보다 명료하게 이해하기 위해 논리적 사고의 추론에 사용되는 몇 가지 정리들이 있다.

---

8) 때로는 '명제적 계산법(Propositional Calculus)', '문장 논리 계산법(Sentential Logic Calculus)', 혹은 '진술 논리 계산법(Statement Logic Calculus)'으로 불린다.

$$p \equiv \sim(\sim p)$$

$$p \rightarrow q \equiv (\sim p \lor q)$$

$$p \land q \rightarrow p$$

$$p \land q \rightarrow q$$

$$p \land p \equiv p$$

$$p \lor p \equiv p$$

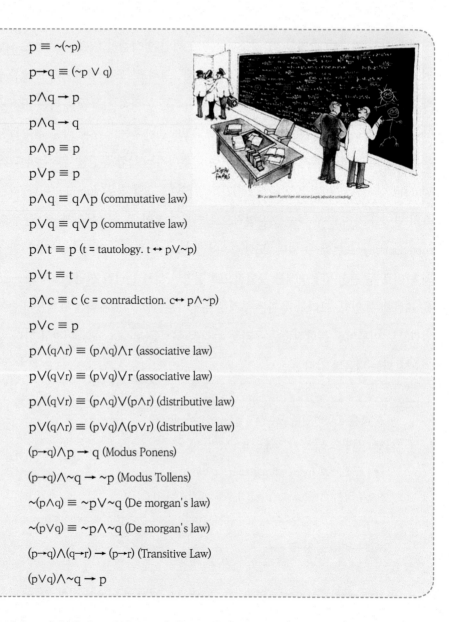

$$p \land q \equiv q \land p \text{ (commutative law)}$$

$$p \lor q \equiv q \lor p \text{ (commutative law)}$$

$$p \land t \equiv p \text{ (t = tautology. } t \leftrightarrow p \lor \sim p)$$

$$p \lor t \equiv t$$

$$p \land c \equiv c \text{ (c = contradiction. } c \leftrightarrow p \land \sim p)$$

$$p \lor c \equiv p$$

$$p \land (q \land r) \equiv (p \land q) \land r \text{ (associative law)}$$

$$p \lor (q \lor r) \equiv (p \lor q) \lor r \text{ (associative law)}$$

$$p \land (q \lor r) \equiv (p \land q) \lor (p \land r) \text{ (distributive law)}$$

$$p \lor (q \land r) \equiv (p \lor q) \land (p \lor r) \text{ (distributive law)}$$

$$(p \rightarrow q) \land p \rightarrow q \text{ (Modus Ponens)}$$

$$(p \rightarrow q) \land \sim q \rightarrow \sim p \text{ (Modus Tollens)}$$

$$\sim(p \land q) \equiv \sim p \lor \sim q \text{ (De morgan's law)}$$

$$\sim(p \lor q) \equiv \sim p \land \sim q \text{ (De morgan's law)}$$

$$(p \rightarrow q) \land (q \rightarrow r) \rightarrow (p \rightarrow r) \text{ (Transitive Law)}$$

$$(p \lor q) \land \sim q \rightarrow p$$

이제 우리가 명제 논리에 중요한 추론규칙에 대한 몇 가지들을 증명해 보자.

1. $p \rightarrow q \equiv \sim q \rightarrow \sim p$ (대우명제)

$$p \rightarrow q \equiv \sim(p \land \sim q)$$

$$\equiv \sim p \lor q$$

$$\equiv q \lor \sim p$$

$$\equiv \sim(\sim q) \lor \sim p$$

$$\equiv \sim q \to \sim p$$

2. $(p \to q) \land p \to q$ (Modus Ponens)

3. $p \to q \equiv (p \land \sim q) \to c$ (reduction to absurdity. 귀류법)

$$p \to q \equiv \sim p \lor q$$

$$\equiv (\sim p \lor q) \lor c$$

$$\equiv \sim(p \land \sim q) \lor c$$

$$\equiv (p \land \sim q) \to c$$

(3은 귀류법을 정당화해주는 논리적 장치다. p가 전제이고 q가 결론일 때, p이고 ~q이면 모순이 된다는 것이 귀류법의 취지다.)

4. $(p \to r) \lor (q \to s) \quad \equiv (p \land q) \to (r \lor s)$

$$(p \to r) \lor (q \to s) \quad \equiv (\sim p \lor r) \lor (\sim q \lor s)$$

$$\equiv (\sim p \lor \sim q) \lor (r \lor s)$$

$$\equiv \sim(p \land q) \lor (r \lor s)$$

$$\equiv (p \land q) \to (r \lor s)$$

5. $(p \to q) \land (p \to \sim q) \equiv \sim p$

$$(p \to q) \land (p \to \sim q) \equiv (\sim p \lor q) \land (\sim p \lor \sim q)$$

$$\equiv \sim p \lor (q \land \sim q)$$

$$\equiv \sim p \lor c$$

$$\equiv \sim p$$

6. $(p \to q) \land (\sim p \to q) \equiv q$ (dilemma. 양도논법)

$$p \to q) \land (\sim p \to q) \equiv (\sim p \lor q) \land (p \lor q)$$

$$\equiv q\lor(\sim p\land p)$$

$$\equiv q\lor c$$

$$\equiv q$$

3. 조건문 논증과 선언문 논증

이 절에서는 많은 명제논리들 중에 조건문 논증과 선언 논증을 중심으로 서술하고자 한다. 대부분 논리적 조건문에 사용되는 논리적 용어, 즉 연결사는 '만약 …이면, 그럴 경우 …하다(If, ~then)'에 의해 구성되는 두 개의 명제들로 구성되어 있다.

만약 이몽룡이 머무른다면, 그럴 경우 성춘향은 떠날 것이다.

'만일 –이면(If) 사이에 있고 그럴 경우에 앞에 놓여있는 진술을 앞에 있는 조건이라하여 전건(前件, antecedent)이라 한다. 그리고 '그럴 경우(then)'에 뒤 따르는 명제는 뒤따르는 조건이라고 하여 후건(後件, consequent)이라고 한다. 위의 가에서 전건에 해당하는명제는 "이몽룡이 머무른다."이고 후건에 해당하는 명제는 "성춘향은 떠날 것이다."다.

논리적으로 분석해 볼 때 조건문의 진리 값은 네 가지 경우가 존재할 수 있다. 우선 전건과 후건이 참이 명제인 경우, 전건이 참인 명제고 후건이 거짓인 명제인 경우, 그리고 전건의 명제가 거짓이고 후건이 참인 명제인 경우, 전건과 후건의 명제가 모두 거짓인 명제로 이루어지는 경우다. 그럴 경우 조건문은 전건이 참인 명제이지만 후건이 거짓일 경우에만 그 조건문은 거짓 명제가 된다. 이러한 논리적 분석을 표로 나타내면 다음과 같다.

	전건 p	후건 q	조건문 p → q
①	T	T	T
②	T	F	F
③	F	T	T
④	F	F	T

위의 표를 통해 조건문으로 이룰 수 있는 논증의 형태들로 구성하여 조건문 논증의 타당성의 여부를 설명해 보자. 우선 첫 번째 조건문 논증 (a)는 전건긍정의 논증으로 조건문 p → q에서 전건인 p가 긍정으로 확인 될 경우다. 두 번째의 조건문 논증 (b)는 전건부정으로 조건문 p → q에서 전건인 p가 부정문으로 확인 될 경우다. 세 번째 경우의 조건문 논증 (c)는 후건긍정으로 조건문 p → q에서 후건인 q가 긍정으로 확인 될 경우며, 네 번째의 조건문 (d)경우는 후건부정으로 조건문 p → q에서 후건인 q가 부정으로 확인 될 경우다. 이러한 논증의 유형들을 도식으로 나타내면 다음과 같다.

$$
\begin{array}{ll}
\text{(a)} & \dfrac{\begin{array}{l} p \to q \\ p \end{array}}{q} \quad \text{(MP)}
\end{array}
\qquad
\begin{array}{ll}
\text{(b)} & \begin{array}{l} p \to q \\ \sim p \end{array}
\end{array}
$$

$$
\begin{array}{ll}
\text{(c)} & \begin{array}{l} p \to q \\ q \end{array}
\end{array}
\qquad
\begin{array}{ll}
\text{(d)} & \dfrac{\begin{array}{l} p \to q \\ \sim q \end{array}}{\sim p} \quad \text{(MT)}
\end{array}
$$

이 경우들에서 첫 번째 논증 (a)와 네 번째 논증 (d)가 다음의 논증의 형식으로 등장하다면 타당해진다. 다시 말해, 조건문 p → q에서 전건인 p가 긍정으로 확인되었을 때, 후건인 q가 긍정으로 결론되는 논리는 타당하다. 만일 p이면, q다. 그리고 p다. 따라서 q다. 이러한 전건긍정식은 고전논리학의 단순하고 유효한 논증의 하나다. 이것을 라틴어로는 modus ponendo ponens라고 하며, 줄여서 "모두스 폰네스 modus

ponens" 또는 "MP"라고 불린다. 그리
고 네 번째 논증 (d)는 후건인 q가 부정
으로 확인되었을 때, 전건인 p가 긍정
으로 결론하는 논증의 연역 논리는 타
당하다. 만일 p이면, q다. 그리고 q가
아니다. 그러므로 p가 아니다. 이러한
부정의 형식 또는 후건부정식은 고전

Modus Ponens		Modus Tollens	
Given:	$p \to q$	Given:	$p \to q$
	p		$\sim q$
Conclusion:	q	Conclusion:	$\sim p$

논리학의 단순하고 유효한 논증에 하나다. 라틴어로 modus tollendo tollens라고 하
며, 줄여서 "모두스 톨랜스"(modus tollens : MT)라고 한다.

하지만 아래의 논증 (b)와 논증 (c)는 형식적으로 오류에 해당하는 부당한 조건문 논
증이다. 논증 (b)는 조건문 p이면, q에서 전건인 p가 거짓된 명제로 부정이 되면, 후건
인 q가 부정된다는 것인데, 이것은 부당하다. 예를 들어 "네가 아이돌 가수라면 너는
노래를 잘 할 것이다. 하지만 너는 아이돌 가수가 아니다. 따라서 너는 노래를 잘하지
못한다."라고 하는 식의 논증은 아이돌 가수는 아니지만 노래를 잘하는 반대사례가 존
재하기 때문에 부당하다. 또한 논증 (c)는 조건문 p이면, q에서 후건인 q가 참된 명제로
긍정이 된다면, 전건인 p가 긍정된다는 것인데, 이것은 부당하다. 예를 들어 "네가 아
이돌 가수라면 너는 노래를 잘 할 것이다. 그리고 너는 노래를 매우 잘한다. 따라서 너
는 아이돌 가수다."라고 하는 논증도 반대사례가 존재하기에 부당하다. 왜냐하면 노래
를 잘한다고 해서 모두 아이돌 가수인 것은 아니기 때문이다.

(b) $p \to q$ (c) $p \to q$
$\sim p$ q
따라서 $\sim q$ 따라서 p

이렇게 부당한 논증 (b)를 우리는 전건 부정의 오류(fallacy of denying the antecedent)

라고 부르며, 부당한 논증 (c)를 우리는 후건 긍정의 오류(fallacy of affirming the consequent) 라고 부른다. 그리고 이러한 오류를 논리학에서는 내용과 상관없이 논리적 오류에 해당한다고 하여 형식적인 오류라고 구분한다.[9]

선언문 논증은 논리적 선언으로 하나의 복합 진술에서 구성된 논증이다. 우리가 영어에서 'Either, or'이라는 단어나 혹은 'or'이라는 표현을 가지고 여러 진술들을 문법적으로 결합하여 일반적인 선언문이 만들어진다. 어떤 복합진술이 진술 p와 q로 분석되고, 이 명제 p 또는 명제 q 중 하나가 참이라는 것으로 만으로도 그 전체 진술인 p 또는 q(p∨q)인 복합 진술이 참이라는 것이 도출될 경우, 그리고 그 역도 마찬가지인 경우에 한에서 그 복합 진술은 논리적 선언문이 된다. 다른 말로 표현하면 논리적 선언문을 구성하고 있는 모든 명제나 진술들이 거짓인 명제들로 전체를 구성할 수는 없는 것이다. 이러한 논리적 분석을 표로 나타내면 다음과 같다.

p 선언지	q 선언지	p와 q의 선언문
T	T	T
F	T	T
T	F	T
F	F	F

이제 위의 표를 통해 얻어진 특징을 중심으로 선언문으로 이룰 수 있는 논증의 형태들로 구성하고 선언문 논증의 타당성의 여부를 설명해 보겠다. 우선 아래의 논증 중에 첫 번째 선언문 논증 (a)는 선언지 긍정의 논증으로 선언문 p ∨ q에서 선언지인 p가 긍정으로 확인 될 경우다. 이때 결론으로 또 다른 선언지인 q가 부정(~q)되어 도출된다면 이것은 부당한 논증이다. 예를 들어 이것을 설명해 보자. "설현이는 CF 모델이거나 가수다. 그리고 설현이는 CF 모델이다. 따라서 설현이는 가수가 아니다." 하고 한다면,

---

9) 형식적 오류와 비형식적 오류에 대해서는 별도의 절을 마련하여 상세히 설명할 것이다.

우리가 알고 있는 설현이는 CF 모델이면서 아이돌 가수로 활동할 수도 있는 반례가 존재하기 때문에 위의 논증은 부당하다. 이런 경우를 논리학에서는 선언지 긍정의 오류(fallacy of affirming a disjunct)라고 부른다.

아래의 두 번째의 선언문 논증 (b)는 선언문 p ∨ q에서 한 선언지인 p가 부정(~p)으로 확인될 경우다. 이 경우에 선언문 논증의 나머지 선언지인 q가 긍정으로 결론되는 논증이다. 이 논증은 논리적으로 타당하다. 왜냐하면 앞에서 이야기한 것처럼 논리적 선언문은 선언문을 구성하는 모든 선언지가 거짓된 명제들로 구성될 수 없기 때문이다. 그리고 우리는 이러한 식의 논증 (b)를 선언 삼단논증이라고 부른다.

(a) p ∨ q   (b)   p ∨ q
      p   ~p
   ─────────   ─────────
      ~q   q

지금까지 다루고 있는 선언문은 포함적 혹은 포괄적 의미(inclusive sense)의 논리적 선언이다. 하지만 선언문에는 배타적 의미(exclusive sense)의 논리적 선언이 존재할 수 있다. 예를 들어 두 선언지가 동시에 성립되는 것이 불가능한 경우[(p ∨ q) ∧ ~(p ∧ q)]에 그러하다 포괄적 선언문과 배타적 선언문을 논리적으로 기호화하면 다음과 같다.

⑴ 포괄적 선언문 : (p ∨ q)
⑵ 배타적 선언문 : (p ∨ q) ∧ ~(p ∧ q)

만일 다음과 같은 논증이 있다고 하자.

"기아가 우승하거나 롯데가 우승한다. 그런데 기아가 우승한다. 따라서 롯데는 우승하지 못한다."

대개 위의 논증을 사람들은 아래와 같이 기호로 표현할 수 있다.

전제1: p ∨ q
전제2:　　p
결론 :　　~q

이러한 논증은 형식적으로는 분명 '선언지 긍성의 오류'와 동일한 형식을 지니고 있어 부당하다고 생각할 수 있지만 위 논증은 부당한 논증이라 할 수는 없다. 왜냐하면 기아와 롯데가 동시에 우승하는 일은 규정상 있을 수 없기 때문이다. 위의 전제 1은 선언지 모두가 동시에 참이 될 수 없는 선언문, 즉 '배타적 선언문'이다. 따라서 위의 논증을 형식화 하면 다음과 같다.

전제1: (p ∨ q) ∧ ~(p ∧ q)
전제2: p
결론 :　　　　　　~q

이처럼 어떤 선언논증에서 전제로 제시된 선언문이 배타적 선언명제라면, 선언지 중 하나를 긍정함으로써 다른 선언지는 반드시 거짓이라고 추론하는 것은 타당하다. 따라서 선언문이 주어진 경우에는 그것이 배타적 선언문인지 아닌지를 판단하는 것이 매우 중요하다. 그러나 특별한 언급이 경우, 선언문은 배타적 선언명제가 아닌 포괄적 선언문으로 간주하는 것이 상례다. 아래 논증들의 경우는 대표적인 배타적 선언문가 포함되어 있다. 따라서 다음의 것들은 선언지 긍정의 오류 형식과 동일하지만 부당한 논증은 아니다.

"철수는 집에 있거나 학원에 있다. 그런데 철수는 지금 학원에 있다. 따라서 철수는 지금 집에 없다."

"영희와 영숙 둘 중 한 명만 회의에 참가한다. 그런데 영희가 참가하므로, 영숙은 참가하지 못한다."

4. 논리적 사고의 심화

우리는 앞에서 조건문 논증과 선언문 논증을 살펴보았다. 또한 이 두 논증에서 비롯되는 연역논증의 부당성 즉 형식적 오류들에 대해서도 살펴보았다. 그 중 대표적인 것이 논증 (b)의 형식인 전건 부정의 오류와 논증 (c)로 대표되는 후건 긍정의 오류다.

(b)	$p \rightarrow q$		(c)	$p \rightarrow q$
	$\sim p$			q
	따라서 $\sim q$			따라서 p

또한 아래와 같이 선언문 $p \lor q$에서 선언지인 p가 긍정으로 확인 될 경우에 결론으로 또 다른 선언지인 q가 부정($\sim q$)되어 도출된다거나 또는 선언문 $p \lor q$에서 선언지인 q가 긍정으로 확인 될 경우에 결론으로 또 다른 선언지인 p가 부정($\sim p$)되어 도출되는 것은 부당한 논증이다. 이런 부당한 선언문 논증을 우리는 선언지 긍정의 오류라고 불렀다. 물론 그 선언문의 의미가 배타적인 경우를 제외하고 말이다.

(a)	$p \lor q$			$p \lor q$
	p			q
	따라서 $\sim q$			따라서 $\sim p$

이 세 가지 오류는 논리적으로 생각해 보면 하나의 논리적 형식으로 이해할 수 있다. 우선 앞에서 살펴본 대우명제 논증을 추론 규칙들 중에 하나를 상기해 보자.

1. $p \to q$ $\equiv \sim q \to \sim p$ (대우명제)

        $p \to q$ $\equiv \sim(p \wedge \sim q)$

                    $\equiv \sim p \vee q$ ①

                    $\equiv q \vee \sim p$

                    $\equiv \sim(\sim q) \vee \sim p$

                    $\equiv \sim q \to \sim p$ ②

위의 추론 규칙에 의해 조건문 $p \to q$는 ①인 $\sim p \vee q$와 논리적으로 동치며 동시에 $\sim q \to \sim p$와도 논리적으로 동치다. 따라서 다음의 전건 긍정의 오류에 해당하는 논증 (b)는 위의 추론 규칙 1의 ①에 의해 다음의 논증 (d) 같이 고쳐질 수 있다.

(b) $p \to q$ (d) $\sim p \vee q$

      $\dfrac{\sim p}{\text{따라서 } \sim q}$ $\equiv$ $\dfrac{\sim p}{\text{따라서 } \sim q}$

그리고 이 논증 (d)는 선언문 논증이며 이것은 하나의 선언지를 그대로 긍정함으로써 다른 선언지의 부정을 결론으로 추론하는 선언지 긍정의 오류에 해당한다. 따라서 전건 부정의 오류인 논증 (b)는 선언지 긍정의 오류에 해당하는 논증 (d)와 논리적으로 동치가 된다. 결국 전건 부정의 오류는 선언지 긍정의 오류와 논리적으로 동치인 셈이다. 이번에는 전건 부정의 오류에 해당하는 논증 (b)는 위의 추론 규칙 1의 ②에 의해 다음의 논증 (e)와 같이 고쳐질 수 있다.

$$
\begin{array}{ccc}
\text{(b)} \quad p \rightarrow q & & \text{(e)} \quad {\sim}q \rightarrow {\sim}p \\
{\sim}p & \equiv & {\sim}p \\
\hline
\text{따라서 } {\sim}q & & \text{따라서 } {\sim}q
\end{array}
$$

그리고 이 논증 (e)는 조건문 논증이며 이것은 조건문 $p \rightarrow q$와 논리적으로 동치이며 대우명제인 ② ${\sim}q \rightarrow {\sim}p$로 대치한 논증이다. 따라서 논증 (b)가 전건 부정의 오류를 범하고 있다면 논증 (e)는 후건 긍정의 오류를 범하고 있는 부당한 논증인 셈이다. 결국 전건 부정의 오류는 후건 긍정의 오류와 논리적으로 동치인 셈이다.

결론적으로 이야기하면 형식적인 오류인 전건 부정의 오류와 후건 긍정의 오류 그리고 포괄적 의미의 선언문에 한정하여 선언지 긍정의 오류는 형식적으로는 동일한 논리를 교환되는 오류들인 셈이다.

$$
\begin{array}{ccccc}
\text{(b)} \quad p \rightarrow q & & \text{(e)} \quad {\sim}q \rightarrow {\sim}p & & \text{(d)} \quad {\sim}p \lor q \\
{\sim}p & \equiv & {\sim}p & \equiv & {\sim}p \\
\hline
\text{따라서 } {\sim}q & & \text{따라서 } {\sim}q & & \text{따라서 } {\sim}q \\
\\
\textbf{전건부정의 오류} & & \textbf{후건 긍정의 오류} & & \textbf{선언지 긍정의 오류}
\end{array}
$$

확인 문제 A

다음의 논증들 중에 연역논증에 해당하는 것을 모두 고르세요.

(1) 이번 과대표 선거에 철수 아니면 만수가 당선될 거야. 그런데 만수는 학점미달이라 규정상 과대표가 될 수 없어. 그러니 철수가 과대표 선거에 당선 될 거야.

(2) 교통 표지판에 "한강 7km" 라고 쓰여 있네. 그러니까 7km만 가면 한강변에 있는 그 카페가 나올 거야.

(3) 비가 오면 축제는 다음 주로 연기될 것이다. 기상청에 따르면 이번 주 비올 확률이 90%라고 하는군. 따라서 축제는 다음 주로 연기될 것이 분명해.

(4) x는 3 이고 y는 5 이니까, x+y는 8이겠구나.

(5) 지금까지 관찰된 북극곰의 몸무게는 1500 파운드 이하였다. 따라서 북극곰의 몸무게는 1500 파운드를 넘지 않는다고 결론지을 수 있다.

해설 및 정답

연역논증에 해당하는 것은 (1)과 (4)이다. 우선 각각의 논증을 전제와 결론으로 구분하고 그 논리적 관계를 생각해보자. 전제가 참일 때 결론이 반드시 참이 될 수밖에 없는 논증은 (1)과 (4) 뿐이다. 나머지는 전제가 참일 때 결론도 참이 될 가능성이 높다고 말하고 있을 뿐, 결론이 반드시 참이어야 한다는 것을 논증하고 있지 않다. 주장하려는 결론이 필연적(必然的) 참임을 논증하려는 것이 연역논증임을 잊지 말자. (2), (3), (5)의 논증은 결론이 대체로 그러할 것임을 즉, 결론이 개연적(蓋然的) 참임을 논증하고 있기 때문에 귀납논증이라고 해야 한다.

확인 문제 B

다음 논증의 반례와 숨은 전제를 제시하라.

"우리가 신을 믿지 않으면, 기도를 해도 기적이 일어나지 않는다. 그러니까 우리는 신을 믿어야 한다."

이 문제에서 이 논증의 반례가 되는 것은 기도를 통해 기적을 원하지 않는 경우다. 또한 이 논증을 타당하게 만들기 위해 필요한 숨은 전제는 우리는 기도를 해서 기적이 일어나기를 원한다. 이것을 논증의 형식으로 재구성하면 다음과 같이 된다.

1. (전제) 우리가 신을 믿지 않으면, 기도를 해도 기적이 일어나지 않는다.
2. (숨은 전제) 우리는 기적을 해서 기적이 일어나기를 원한다.
3. (결론) 그러므로 우리는 신을 믿는다.

확인 문제 C

K 교수는 월요일부터 목요일까지 강의를 한다. 그는 〈추론과 논리〉 수강생들에게 다음 주 월요일부터 토요일 사이 다음의 정보로부터 추론할 수 있는 요일(들)에 시험을 볼 것이라고 했다. 시험은 며칠에 나누어 볼 수도 있다. 시험을 볼 요일(들)은?

(1) 목요일 시험을 본다면, 토요일에도 시험을 볼 것이다.
(2) 월요일 시험을 보지 않는다면, 화요일이나 목요일에 시험을 볼 것이다.
(3) 월요일 시험을 본다면, 수요일에 시험을 보지 않을 것이다.
(4) 화요일 시험을 본다면, 목요일이나 금요일에는 시험을 볼 것이다.
(5) K 교수가 강의를 하지 않는 날에는 시험을 보지 않을 것이다.

① 월요일 ② 화요일 ③ 수요일 ④ 월요일, 화요일 ⑤ 화요일, 목요일

이 문제는 명제논리의 규칙들을 활용해 결론을 추론해 내는 문제이다. 우선 제시되어 있는 다섯 가지 조건들을 다음과 같이 기호화해보자.

(1) 목 → 토
(2) ~월 → (화 ∨ 목)

(3) 월 → ~수

(4) 화 → (목 ∨ 금)

(5) ~금 ∧ ~토

우선 조건 (5)에 의해 금요일과 토요일에는 시험을 보지 않는다는 것이 확정되었다. 이것을 조건 (1)과 결합하여 추론하면, 토요일 시험을 보지 않는다면 목요일에도 시험을 보지 않는다는 결론을 도출할 수 있다 (후건부정). 이제 시험을 보지 않는 요일은 목요일, 금요일, 그리고 토요일이다. 그러면 이제 조건 (4)로 가보자. 목요일과 금요일에는 시험을 보지 않으니 당연히 화요일에도 시험을 보지 않는다 (후건부정). 이 결론을 다시 조건 (2)에 대입하면 다시 후건부정의 법칙에 의해 월요일에는 시험을 본다는 결론이 도출된다. 조건 (3)에 의해, 월요일 시험을 보면 수요일에는 시험을 보지 않는다. 이상의 추론과정을 정리하면 〈추론과 논리〉 시험을 볼 요일은 월요일뿐이라는 결론이 도출된다. 조건들로 사용되는 전제들이 참일 때 반드시 참인 결론을 찾아내는 전형적인 연역논증의 예다.

〈연습문제〉

A 다음 논증을 타당한 논증으로 재구성할 때 반드시 추가해야 할 전제는?

> 신체적으로 고통스러운 상황에 처해 있어 스스로 살 가치를 느끼지 못하며, 가족이나 보호자도 그 고통을 감내 할 수 없는 그런 상황에 처해 있는 사람이 안락사를 원한다면, 우리는 그 선택을 존중해야 한다. 왜냐하면 살기를 원하지 않는 것, 고통스러운 상황에서 사람들이 원하는 안락사도 하나의 선택이며, 이런 의미에서 그것은 행복 추구권에 속하기 때문이다.

① 모든 선택은 존중되어야 한다.
② 신체적 고통에서 벗어나기 위해서는 자살만이 대안이다.
③ 생명과 관련된 모든 선택은 존중되어야 한다.
④ 행복을 추구하는 모든 선택은 존중되어야 한다.
⑤ 안락사는 행복을 선택할 수 있는 권리에 속한다.

해설 및 정답

위 문제의 지문에서 정답은 ④이다. 왜냐하면 살기 원하지 않는 것, 즉 안락사는 하나의 선택이고 이것도 행복추구권에 속한다는 것을 전제로 하여 고통스러운 상황에 놓여 있는 환자나 가족이 안락사를 원하면 존중해야 한다가 결론이다. 이것을 기호화하여 설명해 보자.

전제:　　안락사 → 행복추구권.
(숨은전제: 행복추구권 → 존중)
결론:　　안락사 → 존중

이 전제에서 결론이 타당하게 연결되려면 행복추구를 위한 선택이 존중되어야 한다는 것이 필요하다.

B 다음의 논증들 중 타당한 논증인 것만 고르면?

(1) x는 3이고 y는 5이니까, x+y는 7이네.

(2) x+y가 7이니까, x는 3이고 y는 4이겠구나.

(3) x+y는 7이 아니므로, x는 3이고 y는 4가 될 수 없다.

(4) 모든 논증은 연역논증이거나 귀납논증이다. 이 논증은 논리적 설득력이 강한 논증
    이다. 따라서 이 논증은 귀납논증이 아니다.

(5) 모든 논증은 연역논증이거나 귀납논증이다. 이 논증은 연역논증이 아니다. 따라서
    이 논증은 귀납논증이다.

해설 및 정답

x가 3이고 y가 5이면 x+y는 8이기 때문에 (1)은 타당하지 않다. x+y가 7이면 x가 3,
y가 4일 가능성이 있는 것이지 반드시 그렇다고 할 수는 없다. x가 4이고 y가 3일 수
도 있기 때문이다. (2)는 귀납논증이므로 타당한 논증이 될 수 없다. (3)은 타당한 논
증이다. 왜냐하면 x+y가 7이 아니라고 하는 사실은 x는 3이고 y는 4가 될 수 있는 가
능성이 없다는 사실을 함축하고 있기 때문이다. 즉, 'x+y는 7이 아니다'가 참이면, 'x
는 3, y는 4가 아니다'도 항상 참이기 때문에 이 논증은 타당하다. (4)는 부당한 논증이
다. 논리적 설득력이 강하다고해서 그것이 반드시 연역논증인 것은 아니기 때문이다.
논리적 설득력이 강한 논증 중 귀납논증의 사례도 얼마든지 있다. 결론을 받아들일 수
있을 만큼 충분한 개연성이 있는 귀납논증 역시 논리적 설득력이 강한 논증이기 때문
이다. 위의 문제 중 (2)와 (3)이 논리적 설득력이 강한 귀납논증의 예라고 할 수 있다.
(5)는 타당한 논증이다. 논증에는 연역논증과 귀납논증 밖에 없고 대상이 되는 논증이
연역논증이 아니라고 한다면, 그것은 반드시 귀납논증이어야 하기 때문이다. 전제가
참일 때 결론이 반드시 참인, 즉 절대로 거짓이 될 수 없는 연역논증이 타당한 논증임
을 다시 한 번 기억하자.

C 다음 논증들의 타당성을 판별하시오. (명제논리 규칙 활용)

(1) 김연아가 최고의 피겨스케이터라면 트리플 악셀을 완벽하게 할 줄 알아야 한다. 하지만 김연아의 트리플 악셀은 완벽하지 않다. 따라서 김연아는 최고의 피겨스케이터가 아니다.

(2) 아침에 일찍 일어난다면 1교시 수업에 지각하지 않을 것이다. 상원이는 1교시 수업에 지각하지 않았다. 그러므로 상원이는 오늘 아침 일찍 일어났다.

(3) 지연이는 성필이를 좋아하거나 상준이를 좋아한다. 지연이는 상준이를 좋아한다고 고백했다. 따라서 지연이는 성필이를 좋아하지 않는다.

(4) 날씨가 더워지면 술집의 수입이 늘어난다. 왜냐하면 날씨가 더워지면 취침시간이 늦어지고, 술집의 수입이 줄어든다면 취침시간도 빨라지기 때문이다.

(5) 만일 예진이가 공연에 참가한다면 다음 주 수업시간에 결석할 것이다. 만일 예진이가 다음 주 수업에 결석한다면 명제논리 연습을 하지 못할 것이다. 그러므로 예진이는 공연에 참가하지 않거나 명제논리를 연습하지 못할 것이다.

해설 및 정답

위의 논증들은 모두 명제논리로 타당성을 판별할 수 있다. (1)과 (2)는 전건긍정의 법칙과 후건부정의 법칙을 적용하면 쉽게 답을 찾을 수 있다. (3)은 선언문이 등장하는 논증으로, 선언문이 참이 되기 위해서는 선언문을 이루는 각각의 명제가 모두 참이 되어야 하는 것은 아니라는 점을 이해하면 타당성 판별이 가능하다. (4)와 (5)는 전건긍정의 법칙과 후건부정의 법칙을 응용하여 해결해야 하는 문제이다. 정답은 (1) 타당, (2) 부당, (3) 부당, (4) 타당, (5) 부당.

D 다음의 논증의 타당한지 부당한지를 결정하고 그 이유를 서술하라.

로또에 당첨되면, 은행으로부터 20억을 받는다. 그런데 로또에 당첨되지 않았다. 따라서 은행으로부터 20억을 받지 못한다.

위 논증은 '전건부정의 오류'를 범하고 있기에 부당하다. 사실 일상을 살면서 위와 같은 추론은 매우 자연스럽기까지 하다. 그 이유는 의외로 간단하다. 대체로 우리는 "로또에 당첨되면, 은행으로부터 20억을 받는다"라는 형식의 조건문을 강하게 해석해 주기 때문이다. 즉, "로또에 당첨되면, 은행으로부터 20억을 받는다"라는 말을 들으면, 우리는 습관적으로 "로또에 당첨되는 경우에만, 은행으로부터 20억을 받는다"라는 문장으로 강하게 해석한다. 하지만 앞에서 강조했넌 것처럼, "로또에 당첨되는 경우에만, 은행으로부터 20억을 받는다"와 "로또에 당첨되면, 은행으로부터 20억을 받는다"는 절대로 논리적으로 동일한 진술이 아니다. 앞의 진술은 "로또→20억"이지만, 뒤의 진술은 "~로또→~20억"을 의미하기 때문이다.

E 다음의 논증의 타당한지 부당한지를 결정하고 그 이유를 서술하라.

> 심순애가 이수일을 좋아한다면, 심순애는 착하거나 머리핀을 좋아한다. 심순애는 머리핀을 좋아하고 다이아반지를 좋아한다면, 심순애는 일본으로 유학을 간다. 그런데 심순애는 일본으로 유학을 가지 않는다. 따라서 심순애는 이수일을 좋아하지 않는다.

위 논증은 부당하다. 이것을 아래와 같이 기호로 변환하여 설명해 보자. 그리고 전제들로부터 몇 가지 사실도 도출 가능하다. 그러나 이 이상 추론하기는 쉽지 않으며, 타당하게 결론이 도출되는지 여부도 판단하기가 어려워 보인다.

전제1: $A \rightarrow (B \vee C)$

전제2: $(C \wedge D) \rightarrow E$

전제3: $\sim E$

(결론: $\sim A$)

도출1 : ~C∨~D

이러한 경우에 귀류법을 활용할 수 있다. 먼저, 결론(~A)을 거짓으로 부정하여 하나의 가정(A)을 전제로서 추가해 보자. 그러면 다음과 같이 추론할 수 있다.

전제1: A→(B∨C)
전제2: (C∧D)→E
전제3: ~E
(결론: ~A)
가정 : A
도출1 : ~C∨~D [전제2, 3으로부터]
도출2 : B∨C [전제1과 가정으로부터]

이와 같이 추론한 상황에서 과연 모순이 발생하는지 여부를 조사하는 것이 관건이다. 위의 경우에 전제들을 모두 만족하는 A, B, C, D, E의 진리치를 생각해 보는 것은 어려운 일이 아니다. 즉, 만일 B가 참이고 C가 거짓이고 D가 거짓인 경우라면, 모든 전제를 참으로 만족한다. 즉, 결론을 부정한 경우인데, 그러한 가정과 다른 전제들이 아무런 모순을 일으키지 않는 경우가 존재하는 것이다. 이는 처음에 제시된 논증에서 전제들이 참인데도 결론이 거짓인 경우가 있다는 사실을 의미한다. 따라서 해당 논증은 부당한 것으로 판단한다.

제4장
귀납과 창의적 사고

1. 귀납적 사고와 귀납 논증의 유형

귀납논리(inductive logic)나 귀납적 사고와 일상생활과 적지 않은 연관성이 있다. 우선 날씨예보를 소재로 이야기하자면 과거의 일기예보와 지금의 일기예보는 사뭇 다른 면모를 보이고 있다. 과거 우리나라에 일기예보를 하는 사람으로는 김동완 기상 통보관, 지금으로 이야기하자면 기상캐스터가 유일한 적이 있었다. 그가 일기예보를 할 때 만 하더라도 지금과 같은 끝자락에 가서 "내일 비가 오니 출근길에 우산을 준비하시길 바랍니다."라는 식의 발언으로 일기예보를 마무리하곤 했다. 하지만 지금의 기상 캐스터들은 그와는 다른 말로 비를 예보한다. 지금의 기상 캐스터들은 대개 "내일 비가 올 확률이 70%입니다."라는 식의 표현으로 비가 내리는 날씨에 대한 예보

를 한다. 즉 일기를 확률에 의거하여 확실성보다는 개연성에 의존하는 표현을 사용하고 있다는 것이다. 귀납적 사고나 귀납논리는 주어진 전제나 근거가 모두 참일지라도 그것이 결론을 필연적으로 도출하는 것이 아니라 개연적으로 또는 참일 확률이나 개연성이 높은 확률을 말한다. 이러한 귀납논증은 "올바르다(correct)" 또는 "귀납적으로 올바르다."라고 평가한다. 일반적으로 우리는 귀납적 올바름을 지향하는 논증을 "귀납 논증"이라 부르며 올바른 논증과 그렇지 않은 논증을 가리는 원리를 탐구하는 논리를 "귀납 논리 혹은 귀납 추론"이라 한다. 이러한 귀납논증이 지니는 특징은 크게 두 가지로 요약될 수 있다.

> 1. 설사 전제가 모두 참이라고 하더라도 결론은 참일 확률 혹은 개연성이 높을 따름이지 반드시 참이 되는 것은 아니다.
> 2. 전제 속에 묵시적으로도 포함되어 있지 않은 정보 내지는 사실적 내용이 결론에 들어 있다.

이러한 특징을 가진 귀납법(Induction) 또는 귀납논리는 전제가 주어졌을 때, 그 결론이 사실일 수 있지만 사실이 아닐 수도 있는[다시 말해 확실성이 결여되어있는] 사고의 추론과정이다. 물론 귀납법은 개별적인 특징(tokens)의 제한적 관찰을 통해 유형(types)의 공통된 성질 또는 관계를 이끌어 내거나, 혹은 반복되는 현상의 패턴들의 제한적 관찰을 통해 법칙(laws)을 형식화하는 논리적 방법이다. 그리고 보다 올바른 귀납 논리나 추론은 다른 귀납추론보다 결론이 참일 확률이나 개연성이 좀 더 높은 추론이나 논리를 담고 있을 때 그러하다. 예를 들어 다음의 문장을 비교하여보자.

> (ㄱ) 지난 번 월드컵 대회에서 우리나라는 16강에 들었기 때문에 이번에도 16강에 진출할 것이다.
> (ㄴ) 지난 두 번 연속 월드컵 대회에서 우리나라는 16강에 들었기 때문에 이번에도 16강에 진출할 것이다.

위의 (ㄱ)과 (ㄴ)은 모두 귀납추론을 담고 있는 귀납논증이다. 다시 말해 전제가 참일 때 결론이 참일 개연성이나 확률이 높다고 할 수 있는 것들이다. 하지만 우리는 (ㄱ)보다는 (ㄴ)의 결론이 더 참일 개연성이나 확률이 높을 것이라고 평가한다. 왜냐하면 위의 (ㄱ)은 한 번의 경험사례로부터 결론을 이끌어내고 있지만 (ㄴ)는 한번 이상의 경험사례에 의존하기 때문이다. 이렇게 귀납 논증은 더 높은 확률이나 개연성이 있을 때 더 좋은 귀납추론이 된다. 하지만 다음의 (ㄷ)은 위의 (ㄱ)과 (ㄴ)과 동일한 결론을 주장하고 있지만 그 근거는 훨씬 강력하다.

(ㄷ) 그 동안 우리나라가 참여한 모든 월드컵에서 우리나라는 16강을 들어갔기 때문에 이번에도 16강에 진출할 갈 것이다.

하지만 아무리 (ㄷ)이 개연성이 높고 확률이 높다손 치더라도 (ㄷ) 역시 연역논증과 같은 필연성이나 확실성을 확보하지는 못한다. 일찍이 이러한 특징을 영국의 철학자이자 수학자였던 버트란드 러셀(B. Russell)은 '러셀의 칠면조'라는 유명한 귀납과 경험에 의한 법칙에 관한 비유를 들어 설명한 바 있다. 어떤 칠면조 농장에서는 아침과 오후 6시에 모이를 규칙적으로 주었다. 한 칠면조는 반드시 6시에 모이를 먹는다는 규칙에 따른 원칙을 세웠다. 그 후 이 원칙은 아침. 저녁으로 매일 확인되었다. 하지만 추수감사절이 되자 그 칠면조는 아침에는 모이를 먹었으나 저녁에는 먹지 못했다. 왜냐하면 그 칠면조가 주인의 만찬식탁에 올랐던 것이다. 이 비유는 귀납적 추론, 즉 보편법칙을 추론하는 일도 정당화되지 않지만 이것을 확증하는 일은 아예 불가능하다는 것을 보여 주는 사례다.

뿐만 아니라 영국의 철학자인 데이비드 흄(David Hume)에 의하면, 귀납논증은 '관찰된 사실로부터 관찰되지 않은 사태의 추론'을 의미하며,

그것은 '우리가 현재 갖고 있는 감각과 기억을 넘어서는 행위'라고 귀납의 문제를 제기한다. 감각과 감각의 기록을 의미하는 기억, 즉 경험의 뒷받침이 없는 지식의 정당성을 부정하는 경험주의자라면 응당 귀납논증의 정당성을 부정할 수밖에 없다. 문제는 귀납추론이 갖고 있는 중요성이다. 지금은 과학의 방법론을 꼭 귀납논증에서 찾고 있지는 않지만, 오랫동안 자연과학이란 제한된 실험과 관찰을 통해 일반적인 자연법칙을 발견하는 귀납논증에 기반하고 있다는 생각이 지배적이었다. 그런데 자연과학이 자연의 진리를 발견하는 유일한 통로임에도 불구하고 귀납논증의 정당성이 부정된다면, 인간은 '원칙적으로' 자연의 진리를 발견할 수 없다는 결론을 피할 수가 없다. 따라서 흄이 귀납논증을 비판한 이래 지금까지 거의 300년 동안 수많은 철학자와 논리학자들이 귀납논증에 연역논증이 갖는 수준의 정당성을 부여하려는 시도해 왔다. 여기서 흥미로운 점은 이들 시도가 예외 없이 항상 원점으로 돌아오게 되면서, 선결문제 요구의 오류(begging the question), 즉 순환논증의 오류[10]에 빠지고 만다는 점이다.

다음은 이러한 귀납논리를 담고 있는 여러 유형의 귀납논증들이다.

1. 내가 지금까지 관찰한 백조는 모두 흰색이었다. 따라서 모든 백조는 하얗다.
2. 한국대학교 학생들의 80%가 통일을 지지한다. 그리고 지금 이 수업의 학생들은 한국대학교 학생들이다. 따라서 이 수업의 학생들도 대부분은 통일을 지지할 것이다.
3. 철, 구리, 납은 금속의 일부분이다. 가열할 때 금속 분자의 응집력이 감퇴되기 때문에 그 체적이 팽창한다. 그러므로 모든 금속은 열을 받으면 그 체적이 팽창한다.
3. 아이폰과 갤럭시폰은 많은 속성들을 공유하고 있다. 갤럭시폰으로 DMB 시청이 가능하다. 그러므로 아이폰으로도 DMB 시청이 가

---

10) 선결문제 요구의 오류와 순환논증의 오류에 대한 설명은 다음 장에서 상세히 다루겠다.

능할 것이다.

4. 어떤 아이의 구강 내 점막에 좁쌀 크기의 하얀 반점이 몇 십 개 보인다. 홍역에 걸렸을 때 나타나는 특징적인 증상은 구강 내 점막에 생기는 작은 반점들이다. 그러므로 이 아이는 홍역에 걸렸을 것이다.

귀납추론이 들어 있는 귀납논증의 유형은 열거(혹은 매거)에 의한 귀납논증 (enumerative induction), 집단적인 자료에 대한 수량적인 결정을 히는 통계직 귀납논증, 인과관계를 추정하는 인과적 귀납논증, 유사성에 미루어 추정하는 유추, 즉 유비논증, 어떤 현상을 설명하기 위한 가설의 설정논증 등이 있다. 종종 통계적 귀납은 열거나 매거에 의한 귀납으로도 간주될 수도 있다. 그리고 인과적 귀납과 가설의 설정은 주로 과학적 탐구에서 사용된다. 이러한 귀납논증은 어떤 부류의 일부 대상들이 가지고 있는 원인, 결과의 관계를 인식하고 그 원인 또는 결과를 알아내고자 하는 방법론으로 많이 사용된다. 이제 이러한 귀납 논증의 여러 유형들을 부분적으로 상세하게 살펴보자.

2. 열거에 의한 귀납과 통계적 귀납논증

대개 논리를 다루는 책들에서 귀납을 예를 들어 설명할 때, 가장 많이 등장하는 동물이 바로 까마귀다. 까마귀가 검다는 주장을 펼칠 때 자주 사용되는 논증이 바로 귀납논증 바로 일반화다. 여기서 말하는 일반화는 귀납적 일반화로 다수의 개별 사실들로부터 이 개별사실들을 포괄하는 일반 명제를 이끌어내는 추론을 말한다. 우리가 대개 까마귀가 검다고 말할 때에는 다음과 같은 일반화 과정이다.

까마귀 a은 검다.
까마귀 b는 검다.

까마귀 c는 검다.

......

까마귀 n도 검다.
그러므로 모든 까마귀는 검다

이 귀납추론에서는 몇 번의 까마귀를 확인한 개별적인 경험 사례들로부터 "모든 까마귀는 검다"라는 보편명제를 결론으로 일반화하여 도출하는 논증의 구조를 지닌다. 하지만 여기서의 결론인 모든 까마귀가 검다는 보편명제는 주어진 전제들로부터 필연적인 참임이 보장되지 않는다. 따라서 이 논증은 귀납논증이다. 그리고 여기에 사용된 귀납적 추론이 바로 귀납적 일반화다. 백조의 사례로 이야기 해보자. 모든 백조는 희다. 오직하면 새의 이름도 백조다. 하지만 "검은 백조(black swan)"라는 말이 있다. 이것은 18세기 오스트레일리아 남부에서 흑고니가 발견되면서 생긴 용어다. 이것은 17세기 말까지 수 천년 동안 유럽인들은 모든 백조는 희다고 생각해왔으나 네덜란드의 한 탐험가가 흑고니를 발견한 이 후, 일반적인 통념이 깨지는 충격을 받은 데서 유래된 말이다. 관찰과 경험에 의존한 예측을 벗어나 예기치 못한 극단적 상황이 일어날 때 우리는 "검은 백조" 혹은 "블랙 스완 "이라고 말한다.

열거나 매거적 귀납 논증은 전제가 결론을 뒷받침하는 정도에 따라 결론이 참이 될 개연성이 높아질 수도 있으며 낮아질 수도 있다. 개연성이 아주 높을 때 그 귀납 논증은 강한 귀납 논증이며 개연성이 약간 높을 때 그 귀납 논증은 약한 귀납 논증이다. 예를 들어 까마귀를 100마리 조사한 후에 검다고 말하는 것과 10,000마리를 조사한 후에 검다고 말하는 경우에 어떤 것이 더 개연성이나 주장의 신뢰도가 높은가를 생각해보자. 당연히 10,000마리의 까마귀를 조사한 후 모든 까마귀가 검다고 판단하는 것이 보다 개연성이 높다. 하지만 많은 경우 귀납 논증이 강한지 또는 약한지 하는 점에 대한 경계는 모호하고 상대적이다.

이러한 보편명제로 일반화하는 것은 결론이 보편이나 일반적인 명제로 형식화하는 귀납논증에서 조사된 어떤 집합의 전체가 어떤 성질을 지닌다고 보편적 일반화 명제로 결론내리는 것이 있다. 일반적으로 학자들은 이것을 단순 일반화라고 부른다. 하지만 귀납적 일반화에는 언제나 보편명제로만 일반화되지는 않는다. 결론이 확률적인 명제로 이루어진 경우의 귀납적 일반화를 대개의 학자들은 통계적 일반화 혹은 확률적 일반화라 부른다. 예를 들어 다음의 논증이 그러하다.

> 본 지역의 2,000명의 유권자들 중에서 1,200명 정도가 현 시장을 지지하는 것으로 나타났다. 따라서 이 지역의 모든 유권자들의 약 60% 정도가 현 시장을 선출할 것이다.

지금까지의 내용을 정리하자면 귀납논증의 첫 번째 유형은 귀납적 일반화다. 그리고 귀납적 일반화에는 결론을 보편명제로 일반화하는 단순 일반화와 결론을 확률적인 명제로 일반화하는 통계적 일반화로 구분된다. 귀납적 일반화 유형의 귀납 논증이 얼마나 강한 논증인지를 평가나 분석하기 위해서는 여러 기준들을 우선적으로 조사해야 한다. 단순 일반화로 만들어진 귀납논증은 전제나 근거로 사용된 관찰된 사례의 수가 많은가를 고려해 보아야 한다. 많은 경험 사례가 근거를 가지고 일반화한 논증이라면 그것은 결론이 참일 개연성이나 확률이 높은 것이다. 하지만 적은 경험사례를 중심으로 이루어진 단순 일반화 논증은 그 결론이 참일 개연성이나 확률이 낮다. 오히려 이러한 경우 성급한 일반화의 오류(fallacy of hasty generalization)에 빠지기 쉽다. 다음의 예가 성급한 일반화의 오류에 해당한다.

> 후지산은 활화산이다.
> 아소산도 활화산이다.
> 피나투보 산도 활화산이다.
> 마욘 산도 활화산이다.
> 따라서 모든 화산은 활화산이다.

반면 통계적 일반화의 경우에는 관찰사례의 수도 중요하지만 관찰된 사례가 다양한 조사에 의한 것인지가 더 중요하다. 다양한 조사에 의해 얻어진 근거나 전제로 얻어진 통계적 일반화에 따른 논증은 그 결론이 참이 될 개연성이나 확률이 높다. 하지만 그 근거나 전제들이 조사의 다양성을 확보하지 못한다면 그것은 그 결론을 참으로 받아드릴 개연성이나 확률이 낮아지는 것이다. 예를 들어 한국의 대학생들이 피아노를 얼마나 치고 있는지를 조사하기 위해 전국의 음악학과 학생들을 조사한 자료[한국의 음악학과 학생의 80%가 피아노를 칠 수 있다.]를 통해 한국 대학생들의 80%가 피아노를 칠 수 있다고 결론 내리는 것은 다양성을 확보하지 못해 생기는 오류를 범하고 있는 것이다. 이렇게 통계적 일반화에서 조사 집단의 다양성을 확보하지 못해 결론이 개연성이나 확률이 낮아지는 경우, 우리는 이것을 편향된 통계 자료의 오류(fallacy of biased statistics)라고 한다.

두 번째로 살펴볼 귀납논증은 반면 통계적 일반화가 개별적인 사례들로부터 통계적이나 확률적인 명제로 결론으로 도출하는 것이라면 통계적 삼단논법은 이러한 통계적 일반화로 구성된 전제로부터 개별적인 것에 관한 진술을 결론으로 삼는 유형의 귀납논증을 말한다. 그것의 일반적인 형식은 다음과 같다.

> 모든 F의 x%는 G다.
> a는 F다.
> 따라서 a는 [x% 만큼은] G다.

다음은 위의 형식에 맞춘 예를 제시한 것이다.

> 우리나라의 모든 40대 남자의 90%는 결혼을 했다. 김철수씨는 40대 남자다. 따라서 김철수씨도 결혼을 했다.

이러한 통계적 삼단논증을 평가하거나 분석할 때에는 x%가 클수록 논증의 결론이 참이 될 개연성이나 확률이 커진다. 뿐만 아니라 조사 집합[준거집합]인 F가 보다 구체적이니 범위를 가질 때 결론이 참이 될 확률이 높아지는 것이다.

1. 우리나라 40대 남자의 90%가 결혼을 했다.
2. 김철수는 대한민국의 40대 남자다.
[3. 김철수는 지산동에 신다.]
4. 그러므로 김철수는 결혼을 했다.

만일 위의 논증에서 3이 없다면 이 논증의 설득력은 높은 확률에 의해 강하다. 하지만 이 논증에 3이 삽입되면 그 논증의 3이 없는 논증보다 강하지 않게 된다. 우리나라 40대 남자의 90%가 결혼을 했다하더라도, 지산동의 사는 40대 남자의 90%가 결혼을 한 것은 아니기 때문이다. 또한 김철수씨가 우리나라의 40대 남자인 동시에 지산동에 사는 경우에도 3이 삽입되지 않는 논증보다 약해지는 논증이 된다. 그런데 여기에 [3'. 지산동의 사는 40대 남자의 98%는 결혼을 했다.] 전제가 삽입된다면 이 논증은 다시금 강한 설득력을 얻게 된다. 다음의 통계적 삼단논증을 살펴보자.

가. Tom은 미국사람이다.
나. 미국사람의 99%이상이 한국어를 못한다.
[다. Tom은 한국에서 20년 간 살아왔다.]
라. 그러므로 Tom은 한국어를 못한다.

위 논증(가.나.라)는 결론이 참이 될 개연성이 매우 높다. 하지만 다의 전제가 삽입되면 이 논증의 설득력은 매우 떨어진다. 이러한 특징은 비단조적 논리(nonmonotonic logic)라고 한다. 귀납 논증은 비단조적이다. 귀납논증은 그것이 강한 설득력을 지니고 있었다 하더라도 새로운 전제를 추가시킴으로써 약한 논증이 될 수 있기 때문이다.

논증 A

한국 대학생의 90%는 고등학교 때 과외수업 받았다.

갑수는 한국 대학생이다.

따라서 갑수는 고등학교 시절에 과외수업을 받았다.

논증 B

도시영세민 자녀의 98%는 고등학교 때 과외 수업을 받지 않았다.

갑수는 도시 영세민 자녀다.

따라서 갑수는 고등학교 때에 과외수업을 받지 않았다.

위의 두 논증 A와 B는 모두 참인 전제를 갖고 있고 통계적 수치도 거의 100%에 가깝기 때문에 설득력이 강한 귀납논증이라 할 수 있지만, 서로 다른 준거[조사] 집단에 근거하여 논증을 펼치고 있다. 나아가 이 두 논증의 결론에서는 갑수의 과외수업 경험에 관해 전혀 다른 결론을 내리고 있다. 이런 이질적인 결론의 도출을 막기 위해서 우리가 할 수 있는 일은 어떤 조사 데이터에서 준거집단을 선택할 때 가능한 모든 증거를 고려하는 습관이 중요하다. 그리고 갑수의 과외경험에 관하여 좀 더 정확한 정보를 얻으려면, 대학생이라는 집단보다는 논증 B의 도시영세민 자녀의 대학생이라는 준거 집단을 사용하는 것이 더 좋다. 그 이유는 준거 집합의 범위가 보다 구체적이고 좁을 때 결론이 참이 될 개연성이나 확률이 높아지기 때문이다. 이렇게 통계적 삼단논증을 펼칠 때 우리가 범하기 쉬운 오류를 논리학에선 '불완전 증거의 오류(the fallacy of incomplete evidence)'라고 불리는 것이다. 이것은 준거집단을 고를 때 사용 가능한 관련 증거들을 모두 사용하지 않음으로 발생하는 오류를 말한다.

3. 유비논증과 가설추리

귀납 논증의 두 대상을 비교하거나 유사점에 근거하여 추론하는 유비논증(또는 유비 추론: 유추)은 서로 다른 대상들에 대해, 그 대상들이 여러 가지 속성들을 동시에 공유한다는 사실을 근거로 하여, 한 대상이 가진 다른 속성도 다른 한 대상이 마찬가지로 가고 있을 것이라고 미루어 추론하는 논증이다. 앞에서 살펴보았던 논증을 상기해 보자.

> 아이폰과 갤럭시폰은 많은 속성들을 공유하고 있다. 갤럭시폰으로 DMB 시청이 가능하다. 그러므로 아이폰으로도 DMB 시청이 가능할 것이다.

대부분의 유비논증은 다음과 같은 일반적인 형식을 지닌다.

> 대상 A와 대상 B는 속성 a, b, c, d 등을 공유한다.
> 대상 A는 속성 e를 가진다.
> 그러므로 대상 B도 속성 e를 가질 것이다.

이러한 유비논증은 "~처럼" 등과 같은 비유에 의한 일종의 수사적 기법이라고도 생각할 수 있다. 하지만 이 유비논증이 주로 사용되는 영역은 과학기술 분야다. 예를 들어 새로 개발된 의약품을 사람들에게 제공하기 이전에 동물들을 상대로 임상실험을 할 때, 그것을 정당화해 주는 논증은 대부분 유비논증이다. 왜냐하면 임상실험이 가능하고 그것이 과학적으로 의미 있는 이유가 임상실험 대상 동물과 인간이 많은 생리적 유사성을 가지고 있기 때문이다.

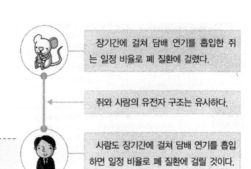

장기간에 걸쳐 담배 연기를 흡입한 쥐는 일정 비율로 폐 질환에 걸렸다.

쥐와 사람의 유전자 구조는 유사하다.

사람도 장기간에 걸쳐 담배 연기를 흡입하면 일정 비율로 폐 질환에 걸릴 것이다.

사람과 흰쥐는 많은 생리학적 속성

들을 공유하고 있다. phenytoin은 흰쥐의 경련 완화에 효과가 있었다. 그러므로 phenytoin은 사람의 경련 완화에도 효과가 있을 것이다.

또한 유비논증은 실제로 우리의 일상생활에서 매우 많이 사용된다. 귀납적 유비논증은 형식적으로 귀납적 일반화와 비슷하기에, 유비논증이나 유비추론적 설명이 높은 설득력을 가지지 위해서는 적어도 귀납적 일반화의 원칙들을 만족시켜야 한다. 다음의 예를 검토해 보자.

철수, 영수, 민수는 머리가 크며, 또한 공부를 잘하는 것으로 알려졌다.
그런데 새로 전학 온 영희도 머리가 크다.
따라서 영희도 공부를 잘할 것이다.

위에 전개된 유비논증도 이것이 본질적으로 귀납임을 알려주고 있다. 다시 말해, 결론이 개연적으로 참일 수는 있지만, 반드시 필연적으로 그 결론이 참임이 보장되지는 않는다. 유비 논증은 두 대상의 몇 가지 속성이 동일하다는 것을 전제로 하여 나머지 속성도 유사할 것이라고 결론 내리는 논증 방식이다. 유비 논증은 논리적 필연성을 띄고 도출되는 것이 아니며 요구되는 것은 오직 개연성뿐이므로 확률적 분석에 의존하는 과학적 사실에 대한 추측에는 유용하지만, 수학적인 논증에서 유비추론은 철저히 배제된다.

하지만 위의 논증이 좋은 유비논증이라고 평가할 수는 없다. 왜냐하면 유사성을 보이는 철수, 영수, 민수의 머리 크기와 공부를 잘한다는 속성의 인과적 연관성이 적기 때문이다. 즉 동일한 요소를 지녔다고 해서 공부를 잘할 것이라고 추론하는 인과적 연관성이 적기 때문이다. 다시 말해 두 대상 사이의 비교된 공통되는 속성 및 비교 될 속성은 매우 밀접한 관련성이나 인과성이 높아야 좋은 유비 논증이 된다는 것이다. 또한 좋은 유비논증을 만들기 위해서는 가정하고 있는 유사성이 실제로는 참이 아닐 수 있으며, 참이라 하더라도 비본질적인 속성일 수도 있음을 유념해야 한다. 이러한 유비 논증의 결론은 그 개연성이 낮아 질 수 있습니다. 왜냐하면 비교되는 두 개의 대상이나 상황이 어떤 점에서는 유사하지만 어떤 점에서는 달라서 두 대상의 유사점에 주목할 것인지 차이점에 주목할 것인지를 판단하는 것은 매우 주관적일 수 있기 때문이다. 그리고 유비논증을 좋게 만들기 위해서는 어느 한 대상이 갖고 있는 속성이 과연 다른 대상에도 적용될 수 있는지 판단해 보아야 한다. 제시된 유사성 및 추론 과정이 정당함을 인정하고 결론을 용인하는 경우에, 도저히 받아들일 수 없는 새로운 문제나 비유사성이 제기된다면, 그것은 주어진 유비논증에서 설득력이 떨어지는 유비 논증이 된다. 대체로 보편적으로 인정되는 도덕 및 윤리 원칙에 위배되거나, 혹은 기존의 지식체계와 정합적이지 못한 경우가 이에 해당된다. 따라서 도저히 용인할 수 없는 또 다른 문제점이나 비유사성이 파생되는지 면밀히 검토해야 한다.

그럼에도 불구하고 유비 논증은 심리적인 설득력을 강하게 지닌다. 누군가가 유비논증을 펼치면 일반적으로 우리는 비교되는 두 대상 사이의 유사성에 주목하면서 심리적으로 이 논증이 수용할 만하다는 생각을 하게 된다. 이것이 바로 유비 논증이 가지는 강점이다. 따라서 논쟁에서 적절한 유비 논증을 구성하여 제시하는 것은 다른 사람을 설득하려고 할 때 사용할 수 있는 좋은 방법 중 하나라고 할 수 있다. 이러한 유비논증의 평가를 통과하지 못한 부당하게 적용된 유비추리에 의해 잘못된 결론을 이끌어내는 오류를 우리는 잘못된 유비추론의 오류라고 부른다. 다시 말해 일부가 비슷하다고 해서 나머지도 비슷할 것이라고 생각하는 오류로 유사성이 없는 측면까지 유사성이 있는 것처럼 비유를 부당하게 적용하는 오류를 말한다. 예를 들면 다음과 같은 것들이 이 오류에 해당한다.

컴퓨터와 사람은 유사한 점이 많다. 그러므로 컴퓨터도 사람처럼 감정을 느낄 거다.
학생들이 시험 치루는 동안 그들의 교과서를 보는 걸 허용해야 한다. 왜냐하면 외과의사들은 진단을 내리는 동안 x-ray 사진을 참고하며, 목수들도 집을 지을 때 설계도를 참고하기 때문이다.

우리는 어떤 현상을 설명할 때에, 단지 그러한 현상을 일반화하여 기술하는 것만이 아니라 현상의 원인에 대해서도 알고자 하는 욕구가 있다. 위의 사례에서 언급한 "머리가 크면 공부를 잘한다."는 진술이 참인 것으로 입증되었다고 하더라도, 사람들은 도대체 왜 머리가 크면 공부를 잘하는지 그 원인이나 이유를 탐구하고자 한다. 그러나 연역 논증은 이러한 현상의 원인이나 혹은 그 이유를 밝히기 위한 논리로는 작동하기에는 불가능하다. 이 때에 가장 많이 사용되는 귀납 논리의 한 유형이 바로 가설 추론이다. 가설[11]은 아직 옳은 것으로 입증되지 않은 잠정적인 법칙이나 이론이다. 가설 추론은 현실 세계를 반영하는 하나의 '모델'로서 가설을 수립하여 자연현상이나 사회현상에

---

11) 가설은 단순한 가정과는 다르다. 가설은 복잡한 현실 세계를 반영하여 추상화한 하나의 모델이며 모형이다. 일반적으로 가설은 법칙을 지향하며, 이런 의미에서 가설은 입증되지 못한 혹은 입증되기 이전의 법칙에 해당된다. 따라서 가설이 되기 위해서는 몇 가지 조건을 충족해야 한다. 좋은 가설의 조건 (1) 가설은 현상에 대한 높은 설명력을 갖고 있어야 한다. 가설 H_1도 현상 E를 설명하고 가설 H_2도 현상 E를 설명하지만, 만일 H_1의 경우가 보다 높게 정당화된다면, H_1이 보다 높은 설명력을 갖고 있는 것으로 판단할 수 있다. 가설의 조건 (2) 가설은 정합성을 갖고 있어야 한다. H_1이 보다 높은 설명력을 갖고 있다고 해서, 이미 확립된 지식 체계와 부합되지 않는다면 그 가설을 참인 것으로 받아들이기는 어렵다. 따라서 가설 H_1은 기존의 지식 체계와 양립하든지, 아니면 기존의 지식 체계 자체가 잘못되었다는 것을 입증할 수 있어야 한다. 가설의 조건 (3) 가설은 검증가능해야 한다. 가설은 적어도 스스로가 참이라고 의도된 주장이므로, 어떤 형식으로든 스스로가 높이 정당화될 수 있는 방식으로 제시되어야 한다. 특히 대개의 과학이론은 검증가능하도록 실험 상황을 허용할 때 비로소 이론으로서의 가치를 인정받을 수 있는 경우가 많다. 마지막 가설의 조건 (4) 가설은 반증가능해야 한다. "신은 존재한다"는 가설이 과학이론으로서 인정받을 수 없는 이유는, 그것이 형이상학적인 진술이기 때문이라기보다는, 신은 존재하지 않는다는 반증을 구성할 수 없기 때문이다. 그리고 "지구는 태양을 중심으로 궤도운동을 한다"라는 명제로 제시된 이론보다는 "모든 행성은 태양을 중심으로 타원운동을 한다"의 경우가 보다 많은 반증가능성을 갖고 있다. 그만큼 틀릴 가능성, 즉 반증가능성이 높기 때문에 과학이론으로서 보다 높은 가치를 부여받는다.

대한 설명과 예측을 목적으로 한다. 이렇게 수립된 가설이 현실 세계를 얼마나 잘 반영하고 있는가는 가설과 관련된 경험적 증거에 의해 평가된다.

가설 추론 중에서도 **최선의 설명으로의 추론**(Inference to the best explanation: IBE)은 어떤 현상의 원인이나 이유를 설명하는 여러 주장들이 경쟁하는 경우도 있다. 이 때 어떤 하나의 주장이 다른 주장에 비해 상대적으로 설명력이 뛰어나다면, 그것은 그 주장이 옳다고 믿을 만한 충분한 이유를 제공한다. 다음의 예를 보자.

내가 먹으려고 했던 치즈가 없어졌다.
그 치즈를 두었던 찬장의 문이 조금 열려 있었다.
치즈가 없어졌던 그날 천장에서 후다닥하는 소리가 계속 들렸다.
그리고 옆집 고양이는 계속 울었다.
그래서 나는 치즈를 먹은 범인을 쥐가 생각하였다. 우선 아내를 치즈를 좋아하지 않고 아들을 키가 작아서 찬장에 손이 닿지 않는다. 그리고 의자를 움직인 흔적도 없다. 따라서 쥐가 내 치즈를 먹었다. 왜냐하면 일련의 발생한 현상들이 쥐라는 존재가 잘 설명하기 때문이다.

이러한 최선의 설명을 위한 추론은 추리 소설에 자주 등장한다. 특히 명탐정들이 사건의 결말을 설명할 때 주로 등장하는 논리다. 셜록 홈즈는 뛰어난 통찰력을 발휘하여 사건의 단서들을 추적하고 해석하고 범행 상황을 명쾌하게 설명한다. 이러한 홈즈의 설명은 다른 사람들이 제시하는 설명보다 설득력이 있고 다른 어떤 설명보다도 옳을 것이라는 믿음을 주기에 충분하다. 그리고 최선의 설명을 위한 추론은 다음과 같은 형식을 일반적으로 취한다.

(1) 설명이 필요한 현상의 발견

(2) (현상을 설명하기 위한 가설 수립)

(3) 선행하는 이론 중 최선의 이론을 채택, 적용한다.

(4) 이론이 참이라면 현상에 대한 높은 설명력을 갖는다.

(5) 따라서 현상 설명을 위한 가설은 참이다.

최선의 설명을 위한 추론도 신뢰성 있는 추론 방법에 해당되며, 특히 과학 분야에서 유용하게 사용되어 왔다. 과학에서는 어떤 현상을 설명하는 경쟁적 이론들이 여럿이 있을 때, 어떤 이론을 더 좋은 이론으로 선택할 것인가 하는 문제가 자주 발생한다. 관측이 어렵거나 혹은 애초부터 관찰이 불가능하여 검증되기 어려운 내용의 과학이론의 경우라면, 최선의 설명을 위한 추론은 어떤 이론이 보다 더 좋고 보다 더 신뢰성이 있는가를 판단하는 기준이 되기도 한다. 다음의 예들이 과학이론을 일상에서 받아들이는 최선의 설명의 추론들이다.

나는 원자를 인지할 수 없다. 하지만 원자가 존재한다고 받아들일 수 있다.
왜냐하면 원자의 존재를 받아들임으로써 세상을 설명할 수 있기 때문이다.
세상의 물리법칙 설명이 가능하다.

x-ray 또한 마찬가지.
누구도 x-ray 자체를 볼 수 없지만
내 몸의 뼈가 찍힌 사진을 보고 x-ray가 존재한다고 받아들일 수 있다.

4. 귀납논리와 창의적 사고

16세기 말에서 17세기 초에 활동했던 프랜시스 베이컨(Francis Bacon: 1561년 1월 22일~1626년 4월 9일)이 학문의 새로운 방법으로서의 귀납법을 체계화했다는 것은 분명한 사실이다. 하지만 그가 체계화한 귀납법은 실제로는 과학자들에 의해 사용되지 않았다. 그럼에도 그의 서양지성사에 남긴 공헌은 귀납 역시 연역과 마찬가지로 학문의 방법론으로 채택될 수 있음 주장했다는 것이다. 하지만 밀은 베이컨의 방법과는 다른 새로운 귀납의 체계를 고안해 냈다.[12] 이러한 귀납은 인간의 창의적 사고에 많은 영향을 주었다. 우리가 창의적 사고가 무엇인지를 고찰해 보기 위해서는 우선적으로 창의성이 무엇인지를 생각해 볼 필요가 있다. 하지만 우리가 창의성이 무엇인지에 대해 사회적으로 합의된 성교한 정의를 찾기는 힘들다. 하지만 창의성 개념은 보다 포괄적이고 확장적인 의미를 갖는 다음과 같은 요소들을 중심으로 재 정의될 수 있다.[13]

첫째, 창의성은 세계의 이치(본질이나 법칙, 혹은 의미나 맥락)를 꿰뚫어 보는 통찰력이나 상상력을 의미한다. 이러한 능력은 경험의 세계에서는 의미나 맥락, 법칙성을 발견하도록 할 뿐만 아니라, 경험을 넘어서는 세계에 대해서도 그 본질을 깨닫는 것이 가능하도록 한다.

둘째, 창의성은 인식을 넘어서 독창적인, 즉 의미있고 새로운 문제발견 및 해결능력을 뜻하기도 한다. 여기에서 창의성이란 자신의 삶, 사회, 세계의 발전을 위한 기획능력을 의미하며, 창조적 생산을 지향하는 문화적 능력을 의미하기도 한다.

셋째, 창의성은 민주적 시민가치 및 덕성, 책무성, 그리고 리더십을 기르는 것을 의미하기도 한다. 그리고 사람들은 창의적인 사고라고 하면 "나한테 그런 능력이 있을 리 없어." 또는 "창의적인 사고는 특별한 사람에게만 필요한 능력이야."라고 말한다. 이는 창의적 사고에 대해서 너무 대단하게 생각하는 경우이다. 그러나 우리는 일상생활 속에서 다들 창의적인 사고를 끊임없이 하고 있다. 예를 들어 회사에서 필요한 용품을 구입하고자 할 때 좋은 물건을 싸게 사기 위해서 많은 생각을 해본경험은 누구에게나 있

---

12) 이 부분은 이미 앞의 1부 2장에서 자세히 다루었기 때문에 여기서의 밀의 인과 귀납법에 대한 설명을 안 하기로 한다.
13) 경기도 교육청, 창의지성교육 해설자료, 2011, pp. 4~5.

을 것이다. 이것이 바로 창의적인 사고다. 창의적 사고는 아무것도 없는 무에서 유를 만들어 내는 것이 아니라, 끊임없이 참신한 아이디어를 산출하는 힘으로서, 필요한 물건을 싸게 사기 위해서 하는 많은 생각들이 바로 창의적 사고다.

지금까지 학자들이 정의하는 창의성에 대한 전통적인 세 정의를 다음과 같이 개략적으로 정리해 볼 수 있겠다.[14]

(a) **협의의 창의성** : 길포드Guilford(1956)[15]의 '발산적 사고'(확산적 사고)와 같다. 이렇게 정의한 창의성 검사는, 예컨대 벽돌과 같은 물건의 용도를 주어진 시간 내에 가능한 한 많이 나열해 볼 것을 요구한다. 그리고 반응의 수가 많고 (fluency), 다양하고(flexibility), 그리고 독특한(originality) 것일수록 창의적이라고 본다.

(b) **광의의 창의성** : 새롭고 유용한 어떤 것을 생산해 내는 행동 또는 정신과정을 창의성이라고 부른다. 따라서 창의성에는 '새로움'과 '유용성'이라는 두 가지 핵심적인 준거가 적용된다.

(c) **과정으로서의 창의성** : 기존의 정보들을 특정한 요구조건에 맞거나 유용하도록 새롭게 변형하거나 조합하는 것을 말한다. 그러한 새로운 변형이나 조합은 유용해야 한다. 예를 들어, '유추에 의한 사고'를 할 줄 아는 능력이 바로 창의적 사고의 기본적인 요소라 말할 수 있다.[16]

문제해결과 창의적 사고를 연결하여 생각하면 창의적 사고는 다음과 같은 특징을 지닌다.

첫째, 창의적 사고란 정보와 정보의 조합이다. 여기에서 말하는 정보에는 주변에서

---

14) 김영채, 『창의적 문제 해결 : 창의력의 이론, 개발과 수업』, pp.3-6.

15) Guilford, J. P. (1956). *Structure of Intellect*, Psychological Bulletin, 53, pp. 267-293.

16) 김영정 창의성과 비판적 사고, 인지과학 제13권 제4호, 2002.12, pp. 81-90.

발견할 수 있는 지식(내부적인 정보)과 책이나 밖에서 본 현상(외부적인 정보)의 두 종류가 있다. 이러한 정보를 조합하고 그 조합을 최종적인 해답으로 통합해야 하는 것이 창의적 사고의 시작이다.

둘째, 창의적 사고는 사회나 개인에게 새로운 가치를 창출해야 한다. 창의적 사고는 개인이 갖춘 창의적 사고와 사회적으로 새로운 가치를 가지는 창의적 사고로 구분된다. 단순히 사회에 대한 영향력이라고 하는 것 외에도 개인이 창의적 사고를 얼마나 발전시킬 수 있는가 하는 점도 생각할 필요가 있다.

셋째, 창의적 사고는 창조적인 가능성이다. 이는 "문제를 사전에 찾아내는 힘", "문제해결에 있어서 다각도로 힌트를 찾아내는 힘", 그리고 "문제해결을 위해 끈기 있게 도전하는 태도"등이 포함된다. 다시 말해서 "창의적 사고"에는 사고력을 비롯해서 성격, 태도에 걸친 전인격적인 가능성까지도 포함된다.

이러한 창의적인 사고는 훈련을 통해서 개발할 수 있으며, 모험심, 호기심, 적극적, 예술적, 집념과 끈기, 자유분방적일수록 높은 창의력을 보인다.

확인 문제 A

다음에 제시된 귀납논증에서 결론들은 동일한 전제에서 추론된 것들이다. 어느 논증이 귀납적으로 가장 강한 논증이며, 그 다음으로 강한 논증은 어느 논증인지 차례로 나열해 보시오.(정답, ①→⑤로 순차적으로 강도가 낮아짐)

─────────── 〈전 제〉 ───────────
지난 학기에 최교수가 강의하는 NCS 추론과 논리를 수강했던 모든 학생들은 A학점을 받았다.

① 그러므로 다음 학기에 최교수가 강의하는 NCS 추론과 논리를 수강한 학생 중에 적어도 한 명은 A학점을 받을 것이다.
② 그러므로 다음 학기에 최교수가 강의하는 NCS 추론과 논리를 수강하는 현정이도 A학점을 받을 것이다.
③ 그러므로 다음 학기에 최교수가 강의하는 NCS 추론과 논리를 수강하는 모든 학생들은 A학점을 받을 것이 다.
④ 그러므로 최교수가 강의하는 NCS 추론과 논리를 수강하는 모든 학생들은 A학점을 받는다.
⑤ 그러므로 어떤 학생이 최교수가 강의하는 NCS 추론과 논리를 수강했다는 사실이 그 학생으로 하여금 A학점을 받도록 해준다.

해설 및 정답

제시된 논증의 결론들은 모두 동일한 전제들을 가지고 있다. 그럼에도 불구하고 귀납적 강도가 서로 다른 이유는 결론이 서로 다르기 때문이다. 즉 결론에 추가되는 서술적 용어의 유무에 따라 각각의 논증은 '상대적 강도'를 가진다. 귀납적 강도가 ①→⑤로 감조하는 이유는 앞의 논증의 결론이 뒤의 논증의 결론보다 더 넓은 범위의 가능성을 포함하고 있기 때문이다. 그러므로 논증①에서 만약 다음 학기에 박교수가 강의하는 논리와 사고 강좌에서 누구든지 한 명의 학생만 A학점을 얻는다면 결론은 참이 되는 것이다.

그리고 논증①은 논증②의 결론에서처럼 '현정'이라고 명명된 학생이 A학점을 얻을 가능서보다 그 범위가 넓다. 또 논증②의 결론은 다음 학기에 모든 학생이 A학점을 받을 가능성(논증③)보다 범위가 넓다. 또 논증③은 모든 학생이 A학점을 받는다는 논증④의 결론보다 확률이 높다. 또 논증④의 결론은 논증⑤가 주장하는 결론보다 범위가 더 넓다.

확인 문제 B

다음의 글을 읽고 표를 완성해 보자.

2002 한·일 월드컵 당시 한국 축구 국가 대표팀의 감독이었던 히딩크는 상대팀에 대한 치밀한 분석력과 강력한 카리스마 그리고 선수들에 대한 포용력을 가지고 있었다. 히딩크는 이를 기반으로 하여 2002 월드컵에서 우수한 성적을 거두었다. 천하 그룹의 백두산 사장은 경제 상황을 치밀하게 분석하고, 직원들을 배려할 줄 알며, 강력한 카리스마를 가지고 회사를 경영한다. 아마 백두산 사장은 우수한 경영 실적을 거둘 수 있을 것이다.

비교되는 대상		X, Y의 공통 속성	결론에서 도출하고자 하는 X의 다른 속성 p	결론
X	히딩크			
Y	백두산 사장			

해설 및 정답

비교되는 대상		X, Y의 공통 속성	결론에서 도출하고자 하는 X의 다른 속성 p	결론
X	히딩크	· 치밀한 분석력 · 강력한 카리스마 · 포용력	월드컵에서 우수한 성적을 거두었다.	백두산 사장은 우수한 경영 실적을 거둘 것이다.
Y	백두산 사장			

확인 문제 C

다음 논증에 대한 설명이나 평가로 옳지 않은 것은 무엇인가?

> 죄수나 나나 자유롭지 못하기는 매한가지다. 죄수나 나나 모두
> 가고 싶은 곳에 마음대로 가지 못하기 때문이다.

(1) 위의 논증은 귀납논증의 유형 중 유비논증에 속한다.
(2) 위의 논증의 준거 대상은 나이다.
(3) 위의 논증이 유비하는 대상, 즉 비교 대상은 죄수다.
(4) 위의 논증에서 유비되는 두 대상의 공통된 성질은 자유롭지 못함이다.

해설 및 정답

위 대상의 공통되는 성질은 가고 싶은 곳을 마음대로 가지 못함이고 이 유비논증이 목
표로 하는 성질이 자유롭지 못함이다. 답은 (4)이다.

A 다음의 사례들 중 유비논증에 해당하지 않는 것은 무엇인가?

(1) 어제 사 온 강아지는 지난번에 내가 키우던 강아지와 비슷해 이 강아지를 데리고 산책할 때에는 목줄을 매야겠다. 그래야 또 집을 나가면 안되니까

(2) 인생은 물과 같다. 물은 위에서 아래로 흐른다. 인생의 황금기는 어린 시절이고 그 뒤로는 쇠퇴하는 일만 남았어. 그러니 너의 미래가 나아지리라고 기대하지 않는 것이 좋아.

(3) 어제 분명히 여기에 기계를 두었는데 시계가 없어졌다. 여기 물건을 다시는 두지 말아야 한다. 이 장소는 물건이 쉽게 사라지는 곳이기 때문이다.

(4) 적이 나타나거나 먹이가 나타나면 그것을 소리로 전달하니 동물도 사람과 마찬가지로 언어를 가지고 있다.

해설 및 정답

답은 (3). (3)은 유비보다는 귀납적 일반화의 단순일반화에 해당하며 유비추론적인 성격을 지니고 있지 않다.

B 다음의 각각의 논증들에 관한 설명이나 평가로 옳지 않은 것은?

㉠ 내가 지난번 북경에 갔을 때 머문 호텔의 점원이 한국말을 잘했다. 아마도 중국 사람들은 한국말을 잘하나 보다.

㉡ 나는 세차를 할 때 마다 비가 왔다. 내일 내가 세차를 한다면 비가 오겠지.

㉢ 이번 아시안게임에서 한국이 2등을 할 것으로 한국대 학생들의 99%가 믿는다. 추론과 논리를 배우는 국악과 학생들은 모두 한국대 학생이다. 따라서 현재 국악과 학생들 중 99%는 아시안 게임에서 한국이 2등을 할 것으로 믿는다.

㉣ 찬장에 두었던 치즈가 사라졌다. 그리고 밤새도록 고양이가 소리가 들렸고 천장에 후다닥하는 소리가 있었다. 그래서 그 치즈는 쥐가 먹었을 것이다.

(1) ㉠은 매거적인 경험을 토대로 한 귀납적 일반화로 성급한 일반화의 오류를 범하고 있다.

(2) ㉡은 단순한 일반화의 귀납논증으로 거짓원인의 오류를 범하고 있다.

(3) ㉢은 통계적 삼단논증을 유형으로 하는 귀납논증이다. 하지만 만일 확률이 99%가 100%가 된다면 연역 삼단논증이 된다.

(4) ㉣은 가설추리를 유형으로 하는 귀납논증에 해당한다. 그리고 어떤 쥐가 존재하고 그 쥐가 치즈를 먹었다는 가설이의 그 현상을 설명하는 가설이다.

해설 및 정답

답은 (2). (2)는 거짓원인의 오류가 아니라 성급한 일반화의 오류를 범하고 있는 것이다.

C 다음 중 [A]를 바탕으로 할 때, 〈보기 1〉에 제시된 논증에 대한 학생의 반응으로 적절한 것을 〈보기 2〉에서 모두 고른 것은?

〈보기 1〉

A 박사는 최근 자신의 논문에서, 새로 개발된 감기약이 인간의 지적 능력을 저하시킬 수도 있다고 주장했다. A 박사는 쥐와 인간이 생리적으로 유사하다는 사실에 기초하여 그 감기약에 들어 있는 것과 동일한 호르몬을 60마리의 암컷 쥐 중 30마리에게 주사했는데, 그 쥐들은 호르몬을 주사하지 않은 다른 30마리의 쥐들에 비해 지적 능력을 관장하는 대뇌 피질의 성장이 크게 저하되었음이 관찰되었다. 이 실험에 근거하여 A 박사는 그 감기약에 들어 있는 호르몬이 인간의 지적 능력을 저하시킬 수 있다고 결론을 내렸다.

<보기 2>

ㄱ. 쥐와 인간이 생리적으로 유사하다는 사실은 이 양자의 대뇌 피질이 같은 방식으로 특정 호르몬에 반응할 것이라는 결론과 관련성이 크므로 이 논증은 개연성이 있는 논증이군.

ㄴ. 만일 A 박사가 쥐보다 인간과 생리적 유사성이 더 큰 원숭이를 대상으로 실험하여 동일한 결과를 얻었다면 이 논증의 개연성은 높아지겠군.

ㄷ. 만일 A 박사가 애초에 10마리의 쥐를 대상으로 실험을 하여 동일한 결과를 얻었다면 이 논증의 개연성은 낮겠군.

ㄹ. 만일 A 박사가 쥐, 토끼, 돼지 세 종류의 동물을 대상으로 실험을 하여 동일한 결과를 얻었다면 이 논증의 개연성은 낮아지겠군.

① ㄱ, ㄴ ② ㄱ, ㄷ ③ ㄱ, ㄴ, ㄷ ④ ㄱ, ㄴ, ㄹ ⑤ ㄴ, ㄷ, ㄹ

해설 및 정답

[정답] ③

ㄱ. [A]의 '전제와 결론 사이에 관련성이 있는지도 중요한 평가 요소이다. 즉 전제에서 유사하다고 언급된 특성과 결론 내용과의 관련성이 클수록 유비 논증의 개연성은 높아진다.'를 통해, ㄱ이 〈보기〉에 제시된 논증에 대한 적절한 반응임을 알 수 있다. A박사는 쥐와 인간이 생리적으로 유사하다는 사실에 기초하여 쥐가 새로 개발된 감기약에 포함된 호르몬에 의해서 특정한 반응을 하는 것처럼 인간도 반응할 것이라고 추론하고 있다. 따라서 인간과 쥐의 대뇌 피질이 같은 방식으로 특정 호르몬에 반응한다는 점은 전제와 결론의 관련성을 높일 것이다.

ㄴ. [A]의 '유비 논증을 평가하는 데는 전제에 사용된 개체(위의 유비 논증 표준 형식의 경우 Y)의 수와, 유비되는 두 대상 사이에 유사하다고 판단되는 특성(F, G)의 수가 얼마나 많은지가 고려된다. 물론 개체의 수와 유사한 특성이 많으면 많을수록 그 논증은 개연성이 높아질 것이다.'를 통해, 쥐보다 인간과 생리적 유사성이

더 큰 원숭이를 대상으로 실험하여 동일한 결과를 얻었다면 〈보기〉에 제시된 논증의 개연성은 높아진다고 할 수 있다.

ㄷ. [A]의 '개체의 수와 유사한 특성이 많으면 많을수록 그 논증은 개연성이 높아질 것이다.'를 통해 A박사가 애초에 10마리의 쥐를 대상으로 실험을 하여 동일한 결과를 얻었다면 전제에서 사용된 개체의 수가 적어진 것이므로, 〈보기〉에 제시된 논증의 개연성은 낮다고 할 수 있다.

ㄹ. [A]의 '전제에서 사용된 개체들의 다양성이 증가할수록 논증의 강도도 역시 강해질 것이다.'를 바탕으로 할 때, A박사가 쥐, 토끼, 돼지 세 종류의 동물을 대상으로 실험을 하여 동일한 결과를 얻었다면 〈보기〉에 제시된 논증의 개연성은 높아진다고 할 수 있다.

제5장
오류와 비판적 사고

1. 오류와 그 유형

우리는 "오류(fallacy)"라는
단어를 넓은 의미에서 잘못된 생
각이나 믿음을 의미하는 말로 사
용한다. 하지만 좁은 의미로 오
류를 사용할 때에는, 머리 속으
로 추론하거나 논증을 펼칠 때

발생하는 논리적 혹은 설득력이 곡해되는 잘못을 의미하는 것으로 사용한다. 그래서
우리는 어떤 근거를 제시하면서 주장을 할 때 범하게 되는 잘못을 통상 "오류"라고 일
컫는다. 이렇게 오류는 잘못된 논증을 말한다. 사실 논리학에서 말하는 오류의 유형에
는 '형식적 오류'와 '비형식적 오류'가 있다. 형식적 오류는 형식적인 논증에서 발생하
는 오류들로, 형식논리학의 추론 규칙에 합당치 못한 논증이다. 하지만 비형식적 오류
는 자연언어논증에서 발생하는 오류나 실수들이다. 겉보기로나 심리적으로 옳은 듯 보

이지만 논리적으로 분석해 보면 비형식적 요소들, 즉 논증의 내용 때문에 빠지는 오류들 때문에 부당하거나 설득력이 없는 논증이 된다. 형식적인 오류는 주장과 근거사이의 '연결'이나 논리적 연결이 잘못되었기 때문에 설득력을 잃지만, 비형식적인 오류는 각 구성요소들 사이의 연결은 옳으나 주장과 근거의 '내용'이 잘못되었기 때문에 설득력을 잃는다는 부분에서 차이가 있다.

때때로 사람들이 토론에 임하는 사람들이 자기가 주장하는 내용에 모순을 담고 있다면, 그 주장 그 자체는 설득력을 얻지 못한다. 모순은 자신의 논의 속에 자신이 주장하는 바와 그 주장을 부정하거나 반대하는 내용이 동시에 들어 있을 때를 의미한다. 그래서 토론자들이나 논증을 전개하는 사람들은 논리적 모순을 범하지 않도록 노력하는 태도가 중요하다. 토론의 과정에서 각각의 토론자들이 공격을 받게 되는 많은 경우가 바로 논리적 모순의 지적하는 것이다. 우리가 학술적으로 이론을 펼칠 때뿐만 아니라 일상생활에서 우리는 알게 모르게 논리적 오류를 범하는 습관이 있다. 이제 비형식적인 오류를 여러 가지 주제로 살펴보자.[17]

2. 언어적 오류와 심리적 오류[18]

언어를 잘못 사용하는 데서 빚어지는 오류가 바로 언어적 오류다. 이것은 언어의 구조나 기능에 대한 그릇된 인식에서 비롯되는 오류다. 이 중에는 단어나 구의 의미가

---

17) 우리는 이미 앞 장에서 비형식적 오류들 가운데 귀납논증을 둘러싼 오류들에 대해서 학습한 바 있다. 따라서 이 장에서 다루는 오류는 귀납을 둘러싼 오류를 제외한 비형식적 오류들을 주된 내용으로 다루겠다.

18) 이 장에서의 오류에 대한 설명과 사례는 나무위키(https://namu.wiki/)의 "비형식적 오류"를 비롯한 여러 백과사전을 참조했으며, 나머지 예들도 여러 인터넷 자료들에서 잘 알려져 있는 것을 참조하여 재정리 및 수정하여 정리하였다.

부주의의 결과로 변경되거나, 혹은 논증 과정에서 의도적으로 조종될 수도 있는 경우도 있다. 이를테면 동일한 개념이 전제와 결론에서 전혀 다른 의미로 쓰이기 한다. 만일 추론이 이런 언어의 용법에 의거한다면 그것은 오류다. 이런 종류의 오류를 '애매성의 오류'라고 말하며, 때로는 '궤변'이라고도 한다. 이러한 애매성의 오류에는 낱말과 구문이나 문장으로 구별

되어 전자의 경우 애매어의 오류라 하고 후자의 경우를 애매문의 오류라고 한다. 그렇다면 애매어의 오류부터 순차적으로 살펴보자.

1) 애매어의 오류(Equivocation)

어떤 상황에서 두 가지 이상의 의미로 이해될 수 있는 낱말을, 그 중 하나의 의미로 부당하게 해석하여 추론할 수 있는데 이 때 생기는 오류가 애매어의 오류다. 아래의 사례에서 살인자는 '불법적인 살인자'이고 두 번째 문장의 살인자는 '합법적인 살인자'를 뜻한다. 둘 다의 의미가 가능하지만 상호 교환될 수 있는 의미는 아니다.

모든 살인자는 마땅히 사형되어야 한다. 모든 사형 집행관은 살인자다. 그러므로 모든 사형 집행관은 마땅히 사형되어야 한다.

모든 인간은 죄인이야. 그리고 모든 죄인은 감옥에 가야 해. 그렇다면 모든 인간을 감옥에 처넣어야겠군.

2) 애매문(애매구)의 오류(Amphiboly)

문장에서의 한 구절이나 문장의 구조가 애매하기 때문에 범하게 되는 오류가 바로 애매문의 오류다. 주로 문법적으로 애매한 진술을 잘못 해석하고서 어떤 결론을 도출할 때 일어난다. 다시 말해 우리가 어떤 문장의 의미를 명확하게 규정할 수 없을 때, 그것은 애매한 문장이다. 구조적으로 애매한 문장은 어떤 경우에는 참으로 해석될 수 있지만, 다른 경우에는 거짓으로 해석될 수 있다. 어떤 문장을 참으로 해석하여 전제로 진술하고, 동시에 이 문장을 거짓으로 해석하여 어떤 결론을 바로 그 전제에서 끌어낼 때 이러한 오류를 범한다.

> 나는 눈을 지그시 감고 기도하시던 돌아가신 어머니의 모습을 떠올렸다.

위의 예에서 눈을 감은 사람이 나인지 아니면 어머니인지를 명료히 구분되지 않기 때문에 이 문장은 애매문의 오류를 범하고 있는 것이다. 다음의 예도 이러한 오류를 범하고 있는 셈이다.

리디아의 왕은 페르시아를 침략하고자 하여 승려에게 요청하여 신탁을 받았다. 델피의 신탁은 크로소스가 강한 나라를 멸망시킨다고 하였다. 그 말을 들은 크로소스는 페르시아와 결전하였으나 크로소스는 참패하였다. 그러자 신탁이 거짓이라고 항의하였더니 승려는 "신탁은 옳았다. 강한 나라란 크로소스의 왕국이었다."고 하였다.

> "나는 영희보다 아이스크림을 좋아한다."

3) 강조의 오류(Accent)

특정한 단어나 구절, 또는 문장을 강조 또는 은폐함으로써 성급한 판단이나 추리를 유도하는 경우를 말한다. 문장이나 표현에서 특히 어느 한 부분을 강조하면 그렇지 않을 때와 다른 의미를 전달할 수 있다. 이처럼 어떤 말의 특정 부분을 강조함으로서 범하게 되는 오류가 바로 강조의 오류다.

> "퇴근길에 미행을 당하고 있는 것 같소. 당신도 시장에 갈 때 조심하구려." 분명 남편의 걱정에 찌든 목소리였다. "아니, 당신은 어떻게 그런 말을 할 수 있어요? 시장에 갈 때만 빼놓곤 조심하지 말란 소리예요?" 마누라의 힐책적인 말투가 남편의 걱정을 더욱 무겁게 하고 있었다.
>
> 내 물건에 손 대기만 해봐라. / 그럼 발은 되는 것이군요?
> 친구에게 거짓말해서는 안 된다. / 그럼, 가족에게 거짓말해도 되는구나.

4) 사용/언급 혼동의 오류

우리는 세계의 모습을 기술하고 우리의 감정을 토로하기 위해 언어를 사용한다. 그러나 가끔 "'청와대'는 세 글자로 된 단어이다"와 같이 우리는 언어에 대해 기술할 수도 있다. 이때 '청와대'라는 단어는 세계를 기술하기 위해 사용된 단어가 아니라, 세계의 일부로서 기술의 대상이 되고 있다. 이럴 경우 '청와대'라는 단어는 언급되었다고 말하는데, 어떤 단어가 사용되지 않고 언급되었다는 것을 나타내기 위해 위의 예에서처럼 홑 따옴표를 이용한다. 이것을 무시하고 추리를 사용하면 사용-언급을 혼동하는 오류를 범하게 된다. 아래의 예에서 첫 번째의 '성경'은 사용되었기 때문에 따옴표 없이 사용해야 하지만, 두 번째의 '성경'은 언급된 것이기 때문에 따옴표로 묶어 '성경'이라고 표기해야 하는 것이다. 이것은 사용된 성경과 인용된 성경을 구분하지 않음으로써 빚어진 오류다.

> 대부분의 고대사는 성경에 들어 있다. 그런데 성경은 두 글자로 된 말이다. 따라서 대부분의 고대사는 두 글자로 된 말 속에 들어 있다.

심리적 오류는 어떤 논지를 객관적으로(논리적으로) 설득되어서가 아니라 주관적으로(심리적으로) 영향을 받아 수용할 경우에 범해진다. 심리적 오류는 우선 감정에 호소하는 경우가 있는데, 여기서 동정, 공포, 증오, 사랑 등의 심리적 요인이 발생하며, 그 심리적 요인은 어떤 사실판단을 유발시킬 수 있다.. 이런 오류들은 전부 오류를 일으킨 그 부분만 떼놓고 보면 가소롭게 보이지만, 실제로 등장하는 상황에서는 오류임을 알 수 있는 부분을 교묘하게 숨겨서 등장하기 때문에 주의해야 한다. 또한 심리적 오류는 사람에 호소하는 경우가 있다. 인신공격이나 정황적 오류나 피장파장의 오류가 여기에 해당한다. 이제 감정에 호소하는 심리적 오류부터 살펴보자.

5) 힘에의 호소 또는 위협에의 호소(argument from power or force)하는 오류

우선 힘에 호소하는 오류다. 이것은 어떤 논지를 공포, 위험, 공갈, 협박, 근심, 격정, 불안 등의 이유로 받아들일 경우에 발생하는 오류를 말한다. 여기서 중요한 사실은 이것이 주장하는 사람이 지니고 있는 힘에 호소하거나 상대를 위협함으로써 자신의 주장을 받아들이게 하는 오류라는 점이다. 그리고 이 오류는 논리적 설득력이 아니라 심리적 압박감에서 오는 설득력으로 상대방으로 하여금 공포를 불러일으키는 데 있다. 어떤 결론을 받아들이도록 하기 위해 힘에 호소하는 것으로, 힘 있는 사람이 어떤 것을 주장하거나 요구한다고 해서 그 사람이 가진 힘이나 위력 때문에 그것을 올바른 것으로 받아들일 때 발생하는 오류다. 주로 언어폭력이나 물리적 폭력을 쓰는 경우가 많다. 이 오류의 사례는 다음과 같다.

1968년 푸에블로호가 북한에 의하여 납북된 후, 선장은 북한 당국이 그에게 "자백하라, 그렇지 않으면 당신이 보는 앞에서 승무원들을 모조리 사살하겠다"고 위협했을 때, 스파이 활동을 시인하고 말았다.

자~ 관심법이 끝났느니라, 말해보라. 반역을 도모한 사실이 있었는가? - 궁예

6) 동정 혹은 연민에 호소하는 오류(Argumentum Ad Misericordiam)

논증이나 주장을 펼칠 때 동정심이란 어떤 결론에 이르게 함에 있어 심정적인 공감대를 형성하는 데에는 도움이 될 수 있다. 하지만 동정심 자체가 결론의 옳고 그름을 판정할 수 있는 기준이 되는 것은 아니다. 그리고 동정이나 연민에 호소하는 오류는 자주 어린 아이나 혹은 연약한 동물들을 등장시키며 이것을 동정하지 않으면 비인간적이라고 하면서 자신의 주장을 인정하도록 한다.

모 재벌 그룹 회장은 뇌물 수수 사건에 대한 최후 변론에서 징역형이 구형되자 서러운 듯이 갑자기 울먹이며 손수건으로 눈물을 훔치면서 말하였다. "학교를 졸업하고 월급 생활 7년과 창사 이후 27년 동안 단 하루도 쉬어본 적이 없으니

다. 아직 할 일은 많은데 좀 더 열심히 일할 수 있도록 재판부의 옳은 판결을 부탁드립니다."

따라서 이 오류는 동정심이나 연민 등에 호소해서 결론을 받아들이게 하려고 할 때 범하게 되는 오류다. 다음도 그러한 사례다.

늙은 부모님과 토끼같은 처자식이 있다. 좀 봐다오.

7) 군중에 호소하는 오류

이 오류는 말 그대로 결론을 뒷받침하는 전제 부분에 군중이나 대중들을 끌어들이는 것이다. 그리고 대부분의 사람들의 감정에 호소하여 선동하는 것이 일반적이다. 또한 이것은 군중 심리를 자극해서 자신의 주장을 받아들이도록 유도하거나, 대다수의 사람들이 그렇게 하니까 그것이 옳으며 당신도 그렇게 해야 한다고 주장하는 오류다. 이 오류의 대부분은 많은 군중이 그렇게 생각하고 있으므로 그것이 옳거나 좋다고 결론을 내리는 형태를 띠고 있다.

모회사의 치약으로 양치질을 하는 사람이 9백만 명이나 된다. 그러므로 그 회사의 치약은 가장 좋은 제품이다.

한국 부동산 조세제도는 불공평하고 터무니없어! 당장 누구에나 물어봐라. 그런가 안 그런가.

8) 권위에 호소하는 오류(Argumentum Ad Verecundiam)

대개의 경우 자신의 견해나 주장을 강화하기 위해서 그 방면의 권위자나 권위 있는 기관을 인용함으로써 발생하는 오류다. 전문가의 전문영역을 벗어난 문제에 대해 전문가의 의견에 호소하는 경우가 여기에 해당한다. 해당 분야에 공신력 있고 전문적인 권위가 있는 정보출처가 아님에도 불구하고 단지 유명하다는 이유만으로 자신의 주장을 뒷받침하는 논거로 여기는 오류다.

> 알베르트 아인슈타인의 '인간은 평생 자기 뇌의 10%만 쓰고 죽는다'는 발언, 이 발언은 명백한 대중심리학이긴 하지만, "아인슈타인이 말했기 때문에 사실이다."라고 믿고 쓰는 사람들은 이 오류를 범하는 것이 된다.

물론 권위에의 논증이 반드시 오류가 되는 것은 아니다. 권위에의 호소가 오류가 되는 경우는 '유사 권위'를 권위로서 인용할 때 일어난다. 광고에서 유사권위에 의한 오류를 빈번히 발견할 수 있다. 영화배우에게 의사가 입는 흰 가운을 입힌 다음 시청자에게 어떤 의약품을 사용하도록 유도하는 광고가 그 한 예이며, 유명한 운동선수나 탤런트의 인기를 '권위'로써 이용하기도 한다.

> 이 화장품이 얼마나 좋은 화장품인 줄 아니? 그 유명한 ○○○란 여자 탤런트도 이 화장품만 쓴다는 말 들어 봤지?

이제 사람에 호소하는 심리적 오류를 살펴보자.

9) 인신공격의 오류(Argumentum Ad Hominem)

이것은 상대방의 말에 대해 공격하는 것이 아니라, 그 말을 하는 사람의 인격을 손상하면서 그의 신념이나 주장을 꺾으려고 할 때 범하게 되는 오류다. 그래서 사람의 인품이나 성격을 비난함으로써 그 사람의 주장이 잘못되었다고 하는 오류. 인신공격의 오류는 주장하는 내용을 반박하지 않고 그 주장을 펴는 사람의 인격을 손상하면서 그 주장을 공격할 때 범하게 되는 오류다. 주로 '욕설'을 이용하거나, 상대방의 인격적 환경을 인용하게 된다. 격렬한 논쟁에서 감정을 통제하지 못할 때 빠지기 쉬운 오류다.

"소크라테스의 인생철학은 음미할 만한 가치가 없다. 마누라한테 꼼짝 못한 공처가 아닌가."
"에디슨은 위대한 발명가라고 할 수 없어. 그는 어린 시절에 낙제를 했었거든."

10) 정황적 논증의 오류

어떤 주장이나 행위를 그 내용과 관련된 정당한 근거에서 비판하는 것이 아니라 그 사람의 신념과 그 신념을 가지고 있는 정황과는 아무런 연관이 없음에도 불구하고 무리하게 연관시키는 경우에 대개 이 오류를 범한다.

국립 대학교 출신 甲 의원은 사립 대학교 수익 사업체에 세금을 부과하는 것을 반대한다. 그러나 사립 대학교 출신 乙 의원은 이 안건에 지지를 하고 있다. 이에 대해 甲 의원은 乙 의원과 논의를 펴면서, "이 법안은 사립 대학교 출신인 당신의 모교에 경제적 부담을 줄 것이기 때문에, 당신에게 불리한 법안임에 틀림없다."고 말했다.

11) 피장파장의 오류

비판받은 내용이 비판하는 사람에게도 역시 동일하게 적용됨을 근거로 비판에서 벗어나려는 오류를 말한다. 다른 말로 역공격의 오류라고도 한다.

오빤 뭐 잘했다고 그래? 오빤 더 하더라 뭐.

선생님 : 얘들아, 선생님 화장실을 사용해서는 안 되는 거야. 학생 출입 금지 구
역에는 들어가지 않아야 하겠지?

학 생 : 선생님들도 학생 화장실을 자주 이용하시면서 그런 말씀을 하세요?

3. 자료적 오류들과 타당한 논증의 부적합의 오류(인과관계를 둘러싼 오류)

자료적 오류란 전제와 결론 사이의 관계가 있기는 하지만, 전제가 결론을 뒷받침하기에는 불충분하거나 불분명하거나 부적절한 경우다. 자료적 오류에는 우선 잘못된 인과관계에서 비롯된 오류들과 그 밖의 불충분한 자료에 의거한 오류, 그리고 부분과 전체의 관계에서의 오류들로 구분할 수 있다. 우선 잘못된 인과관계를 둘러싼 오류들을 살펴보자.

1) 거짓원인의 오류(원인오판의 오류)

이것은 어떤 사건의 원인과 결과를 혼동하거나, 단순한 선후 관계를 인과 관계로 혼동함으로써 발생하는 오류다. 다시 말해 어떤 두 사건이 동시에 발생할 때 그 중 한 사건이 다른 사건의 원인이라고 잘못 추론하거나, 한 사건이 다른 사건보다 단지 먼저 발생한 것을 가지고 전자가 곧 후자의 원인이라고 잘못 추론하는 오류를 말하는 것이다. 두 개의 사건이 시, 공간적으로 연결되어 있다고 해서 그들 사이에 인과관계가 있다고 주장할 수 없는 것은 분명하다.

너희가 이만큼이라도 살아가는 건 다 이 어미가 밤낮으로 신주를 모시는 덕이란 걸 알아야 해. 그 집 아들이 왜 정신병자가 된 줄 알아. 부모의 산소를 잘못 옮겨서 그런 거라구.

2) 공통원인 무시의 오류

제3의 공통원인에 영향을 받아 일치하여 발생한 두 사건이 전혀 인과관계가 없는 듯할때 제3의 공통원인에 의한 것이 아닌지 의심할 수 있다. 그런 공통원인 유무 여부를 확인하지 않고, 일치하여 발생한 두 사건 중 어느 한 쪽이 다른 한 쪽의 원인이 된다고 섣불리 가정하는 것이 이 오류에 해당된다.

숯이 타서 붉게 변하면 고기가 익는다. 따라서 숯의 붉은색은 고기를 익게 한다.
이 건물에 불이 났을 때 갑자기 엄청난 폭발음이 들렸다. 그러므로 폭발음이 화재의 원인이다.

3) 인과 전도의 오류(역–인과관계의 오류)

인과 전도의 오류는 인과관계를 서로 뒤바꾸어 원인을 결과로 보고, 결과를 원인으로 보는 데서 생기는 오류다. 인과 전도의 오류는 연결 고리가 있긴 하지만 그 연결 고리를 뒤집어서(해당 전제의 역(逆)으로) 보았을 때 저지르는 오류다. 즉, A이기 때문에 B인 것을 B이기 때문에 A인 것으로 착각하는 오류다.

헬스장에 갔더니 비만인 사람들이 많은 것으로 보아 헬스장에 가는 것은 비만을 유발한다고 볼 수 있다.

철수는 공부를 아주 잘 하는데, 분명 젊은 나이에 박사를 따서 그럴거야.

4) 본말전도의 오류

모든 일에는 선후 관계가 있다. 그 순서를 혼동하면 반드시 오류가 나타나게 된다. 흔히들 수레를 말 앞에 놓는 오류(fallacy of putting the cart before the horse)라고도 부른다.

과녁에 화살이 잘 맞지 않으니, 일단 화살을 쏘아 놓고 과녁을 그리면 되겠군.

이제는 잘못된 자료에 의해 발생하는 자료적 오류에 대해 설명해 보자.

5) 우연의 오류(원칙 혼동의 오류)

어떠한 법칙이나 원칙을 모든 경우에 적용할 수 있는 것처럼 생각하고, 적용할 수 없는 우연적인 상황, 즉 예외적인 상황에까지 적용하는 오류를 말한다. 다시 말해 상황에 따라 적용되어야 할 원칙이 다른데도 이를 혼동하는 데서 생기는 오류다.

거짓말은 나쁘다. 그러므로 의사가 환자를 위해서 하는 거짓말도 당연히 나쁘다.

니네들. 왜 내가 그 짓을 했다고 몰아붙이는 건데? 무죄추정의 원칙이 있잖아!

일반적인 사실이나 법칙, 규칙을 우연적이고 특수한 경우, 즉 법칙을 적용할 수 없는 상황에 적용하는 경우에 범하는 오류다.

에베레스트 산 정상에 선 산악인이 "물은 100℃에서 끓으니까 여기서도 그럴 거야"라고 말하는 경우에 범하게 되는 오류다.

6) 무지에 호소하는 오류

이 오류는 간혹 심리적 오류로 분류되기도 하는 오류로서, 어떤 명제가 거짓임이 입증되지 않았다는 것을 근거로 그 명제가 참이라고 주장하거나, 어떤 명제가 참이라는 것이 입증되지 않았다는 것을 근거로 그 명제가 거짓이라고 주장하는 경우에 발생하는 오류다.

"흡연이 암을 유발한다는 결정적인 증거는 없으므로, 담배는 암을 유발하지 않는다"라고 주장하거나, "그 사람이 그 물건을 훔쳤다는 증거가 없으므로, 그 사람은 도둑이 아냐"라고 주장할 때 발생한다.

7) 논점 일탈의 오류

어떤 결론을 지지하기 위해 전개된 논증이 실제로는 다른 결론을 지지하는 경우에 발생한다. 논리학에서는 논리를 펼 때 해서는 안 되는 오류 중 하나다. 다시 말해, 논증자가 본래의 논지나 논점을 잃고 스스로의 논증에 차질을 생기게 됨으로, 결국 논점이 흐려지는 것을 말한다.

"청소년들간에 음란물이 홍수처럼 넘쳐나고 있다. 특히 영상물을 통한 음란물 접촉의 용이성은 청소년들의 영혼을 결정적으로 병들게 하고 있다. 따라서 하루 속히 성인 전용 영화관을 만들어야 한다."

8) 복합질문의 오류(complex question)

두 개 이상의 요소질문으로 구성되어 있기 때문에 단순히 "예"나 "아니오"로 대답할 수 없는 질문을 복합질문이라고 한다. 복합질문을 통해 사실을 왜곡하려 하는 경우 이 오류를 범하게 된다. 어떤 질문을 그 질문 속에 숨겨진 어떤 결론이 참이라는 것을 전제하는 방식으로 질문하는 것이다.

무슨 마약하시길래 이런 생각을 했어요?
아내를 일주일에 몇 번이나 폭행하십니까?
그 거짓말 진짜니?

9) 발생론적 오류

어떤 사상, 사람, 관행, 제도 등의 원천이 어떤 속성을 갖고 있기 때문에 그것들 역시 그러한 속성을 갖는다고 주장하는 오류다. 손가락으로 달을 가리키는데 그 달을 보지 않고 손가락에 묻은 때를 가지고 시비를 건다면 그게 바로 발생론적 오류다. 쉽게 말해, 텍스트 자체만을 가지고 평가 하는 것이 아니라 텍스트를 산출한 사람이나 맥락에 대해 시시콜콜 따지는 거다. 모든 논리적 오류가 그렇듯이 이것도 일상에서 쉽게 마주치게 된다.

"저 학생의 집안은 교육자 집안이니까 보나마나 모범생이야."

10) 흑백사고의 오류

제3의 선택지가 있음에도 불구하고 양자택일을 강요할 때 발생하는 오류다. 이것을 거짓 이분법의 오류 혹은 대안을 간과하는 오류라고 부르기도 한다.

> 당신은 우리와 동맹을 맺지 않았습니다. 그러므로 당신은 우리의 적입니다.

11) 의도 학대의 오류

의도하지 않은 결과에 대해 의도성을 적용해 생기는 오류다. 이 오류 논증은 '의도한다', '바란다', '희망한다', '믿는다', '생각한다' 등과 같은 지향적 태도와 관련된 오류다.

> 골목에서 야구하는 것은 곧 남의 집 유리창을 깨기 위한 행동이다.
>
> 선생님 : 자네는 왜 보충 수업을 희망하지 않는가?
> 학   생 : 저는 늦게까지 학교에서 통제받으며 수업하는 것보다 자유롭게 제가 하고 싶은 공부를 하는 게 낫다고 생각합니다.
> 선생님 : 그럼 자네는 대학 진학을 포기했다는 것인가?

부분과 전제를 둘러싼 자료적 오류는 다음과 같다.

12) 결합의 오류(composition)

이 오류는 다른 말로 합성의 오류라고도 한다. 전체에 속하는 부분적 속성으로부터 전체 자체의 속성을 잘못 추리하는 것, 또는 부분 또는 개별적인 원소들이 어떤 성질을 가지고 있다는 사실로부터 그 원소들의 전체 혹은 그 집합도 그러한 성질을 가지고 있다고 추론하는 오류다.

> 둥근 천장에 붙어 있는 각각의 유리가 삼각형이므로 천장 전체는 삼각형임에 틀림없다.

13) 분해의 오류(division)

이것은 분할의 오류라고도 한다. 전체 또는 집합이 어떤 성질을 가지고 있기 때문에 그 부분 또는 원소도 그와 같은 성질을 가지고 있다고 추론하는 오류추리, 또는 어떤 집합의 속성에서 원소 자체의 속성을 논증하는 것을 말한다.

> 내 외국인 친구 중에 브라질 국적의 친구가 있어. 브라질은 축구 강국이니. 그 친구도 축구를 엄청나게 잘 하겠지?
>
> 소금은 먹을 수 있으니 나트륨과 염소도 먹을 수 있겠지?

논증은 타당할 지라도 적절하지 못해서 생기는 오류에는 순환논법의 오류와 선결문제의 오류가 있다. 이 둘은 다르지만 동일하게 분류하는 학자들이 많다.

13) 순환논법의 오류

논증의 결론이 전제 중 하나의 전제로 사용되는 경우에 발생한다. 예를 들어 "신은 존재합니다. 왜냐하면 성경에 그렇게 씌어 있습니다. 성경 말씀은 신의 말씀이기 때문에 거짓말일 수 없습니다."라고 주장하는 경우에 신의 존재는 성경 말씀에 의해, 성경 말씀의 참은 신의 보증에 의해 입증되고 있다. 이는 신의 존재가 신의 존재에 의해 입증되고 있는 것이다. 경우에

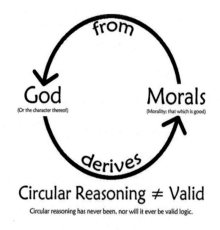

따라 순환논증과 선결문제 요구가 같은 종류의 오류로 분류되기도 한다. 그러나 여기서는 두 오류는 다른 종류의 오류로 분류된다. 순환논증에서는 결론이 전제에서 반드시 등장하지만, 선결문제 요구의 오류에서는 결론이 전제에서 등장할 필요는 없기 때문이다.

학생: 어떻게 하면 공부를 잘할 수 있을까요?
교사: 공부를 쉽게 만들면 되지 않을까?
학생: 어떻게 해야 공부가 쉬워질까요?
교사: 공부를 잘 하면 돼.

14) 선결문제 요구의 오류

의심스러운 전제를 이미 증명된 것으로 가정한 후, 그 전제로부터 결론을 도출해내는 경우이다. 선결문제 요구의 오류(先決問題要求의 誤謬, 라틴어: petitio principii 논점을 (미

리 진실로) 가정하고 있는 것이다. 영어로는 Begging the question 또는 Equal to the Question이며, 이것은 증명을 요하는 사항을 전제 속에 채용하는 오류로, 전제 속에 결론과 같은 뜻의 말을 쓰고 있는 것을 말한다.

> 민수는 불량학생이다. 학생부에서 징계를 받았으니까. 왜 학생부에서 징계를 받았냐고? 그야 당연히 그가 불량한 학생이기 때문이지.
>
> 명제: 아편은 수면을 재촉한다.
> 이유: 왜냐하면 아편은 수면약을 포함하고 있기 때문이다.
>
> "살인은 절대로 도덕적으로 정당화될 수 없습니다. 따라서 안락사는 절대로 용납될 수 없는 범죄입니다."

위 논증에서 "안락사는 살인이다"라는 전제는 증명되지 않고 있는 선결 문제다. 부당가정의 오류 혹은 거지논법이라고 부르기도 한다.

4. 비판적 사고와 논리적 지식들

비판적 사고란 정확성이나 타당성, 가치를 판단하기 위해 어떤 주장이나 신념, 정보의 출처를 정밀하고 객관적으로 분석하는 것으로 비판적 사고(批判的 思考)는 정보를 분석하고 평가하는 정신적 과정이다. 특히 참이라고 주장되는 진술이나 명제

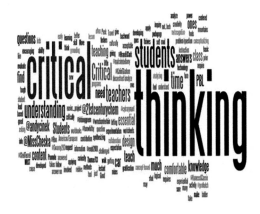

가 주된 대상이다. 여기에는 그 진술의 의미를 파악하고, 제공된 증거와 추론을 검사하고, 사실들에 대해 판정을 내리는 과정을 가진다. 우리나라 사람들은 "비판적(critical)"이라는 말을 부정적인 의미로 받아들이는 경향이 강하다. 그러나 비판적이란 사전적 정의에 의하면 "사물의 옳고 그름을 가리어 판단하거나 밝히는 것"이라고 정의되어 있습니다. 한자어인 비판(批判)도 비평할 비(批) + 판단할 판(判) = 판단하여 (비)평하는 것이다. 그래서 옳음과 그름, 선과 악, 좋은 것과 나쁜 것, 적절한 것과 과도한 것, 아름다운 것과 추한 것에 대해 구분하여 사고하는 것을 말하는 것이다. 이것은 우리가 알고 있는 부정적인 의미의 단어인 "비난"의 사전적 정의인 "남의 잘못이나 결점을 책잡아서 나쁘게 말함과는 많이 다르다. 우리가 글쓰기를 하거나 독서를 하면서 또는 토론이나 회의를 할 때, 그리고 다른 사람의 주장하는 내용에 대해서 꼼꼼하게 따져보고 어느 부분이 잘못되고 어느 부분이 잘 되었는지를 가려내는 행동들이 비판적 사고의 시작인 것이다. 여기에 오류가 매우 중요한 역할을 수행하는 것이다.

주장을 올바르게 이해하고 주장을 올바르게 평가하는 일이 바로 비판적 사고를 하는 셈이다. 이러한 과정을 통해서 우리는 어떤 주장은 받아들여야 하고 어떤 주장은 받아들이지 말아야 한다는 결정을 하게 된다. 왜냐하면 논증에 대한 평가는 인식의 합리성—진실과 타당성을 사정하는 능력—을 필요로 하는 반면에, 행동 과정에 대한 평가는 실천적 혹은 도구적 합리성—행동 과정의 가능한 결과를 예측하고 그 결과를 바라던 목적이나 바람직한 목적에 비추어 평가하는 능력—이 요구되기 때문이다. 이러한 비판적 사고는 훈련을 통해 그 능력이 확장될 수 있다. 그렇다면 비판적 사고의 가장 쉬운 방법이면서 가장 오랜 기간 동안 사용되어진 글 읽기와 글쓰기다. 비판적 사고는 우리가 올바른 생각을 표현하는 방법으로 즉 말하기와 쓰기를 통해 구현되고 상대방의 주장을 올바르게 판단하기 위해서 즉 읽기와 듣기를 통하여 사고되기 때문이다. 이러한 사고 과정에 논리학에서 다루고 있는 내용을 학습에 포함한다면 비판적 사고 능력은 더욱 향상될 것이다.

〈확인문제〉

확인 문제 A

다음에 ㉠과 같은 오류를 범하고 있는 것은?

> 그 위험하기가 이와 같았는데도 강물 소리는 들리지 않았다. 모두 말하였다. ㉠ ("요동의 들이 평평하고 넓기 때문에 물이 성내어 울어대지 않는다.") 그러나 이것은 강물을 알지 못한 것이다. 그것은 요하가 울지 않는 것이 아니라, 단지 밤중에 건너지 않았기 때문이다. 낮에는 물을 볼 수 있으므로 오직 눈이 위태로움을 보는 데만 쏠려, 벌벌 떨며 도리어 눈을 가진 것을 걱정해야 할 판에 도대체 무엇이 들리겠는가, 지금은 밤중에 강을 건너므로 눈이 위태로움을 보지 못한다. 따라서 위태로움이 오로지 청각으로 쏠려 귀가 이제는 벌벌 떨며 그 근심을 감당하지 못하는 것이다.

① 그는 믿을 수 없는 사람이야. 지난번 나와의 약속 시간을 어겼어.
② 오늘은 넘어져서 다치질 않나 영 재수가 없는 날이야. 어쩐지 아침에 재수 없는 그 녀석을 마주치더라니.
③ 지난 체육 대회에서 철수네 반이 줄다리기 우승을 했어. 그 반 애들은 다 힘이 세나 봐.
④ 어머니께서 밤에 친구들과 밖에 나가지 말라고 하셨는데, 동생과는 상관 없겠지요?
⑤ 우리는 그 학자의 견해를 받아들일 수 없어요. 가난한 나라에서 온 사람이거든요.

해설 및 정답

우연히 부딪히게된 관련이 없는 다른 근거를 바탕으로 추론하여 잘못된 결론을 내리고 있다. 정답은 ②다.

①은 부분적인 것을 전체적인 것으로 확대 해석한 것이다.

③은 전체의 특성에 기인하여 그것을 구성하고 있는 개별 요소도 모두 같을 거라고 잘못 판단한 것이다.

④은 문맥의 어떤 부분을 근거로 적용, 해석함으로써 잘못 판단을 내린 것이다.

⑤은 출신지, 경력을 바탕으로 그 사람의 의견을 지레 판단하고 있다.

"동아시아에 '뽕짝권'이라는 것이 있어서 그 맹주가 우리나라라고 가정해 보자 → 일본과 대만의 뽕짝에는 한국적 정서가 투영되어 있다."와 유사한 오류를 범한 것은?

① 사람들이 소주를 달라고 할 때에는 ◎◎소주만 찾잖아, 그리고 보면 ◎◎소 주가 좋긴 좋은 모양이지.

② 종교란 일종의 주술에 지나지 않아. 원시종교가 주술적 요소를 가지고 있었 다는 사실을 생각해 보라구.

③ 그 영화에는 인기 있는 배우들이 다수 출연한다면? 그 영화는 대단한 인기 를 누려서 제작사가 떼돈을 벌겠네.

④ 그 사람 오늘 아침에 마누라와 대판 싸우고 나서 출근했다지 뭔가? 그렇다 면 오늘 사고는 그 사람 마누라에게도 상당한 책임이 잇는 거잖아.

⑤ 인생은 그렇게 아득바득 살 필요가 없나 봐, 우리 삼촌 말야, 유학 가서 7년 만에 어렵게 박사 학위 따가지고 오시더니, 일주일 전에 교통사고로 돌아가 셨다구.

해설 및 정답

정답은 ②로 이것은 발생학적 오류 ①대중에의 호소 ③결합 ④원인오판(인과혼동) ⑤ 성급한 일반화

확인 문제 C

다음 두 사람의 대화에서 영수가 말하고 있는 오류와 같은 것은?

석훈 : 야! 영수야, 여태 자니? 게으른 녀석.

영수 : 아니, 나더러 게으르다고? 말도 안 돼. 우리 회사 사람들은 대한민국에서도 부
    지런하기로 정평이 난 거 너도 알잖아.

석훈 : 그렇다 너도 부지런한 사람이라고 말할 수는 없잖아.

영수 : 그런 억울한 말이 어딨어? 그렇다면 난 우리 회사 사람이 아니란 말야?

① 저 사람은 부자 나라 사람이니 돈이 많을 거야.

② 교회에 열심히 나와야 훌륭한 학생이 될 수 있어.

③ 그는 나를 사랑하지 않아. 그러니까 증오하고 있음이 분명해.

④ 이번 경기는 꼭 이겨야 돼. 그러니 넌 경기장에 오지 마라. 네가 경기를 직접 관전
   하면 우리 팀이 꼭 지잖아.

⑤ 원수를 사랑하라고 했는데, 너는 원수가 아니니 나는 너를 사랑할 수가 없다.

해설 및 정답

① 어느 집단이 부지런하다고 해서 그 집단의 구성원 개개인이 모두 부지런하다고 보
는 것은 오류다 (분해의 오류). ② 원천 봉쇄의 오류[19], ③ 흑백 논리, ④ 거짓 원인의
오류, ⑤ 강조의 오류. 따라서 답은 ①이다.

---

19) 원천봉쇄의 오류는 다른 말로 Poisoning the well(우물에 독 풀기)이라고 한다. 이것은 어떤
특정 주장에 대한 반론이 일어날 수 있는 유일한 원천(우물)을 비판함(독을 뿌림)으로써 반박
자체를 불가능케 함으로써 자신의 주장을 옹호하고자 하는 불공정한 전략이다. 대부분 그 추
론 과정이 합당하지 못하거나, 인격적인 모독으로 이어진다는 점에서 문제가 된다. 또한 명
확한 사실 판단, 규정을 위한 건전한 논의조차도 막아버린다는 점으로 말미암아 자연주의의
오류로 이어지기 쉽다. 예를 들어 "나는 오늘날 현대인들은 타락했다고 생각한다. 이 말에 동
의하지 않는 자들은 자신들이 이미 타락하였다는 것을 증거하고 있는 것이다.(니체, 〈토론의
기술〉)"이 있다.

〈연습문제〉

A 다음 글에서 범한 오류와 동일한 오류를 범한 것은?

> 어떤 지식이 다른 문화권에서도 진정한 지식으로 받아들여지려면, 그 대상에 대한 옳고 그름을 판단할 수 있는 여건이 성립되어야 한다. 왜냐하면 일정한 지식이 갖추어지지 않는다면 그런 지식의 옳고 그름을 판단할 수 없기 때문이다.

① 남대문의 문이 닫혀 있다는 그의 주장은 사실이 아니다. 왜냐하면 우리들 중 서울의 남대문을 본 사람은 아무도 없으니까.

② 재판관님, 저 사람의 잘못은 저 사람의 잘못이 아닙니다. 잘못된 사회 구조가 그를 그렇게 만들었으니 선처 바랍니다.

③ 인간은 선천적으로 파괴 본능을 가지고 있다는 그분의 말씀이 옳아. 왜냐하면 인간은 남을 때리고 그것을 은근히 즐기려는 경향이 있기 때문이다.

④ 새벽에 고양이를 친 후 아침에 사소한 접촉 사고를 낸 삼촌은 그놈의 고양이 때문에 부정이 탔다고 투덜거리셨다.

⑤ 복도에 있는 재활용 쓰레기통에는 항상 폐품이 가득 차 있으니 차라리 쓰레기통을 없애 버리자.

해설 및 정답

[정답] ③, 글은 '순환 논증의 오류'를 범했다. 즉, 주장과 뒷받침 문장의 내용이 동일하다. 이는 엄밀히 말하면 근거 없는 주장이어서 타당성이 없는 것이다. ① 잘못된 인과관계의 오류 ② 감정에의 호소 ④ 거짓원인의 오류 ⑤ 원천봉쇄의 오류

B 다음의 경우와 동일한 오류를 범하고 있는 것은?

> 불우한 이웃에 따뜻한 정성을 보내야 한다고 생각합니다. 그들의 어려움을 우리 자신의 어려움으로 생각하고 도움을 주어야 합니다. 더불어 우리 스스로가 인간답게 사는 것이 가장 중요한 것이라 생각합니다.

① 아무도 우리에게 침묵을 강요할 수는 없다. 따라서 우리가 강의실 밖에서 떠들고 노래하는 것을 비난해서는 안된다.
② "청소년들의 자살 문제가 아주 심각합니다. 여러분들께서는 이 문제를 해결하기 위하여 어떻게 해야 한다고 생각하십니까?" "예, 자살은 주위 사람들을 슬프게 하고, 낳아 주시고 길러 주신 부모님에 대한 예의가 아니라고 봅니다. 따라서 자살은 어떻게 해서든 막아야 한다고 봅니다."
③ 신은 무한히 자애로운 존재이다. 왜냐하면 '신은 전지 전능하고, 무한히 자애로운 존재'이기 때문이다.
④ 사람은 원숭이와 같은 점이 많다. 힘이 세면 지배하고 약하면 지배당한다. 따라서 사람도 지배당하지 않으려면, 마땅히 힘을 길러야 한다.
⑤ 만약 당신이 내 부탁을 거절한다면 당신 사업에 막대한 지장이 생길 것이오.

해설 및 정답

[정답] ②, 〈보기〉는 논점 일탈의 오류다. ① 원칙 혼동의 오류 ② 순환 논증의 오류 ③ 잘못된 유추의 오류 ⑤ 힘에 호소하는 오류

C 다음의 대화들 중에서 ㉠과 가장 유사한 오류가 나타나는 것은?

> 바다 거북이는 1년 내내 따뜻한 남쪽 바다를 헤엄쳐 다니다가 1년에 딱 한 번 정해진 때에 어두운 밤을 이용해 모래 사장으로 올라온다. 그리고는 사람들의 눈에 띄지않을 장소에 구멍이를 파고 알을 낳는다. 날이 밝으면 거북이는 건조한

모래 위에 큰 눈물 방울을 떨구고 울면서 바다로 되돌아간다. 예전에는 ㉠거북이가 알에서 부화했던 자신의 고향땅을 다시 떠나야 하는 운명 때문에 운다고 생각했다. 그러나 사실은 그저 거북의 염류선이 체외로 염분을 배출하는 매우 일상적인 절차일 뿐이다. 거북이는 슬프기는커녕 평소 그대로의 정서 상태인 것이다.

① 아내 : 저 사람은 당신을 볼 때마다 인사를 하네요.

　남편 : 당신은 그게 뭐 그렇게 이상하오. 저 사람이 그만큼 나를 존경하고 있다는 증거가 아니겠소.

② 여학생 : 너 오늘 청소 당번이잖아. 그런데 왜 청소 안 하고 그냥 가니?

　남학생 : 너는 그런 말할 자격이 없어. 너도 그저께 청소 안 하고 그냥 갔잖아.

③ 엄마 : 너 그 옷차림이 뭐냐? 여자애가 옷을 단정하게 입어야지.

　딸 : 아무것도 모르면서 엄마는 괜히 그래. 요즘 이런 옷차림이 유행이란 말야.

④ 여 : 싱가폴이 도시들 중에서 깨끗하기로 유명한거 아니? 거긴 거리에 휴지통도 없다고 하더라.

　남 : 그럼, 우리도 거리에 휴지통을 치워 버리면 거리가 깨끗해지겠네.

⑤ 담임 : 너 요즘 왜 그렇게 성적이 내려가니?

　학생 : 수업 시간에 졸아서 그런가 봐요.

　담임 : 그럼, 왜 수업 시간에 조니?

　학생 : 그거야 뭐, 성적이 내려가니까 공부에 흥미를 잃어서 그렇죠 뭐.

해설 및 정답

[정답] ①, ㉠은 거북이가 눈물을 흘리는 정확한 이유를 과학적으로 이해하지 못하던 시기에 인간의 입장에서 그것을 이해한 것이다. 이는 올바른 근거가 없이 자신의 입장에서 사리를 판단하거나 오류를 범한 것이다. ①에서 '남편'이 '인사'를 '존경'과 자의적으로 연결시키고 있다는 점에서 ①이 이와 가장 유사한 오류를 범하고 있다. ②는

'남학생'이 피장파장의 오류를, ③은 '딸'이 대중에 호소하는 오류를, ④는 '남'이 인과 혼동의 오류를, ⑤는 '학생'이 순환 논증의 오류를 각각 범하고 있다.

D 다음 중, ⓒ과 같은 종류의 오류를 범하고 있는 것은?

> 다음으로 고쳐야 할 것은 ⓒ파쟁을 무조건 죄악시하고 단결을 무조건 선으로 생각하는 견해다. 이러한 생각은 어떠한 목적을 위해서든지 또 어떠한 수단에 의해서든지 간에 우선 뭉쳐야 한다는 결론을 내리게 한다. 그러나 민족이나 국가가 최고의 선이 될 수 없는 것과 마찬가지로 민족의 무조건 단결이 최고의 목표일 수도 없는 것이다. '무엇을 위한 단결인가'하는 그 목적이 중요한 것이다. 때로는 보다 나은 발전을 위하여 분열과 대립이 불가피할 뿐 아니라 오히려 필요한 경우도 있다. 이것은 헤겔의 변증법 이론을 들먹일 필요도 없이 조금만 생각해 보면 알 수 있는 일이다. 서양에서의 자유를 위한 투쟁을 예로 드는 것만으로도 충분하리라고 믿는다.

① 너 나 좋아하니?/전에는 그랬지./그럼, 지금은?/좋아하지 않아./아니, 좋아하던 사람을 어떻게 미워할 수 있는 거니?

② '약(藥)'과 '악(樂)'의 글자 생김새부터가 비슷하다. 그러므로 약과 음악은 그 기원이 비슷하다.

③ 나의 이 주장은 정의에 입각한 것입니다. 따라서, 나의 주장에 반대하는 사람은 불의에 손드는 것입니다.

④ 너의 고양이가 공놀이를 한다고 믿을 수 없어. 왜냐 하면, 아직까지 어떤 고양이도 공놀이를 한다는 것을 들어 보지 못했기 때문이야. 따라서, 너의 고양이도 그것을 못할 것이 확실해.

⑤ 아침에 까치 우는 소리를 들었다. 이로 미루어 보아 오늘은 필시 뭔가 좋은 일이 있을 것이다.

[정답] ①, 보기에서 ⓒ은 일종의 흑백 논리의 오류다. 흑백 논리의 오류는 논의의 대상을 흑이 아니면 곧 백이요, 선이 아니면, 곧 악이라는 방식의 양극의 두 가지로만 구분함으로써 빚어지는 오류다. ⓒ은 파쟁 죄악, 단결 선으로 논의의 대상을 양분하고 있다. ①은 상대방에 대한 감정을 좋아하지 않으면 미워하는 것으로 양분하고 있다. ②는 잘못된 유추의 오류인데, 이는 유비 추리를 적용할 때 서로 다른 사물의 우연적이며 비본질적인 속성을 비교하여 결론을 이끌어냄으로써 생기는 오류다. ③은 원천 봉쇄의 오류로서 이는 반론이 제기될 수 있는 원천을 봉쇄함으로써 자신의 논지를 옹호하는 오류다. ④는 무지에의 호소로서, 알지 못함을 근거로 결론을 이끌어 내는 오류다. ⑤는 인과 혼동의 오류로서, 단순한 시간적 선후 관계를 인과 관계로 오판하거나 어떤 결과의 원인이 아닌 것을 그 결과의 원인으로 잘못 받아들이는 오류다.

제3부
부록

부록 1. 상황 분석과 토론 자료들
부록 2. 문제해결을 위한 NCS 활동 자료들

상황분석과 토론 자료들

NCS를 기반한 직무수행능력을 평가하기 위해서는 실제 현업에서 발생할 수 있는 상황을 기반으로 면접을 보거나 문제해결 능력을 평가한다.[1] 그 상황을 다음과 같은 예시로 공지되었다. 그리고 상황면접 과제의 구성은 크게 두 가지로 구분할 수 있으며, 상황 제시(Description)와 문제 제시 (Question or Problem)로 구분된다. 실제 상황에 기반한 문제제기는 다음과 같다.

상황제시 1. 실제 업무 상황에 기반한 배경 정보

인천공항 여객터미널 내에는 다양한 용도의 시설(사무실, 통신실, 식당, 전산실, 창고, 면세점 등)이 설치되어 있다. 금년도에는 소방배관의 누수가 잦아 메인 배관을 교체하는 공사를 추진하고 있으며 당신은 이번 공사의 담당자다.

상황제시 2. 구체적인 문제 상황에 대한 설명

주간에 공항운영이 이루어지는 관계로 주로 야간에만 배관 교체 공사를 수행하

---

1) https://www.ncs.go.kr/onspec/intervieweval/selectInterviewEvalList.do?uc=11를 참조하여 재구성하였다.

던 중, 시공하는 기능공의 실수로 배관 연결 부위를 잘못 건드려 고압배관의 소화수가 누출되는 사고가 발생했으며, 이로 인해 인근 시설물에는 누수에 의한 피해가 발생하였다.

문제제시 1. 문제 상황 해결을 위한 기본 지식 문항

1. 일반적인 소방배관의 배관연결(이음)방식과 배관의 이탈(누수)이 발생하는 원인에 대해 설명하시오.

문제제시 2. 문제 상황 해결을 위한 추가 대응 문항

2. 담당자로서 본 사고를 현장에서 긴급히 처리하는 프로세스를 제시하고, 보수완료 후 사후적 조치가 필요한 부분 및 재발방지 방안에 대하여 설명하시오.

이러한 식의 상황분석 및 문제를 해결하기 위해서는 우리는 상황을 논리적으로 분석하고 분명하고 명확한 해결을 하기위해서 기본적인 직업에 대한 지식이 있어야 하지만 다양한 상황 속에서 자기판단을 해야하는 능력도 겸비해야 한다. 따라서 우리는 다음과 같은 토론들의 상황을 기초적으로 수행하여 문제해결 능력을 향상시켜야 하겠다.

토론의 주제와 쟁점들

1. 베이비 제인도우를 어떻게 할 것인가?

사건개요

1983년 10월 11일, 베이비 제인 도우 명령이 개정되는 동안, 베이비 제인 도우가 뉴욕 롱아일랜드 세인트 찰스 병원에서 태어났다. 결혼 4개월째를 맞이한, 이 아이의 부모 린다와 댄 에이씨(Linda and Dan A.)는 중하층에 속하는 평범한 부부로 상류층에 오르고자 열심히 일하고 있었다. 이 아이의 원래 이름은 케리-린(Kerr-Lynn)이나 사생활 보호를 위해 언론과 법정 그리고 병원에서는 베이비 제인 도우(Jane Doe)라고 불렀다. 소아과 신경의 아르젠 큐스 캠프(Arjen Keuskamp)는 진단 후 뇌수종으로 인한 뇌압을 줄이고 정진 지체를 어느 정도 예방하자면 즉시 수술을 실

시해야 한다는 의견을 내 놓았다. 반면에 소아과 전문의 조지 뉴만(George Newman)은 태어난 지 14시간 후 정밀 진단을 한 다음 "수술을 하지 않으면 곧 죽을 것이다. 반면에 수술을 하면 이 아이는 평생 동안 전신마비, 정신지체, 방광염, 장염 등을 가지고 살 수밖에 없으며 길게 살면 12년 정도 될 것이다."고 이 아이 부모에게 말했다.

심층적 사고나 토론을 위한 질문들

(ㄱ) 만일 당신이 이 아이의 부모라면 수술을 하겠는가? 안하겠는가?

(ㄴ) 만일 1주 후에도 이 아이가 살아있다면 수술 하겠는가?

(ㄷ) 만일 언론에 알려져 후원금이 들어오면 수술 하겠는가?

(ㄹ) 만일 당신의 부모님이 교동사고로 인해 위의 아이와 같은 상황이라면 어떻게 하겠는가?

(ㅁ) 만일 당신이 결혼한 지 9개월이 된 신혼부부다. 그런데 만일 당신의 아내나 남편이 교통사고로 인해 베이비 제인도우와 같은 상황이라면 어떻게 하겠는가?

(ㅂ) 만일 당신이 이 아기였다면, 어떤 결정을 원하겠는가?

(ㅅ) 만일 이 아기가 무뇌아라면 어떻게 하겠는가?

토론 활동

활동 1. 두 팀으로 나뉘어 각각 수술을 해야 하는 근거와 주장을, 또한 수술하면 안 되는 근거와 주장이 있는 각각의 논증으로 구성하고 발표해 보자.

활동 2. 또한 조별의 베이비 제인 도우의 수술 여부에 대한 조별의 입장을 논쟁(찬반토론)에 붙이고 논의된 주장을 보다 엄밀한 논증으로 재구성해보자.

핵심용어

논증(argument): 명시적이든 암시적이든지 간에 전제와 결론으로 구성하는 명제들

의 집합

전제(premise): 주장의 근거로 논지의 논거나 이유를 제시하는 명제나 명제들

결론(conclusion): 전제가 지지하여 주장을 이루는 명제나 명제들

2. 정당 방위와 위법이 동시에 이루어진 행동은 어떻게 평가할 것인가?

사건개요

피고인 김보은은 약 열두 살 때부터 의붓아버지인 피해자 김영오의 강간행위에 의해 계속적으로 정조를 유린당하여 정신적으로 심한 고통을 받아 왔으며, 그밖에 행동의 자유를 구속 받아 오던 중 상피고인이자 김보은(D 대학교 무용학과 여학생)의 남자 친구인 김진관(D 대학 체육과 남학생)에게 이러한 사실을 고백하자 김진관은 강도로 위장해 피해자를 살해할 것을 공모한 후, 집에서 술에 취해 잠들어 있는 피해자 김영오의 방에 들어가 양 무릎으로 피해자의 양 팔을 눌러 반항을 불가능하게 한 상태에서 피해자를 깨워 김보은을 더 이상 괴롭히지 말라는 취지의 말을 몇 마디 한 후 들고 있던 식칼로 피해자의 심장을 찔러 그 자리에서 숨지게 하고는 강도 살인으로 위장하였으나 결국 발각되어 경찰에 기소되었다.

1992년 1월 17일 : 사건발생

　　　　1월 19일 : 구속

　　　　4월 4일 : 1심 선고 - 김진관 징역7년, 김보은 징역4년

　　　　9월 14일 : 항소심 선고 - 김진관 징역5년, 김보은 징역3년 집행유예 5년

　　　　10월 2일 : 김보은 석방(판사직권 석방)

　　　　12월 22일 : 상고심 선고 - 상고기각

1993년 2월 : (김영삼 대통령 취임시) 김보은 사면복권, 김진관 잔여형의 1/2감형

1995년 2월 17일 : 김진관 출소

1998년 2월 3일 : 김진관 복권신청(김대중대통령 취임 기념 대사면 복권시), 기각

　　　　7월 16일 : 김진관 복권신청(건국50주년기념 8.15대사면 복권시), 기각

심층적 사고나 토론을 위한 질문들

㉠ 계속되는 김진관의 복권신청이 기각 정말 기각되는 이유는 무엇인가?

㉡ 살인죄이기 때문인가 아니면 어떤 다른 문제가 있기 때문인가?

㉢ 어떤 조건들이 충족되면 김진관 김보은의 행위는 연역적으로 정당화 될 수 있겠
는가?

　ㄱ. 법이 정한 모든 처벌은 감내한다. 〈현행법 준수〉

　ㄴ. 불법적 행위가 최후의 수단이어야 한다. 〈국민저항권〉

　ㄷ. 양심적인 다수가 그 불법행위를 인정한다.

　ㄹ. ? ....

㉣ 위의 ㄱ, ㄴ, ㄷ 으로도 불법적 행위는 정당화가 가능한가?

토론 활동

활동 1. 각 조는 위의 김진관과 김보은 행동을 논리적으로 정당화하기 위한 전제

(ㄹ)을 생각하여 이야기 해보자.

활동 2. 아래의 영화 〈〈부러진 화살〉〉에서 김영호 전 교수가 자신을 정당화하는 부분을 보다 타당한 연역논증으로 구성하라.

"박홍우 판사의 판결이 있기까지 1년 6개월 동안 합법적인 모든 수단을 활용해 나의 의견을 피력해봤지만 소용이 없었어요. 청와대, 교육과학기술부, 대법원에 진정서와 탄원서를 넣었어요. 서울고등법원 앞에서 1년 가까이 휴일만 빼고 매일 1인 시위도 했어요. 그런데 박 판사는 나에게 판결테러를 가해 사회적으로 생매장시켰습니다. 그럼 뭘 더 할 수 있었겠어요. **국민저항권 차원의 정당방위**였습니다. 나로서는 최후의 수단이었어요. 후회 없습니다." - 김명호 전 교수 인터뷰

핵심용어

연역논증(deduction): 전제(들)로부터 결론이 필연적으로(necessarily, 必然的) 도출되는 논증. 즉, 전제(들)이 참이면 결론이 반드시 참인 논증이 논리적으로 타당한 연역논증이다. 연역논증에서는 전제(들)이 모두 참일 경우 결론이 거짓이 되는 것은 불가능하다(귀류법). 그래서 전제(들)이 모두 참인데 결론이 거짓인 연역논증은 논리적으로 타당하지 않다.

귀납논증(induction): 전제(들)로부터 결론이 개연적으로(probably, 蓋然的) 도출되는 논증. 즉, 귀납논증은 전제(들)이 참이면 결론이 참일 수 있는 논증이다. 귀납논증

은 전제(들)이 모두 참일 경우 결론이 거짓이 되는 것이 불가능하지는 않지만, 거짓일 것 같지 않은 논증이다.

3. 공정한 스포츠 경기는 가능한가?

사건개요

프랑스대표팀의 간판 공격수 티에리 앙리의 핸드볼 사건이 세계축구계를 뒤흔들고 있다. 앙리는 지난 19일(한국시각) 아일랜드와의 2010년 남아공월드컵 유럽예선 플레이오프 2차전에서 손으로 공을 건드려 파문에 휩싸였다. 0-1로 뒤지던 프랑스는 연장 전반 13분 앙리가 손으로 컨트롤한 뒤 내준 공을 갈라스가 동점골로 연결해 4회 연속 본선 행을 확정했다. 1차전에서 0-1로 패한 아일랜드는 결국 1무1패로 고배를 들었다. 명백한 오심이었으나 스웨덴 출신 마틴 한손 심판은 골을 인정했고, 판정을 고수했다. 아일랜드로선 분통이 터질만하다. FIFA는 아일랜드의 재경기 요청 직후 재경기는 없다는 입장을 천명했지만 사태가 만만치 않은 국면으로 흐르고 있다.

앙리는 경기 후 손으로 공을 터치한 사실을 인정하며 아일랜드에 사과를 했지만, 시간이 흐를수록 파문은 확산되고 있다. 디에고 마라도나(아르헨티나)가 잉글랜드와의

1986년 멕시코 월드컵 8강전에서 손으로 공을 건드려 골을 기록한 '신의 손' 사건 이후 가장 격렬한 논란이다. - 2009년 스포츠 조선

심층적 사고나 토론을 위한 질문들

㈀ 스포츠 경기 중 선수가 명백한 반칙이지만 심판이 오심하여 경기에 승리할 경우, 경기는 어떻게 처리하는 것이 좋겠는가?

㈁ 인간의 행동(경기나 게임)은 결과가 중요한가 아니면 과정이나 동기가 중요한가?

㈂ 스포츠 경기에 비디오 판독의 도입과 심판의 권위 어떤 것이 더 중요한가?

㈃ 앙리는 아무런 과오가 없는가? 과오가 있다면 과연 무엇인가?

㈄ 당신이 앙리라면 어떻게 행동했을까?

토론 활동

활동 1. 각 조는 앙리의 태도를 옹호하는 논증과 반대하는 논증을 타당하게 구성하라.

활동 2. 각 조는 비디오 판독의 도입을 찬성하는 가? 반대하는 가? 의 입장을 정하고 그 이유를 서술하라.

FIFA는 그동안 비디오 판독에 대해 부정적이었다. 대신 6심제를 도입해 심판을 늘렸다. 블래터 회장도 과거엔 "심판의 판정도 경기의 일부"라며 인간이 하는 스포츠에 심판의 권위를 카메라보다 우선시하는 발언을 자주 했다.

하지만 2010년 남아공월드컵이 단초를 제공했다. 보이스 오브 러시아가 예를 든 대로 독일과 잉글랜드의 16강전이 결정타다. 잉글랜드가 1-2로 뒤진 전반 38분 잉글랜드 램퍼드가 날린 강슛이 크로스바에 맞고 골문 안쪽으로 떨어졌지만 골로 인정되지 않았다. 역전의 발판을 마련하지 못한 잉글랜드는 결국 1대 4로 울분을 삼켜야 했다.

이를 계기로 심판의 실수와 비디오 판독에 대한 논쟁이 뜨겁게 달아올랐다. 오심도 판정으로 인정한 FIFA의 결정은 국제적인 논란과 소동을 불러일으켰다.

핵심용어

타당(valid)/**부당**(invalid): 전제(들)이 참이고 결론도 참인 연역논증은 타당한 논증이고, 반대로 전제(들)이 참인데 결론이 거짓인 논증은 부당하다. "타당/부당"은 연역논증을 이루는 전제와 결론의 관계에만 해당되는 개념이므로, '귀납' 논증을 평가할 때는 타당/부당 개념을 사용하지 않는다.

건전성(soundness)/**불건전성**(unsoundness): 타당한 논증(전제가 참일 때 결론이 반드시 참인 연역논증)의 전제가 일반적 상식과 과학적 지식에 비추어 실제 사실에 입각한 경우, 그 논증을 "건전한" 연역논증이라고 정의한다. 논증이 "불건전"하다는 것은 그 논증이 타당하지 않거나, 타당하더라도 사용되는 전제가 실제 사실에 부합하지 않는 경우를 말한다.

4. 안락사 논쟁: 캐보키언 의사는 죽음의 천사인가? 연쇄살인범인가?

사건개요

케보키언은 누구인가? '죽음의 박사'로 잘 알려진 미시간주 출신의 은퇴 병리학자인 케보키언 박사는 지난 90년 안락사 옹호 캠페인을 펼쳐온 이래 8년 동안 시한부 환자들의 요청에 따라 120건의 안락사에 관계했다. 6차례에 걸쳐 주정부에 의해 기소되어 4차례 법정에 섰던 그는 시한부 환자의 고통스런 모습을 담은 비디오를 제시, '안락사가 최선의 선택이었다.'는 환자 가족들의 증언 등으로 매번 법망을 교묘히 빠져나가 자살방조혐의에 대한 4차례의 재판에서 모두 무죄 석방됐다.

　그는 90년 6월 처음으로 오리건주에서 알츠하이머병을 앓던 재닛 애드킨에게 자살기구를 제공, 살인혐의로 기소됐으나 오리건주에 자살협조 금지법이 없다는 이유로 기각됐다. 이로 인해 91년 의사면허를 박탈당했다. 이외에도 94년과 96년 3차례나 같은 혐의로 기소됐으나 모두 무죄판결을 받아 미국 내에서 안락사의 윤리논쟁을 불러일으켰다.

　그가 의사의 조력에 의한 자살을(physician-assisted suicide) 수행하기 위해 고안한 자살 기계의 첫 번째 모델은 하나의 쇠막대에 세 개의 병들이 연결되어 있는 모양을 취하고 있었는데 그 과정은 다음과 같다. 우선 링거 바늘을 통해 환자의 정맥으로 생리 식염수를 흘려보낸다. 그리고 나서, 환자가 스위치를 돌리면 thiopental이라는 마취제가 주사되고 환자는 의식을 잃게 된다. 60초 후에 염화칼륨 용액이 뒤따라 흘러들고 수분 내에 심장이 멎어 환자는 죽게 된다. 그 뒤에 고안된 모델에는 일산화탄소가 사용되었다. 환자가 스위치를 누르면 일산화탄소가 관을 타고 환자의 머리 위에 씌워진 주머니 안으로 흘러든다. 그가 그 동안 매번 무죄로 풀려 날 수 있었던 것은 자신이 직접 환자들에게 일산화탄소나 화학물질 등을 주입하지 않고 환자들이 스스로 자살 기계의 스위치를 눌렀기 때문인데, 이번 사건에서는 안락사의 법제화를 관철시키기 위해 유크 환자에게 자신이 직접 독극물을 주사하는 방식을 택했기 때문에 유죄판결을 받게 된 것이다.

㉠ 당신은 안락사를 허용하는 것이 바람직하다고 생각하는 가? 아니면 반대하는가?

㉡ 케보키안 의사의 안락사를 가장한 살인범인가? 아니면 죽음의 권리를 주장하는 선각자인가?

㉢ 당신이 정말 심각하게 고통만 남은 환자라면 불법이라도 안락사를 원할 것인가?

토론 활동

활동 1. 각 조는 케보키안 박사를 옹호하는 입장과 반대하는 입장 각각을 정언적 삼단논증을 포함된 논증으로 구성하라.

활동 2. 각 조는 위의 성남시 사건에 대해 그 대학생 딸과 같이 가정에서 이루어진 안락사는 기소유예처분을 인정해야 하는 가? 아니면 법이 정황에만 이끌려 안락사의 기준을 애매하게 한 처분인가를 정하고 그 이유들을 나열하라.

수년 동안 말기 암으로 고생하던 어머니의 부탁을 받고 어머니를 목 졸라 살해한 딸에게 검찰이 이례적으로 기소유예 처분했습니다. 일각에서는 안락사 형태라고 해도 엄연한 살인죄라는 반론도 있는데 여러분은 어떻게 보십니까? 전준홍 기자입니다.

이에 검찰은 기소유예처분을 내렸다. 참고로 기소유예란?

죄는 인정되지만 피의자의 연령이나 성행, 환경, 피해자에 대한 관계, 범행의 동기나 수단, 범행후의 정황 등을 참작하여 기소를 하여 전과자를 만드는 것보다는 다시 한 번 성실한 삶의 기회를 주기 위하여 검사가 기소를 하지 않고 용서해주는 것을 말한다.

이를 계기로 심판의 실수와 비디오 판독에 대한 논쟁이 뜨겁게 달아올랐다. 오심도 판정으로 인정한 FIFA의 결정은 국제적인 논란과 소동을 불러일으켰다.

◀VCR▶

작년 10월 경기도 성남에서 뇌암으로 6년째 투병중이던 50대 여성이 목이 졸려 숨졌습니다. 고통에 시달리던 어머니가 대학생인 딸에게 제발 숨을 거두게 해달라고 부탁한 겁니다. 어머니를 숨지게 한 딸은 자살을 기도했지만 살아났습니다. 살인 혐의로 딸을 조사한 검찰은 이 사건 처리에 대해 검찰 시민위원회에 물었습니다. 시민위원 9명 모두 기소유예 의견을 냈고 검찰은 기소유예 처분을 내렸습니다. 수년간 극심한 통증을 겪던 어머니가 편히 숨을 거두게 해달라고 한 부탁을 거절하기 힘들었고, 본인도 충격 상태에 있다는 겁니다. 사실상 안락사 형태로 본 것이지만 안락사를 엄격하게 규정한 대법원 판례와는 다릅니다. 대법원은 소생 가능성이 없어야 하고 연명 치료중이어야 하며, 의사에 의해 시행돼야 한다고 규정하고 있습니다. 그러나 숨진 여성의 경우는 뇌사 상태도 아니었고, 의사도 없이 내린 개별 판단입니다.

◀INT▶ 최성철/암 시민연대 사무국장

"(고통스럽다고 해서)이걸 잘한거라고 포장하거나 괜찮은 일이라고 인정이 되면 너무 많은 부작용이 있기 때문에 그건 절대로 안되는 거구요." 일각에서는 가정에서의 안락사 형태에 대해 최종 재판 없이 검찰 단계에서 온정적으로 흐를 경우 안락사 개념에 대한 혼란을 가져올 수 있다는 의견도 나오고 있습니다.

동영상 참조
http://media.daum.net/society/others/view.html?cateid=1067&newsid=20110128222104575&p=imbc

명제논리(propositional logic): 연역논증을 이루는 전제와 결론의 논리적 관계를 4가지 유형 – 선언명제/연언명제/부정명제/조건명제 – 의 명제로 분석하여 그 타당성을 검증하는 방식. "진리표" 기법을 활용하면 전제가 참일 때 결론이 반드시 참인지 아닌지를 도표로 시각화할 수 있기 때문에 효과적으로 그 타당성을 검증할 수 있다.

전제가 생략된 논증: 결론을 입증하고 있는 하나의 논증이 전제 중 하나를 생략하고 있는 경우가 있다. 예를 들어 "철이도 인간이야. 결국 철이도 언젠가는 죽을 것이야"라는 논증은 "모든 인간은 죽는다"라는 전제를 함축하고 있다. 따라서 이 경우 "모든 인간은 죽는다"라는 명제가 생략된 전제이다.

결론이 생략된 논증: 어떤 논증에서는 결론이 생략된 경우가 있다. 예를 들어 "철이도 인간이야. 인간은 결국 죽을 수밖에 없지"라고 말을 했다면 논증자는 "철이도 언젠가는 죽는다"라는 결론을 함축하고 있다. 따라서 이 경우 생략된 결론은 "철이도 언젠가는 죽는다"이다.

5. 침팬지는 예술가가 될 수 있는가?

사건개요

독립 미술가전시회 Exhibition of Independent Artists라는 전람회가 있습니다. 흔히들 앵데팡당이라고 불리는 무심사전시회가 그것입니다. 이 전시회는 프랑스의 낙선자 전람회에서 유래되었습니다. 프랑스의 국전 '살롱'에서 떨어진 그림이 당선된 그림보다 더 나은 것이 많다는 여론에 밀려 황제가 낙선된 그림만을 따로 모아 전시회를 따로 열게 하였다는 이야기는 앞 글 '왜 하필이면 여자의 누드인가?'에서 밝힌바 있습니다. 그것을 기념하기 위하여 심사위원들의 검열이 없이 누구나 출품할 수 있는 전시회로 발전한 것이 앵데팡당 전시회입니다. 우리나라에서도 매년 열려 젊은 청년 작가들이 자유로운 상상력을 마음껏 뽐낼 수 있습니다.

　뉴욕에서는 1917년에 이 전시회가 처음 열렸습니다. 설명 드렸듯이 여기의 심사위원은 전시물의 크기 같은 일반적인 사항을 점검할 뿐, 출품된 작품들을 입선 시키거나 낙선시키는 권한은 없습니다. 그 심사위원단 가운데에 '뒤샹'이라는 좀 게으른 사람이 있었습니다. 그 역시 이 전시회에 출품하였습니다. 그런데 무슨 생각을 하였는지, 그가 출품한 작품은 공중변소에서 흔히 볼 수 있는 남자용 소변기였습니다. 제목은 그럴 듯하게 '샘'이라고 붙였습니다. 자기도 조금 겸연쩍었는지 리처드 뭇이라는 가명을 쓰고 변기에도 R. Mutt이라는 서명을 했습니다. 리처드 뭇이란 다름 아닌 변기 제조회사의 이름입니다.

　여러분의 생각은 어떻습니까? 이렇게 서양의 현대 미술은 철저하게 논리적입니다. 어쨌든 앵데팡당에서도 전시하지 못하고 버림받은 '샘'은 이후에 수많은 전시회의 인기품목이 되었습니다. 50년대 말에 뉴욕의 시드니 재니스 화랑에서 성대한 전시회가 열렸습니다. 뒤샹의 변기는 전시회장 입구에 제라늄 꽃으로 가득 채워져 전시되었습니

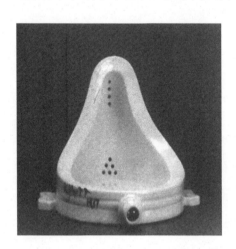

다. 애당초 보였던 충격의 흔적은 어디에도 찾아 볼 수 없었고 모두 변기의 아름다움을 칭송하기에 바빴습니다. 시간이 흐른 뒤, 뒤샹이 한마디 합니다.

　'나는 예술의 무의미와 부조리를 비꼬기 위해서 그렇게 한 것인데, 사람들은 이제 그것에서 아름다움을 찾는다.'

심층적 사고나 토론을 위한 질문들

㉠ 위의 사진의 변기는 예술품입니까 아니면 생활용품입니까?

㉡ 만일 변기에 백남준이 싸인을 했다면 어떻게 될까요?

㉢ 일상의 모든 인위물은 예술입니까?

㉣ 작가의 명성이 예술작품을 결정하는가?

토론 활동

활동 1. 듀샹의 변기는 예술 작품인가? 아니면 변기인가?를 가지고 토론하라.

활동 2. 아래의 기사를 보고 콩고의 작품은 예술작품인가? 아닌가? 그렇다면 콩고
는 예술가인가 아닌가? (그 이유를 설득력 있게 작성)   *조건문 논증을 활용할 것

침팬지가 그린 그림이 영국의 유서 깊은 경매장에 선보일 것으로 알려져 화제가 되
고 있다. 영국의 경매회사 본햄스는 11일 '콩고'라는 이름의 침팬지가 1957년에 그린
그림 3점을 6월20일 런던에서 경매에 부칠 것이라고 발표했다. 이날 경매에는 앤디 워
홀과 르누아르의 작품들도 선보이지만, 세인들의 관심은 침팬지 그림이 어느 정도의

가치를 인정받을 수 있을 지에 모아질 것으로 보인다.

1954년에 태어난 콩고는 2~4살 무렵에 약 400점의 유화와 데생을 남겼는데, 콩고가 아직 살아있는 지는 알려지지 않았다. 전문가들은 템페라화 기법으로 그려진 침팬지의 '추상화'에 냉소적인 반응을 보이고 있지만, 모든 사람이 콩고의 그림을 웃어넘긴 것은 아니다. 콩고를 세상에 처음 소개한 사람은 영국의 동물행동학자 데스먼드 모리스. 그는 1957년 콩고의 그림들을 모아 런던의 현대미술연구소(ICA)에서 전시회를 열었는데, 전문가들의 조롱에도 불구하고 화가 피카소는 생전에 선물 받은 콩고의 그림 한 점을 자신의 스튜디오 벽면에 붙여놓기도 했다고 한다. 1959 67년에 런던 동물원의 포유류관장을 지낸 모리스는 콩고를 당시의 TV 프로그램 '동물원시간(Zootime)에 단골손님으로 불러내곤 했다. 그는 콩고를 상대로 행한 몇 가지 실험을 통해 "침팬지들이 인간 예술의 몇몇 요소들을 이해할 수 있다"는 확신을 가지게 됐고, 이는 자신의 대표적인 저서 〈털 없는 원숭이(The Naked Ape)〉로 이어졌다. 본햄스는 "원숭이가 그린 그림이 우스꽝스럽게 보일 수도 있지만, 모리스의 연구는 인간의 예술적 창조성 이면에 있는 힘을 탐구하고, 침팬지가 질서와 균형을 창조할 수 있다는 것을 이해하려고 한 진지한 시도였다"고 평가했다. 붓과 연필을 쥔 콩고는 다른 원숭이들처럼 붓을 꺾거나 먹으려고 하지 않고 재빨리 사용법을 익혔다고 한다. 작품이 '완성'된 후 붓과 연필을 쥐는 것을 거부한 것으로 보아 콩고는 그림 그리기를 끝내는 시점도 알았던 것으로 보인다. 본햄스는 침팬지의 작품에 1130 1500 달러의 가치를 매겼는데 이번 경매가 자칫 경매장의 위신을 떨어뜨리지 않을까 걱정하는 눈치다. 본햄스의 관계자는 "침팬지 그림이 경매된 적이 있었는지 의심스럽다. 다른 경매장에서는 이런 행동을 미친 짓이라고 하겠지만, 이 그림으로 콩고가 위대한 '예술가'의 반열에 오를 지도 모른다"고 말했다.

참조

http://www.ohmynews.com/NWS_Web/view/at_pg.aspx?cntn_cd=A00
00255010

핵심용어

예술: 미적(美的) 작품을 형성시키는 인간의 창조 활동이다.

전건긍정(modus ponens): 조건문의 전건을 긍정할 경우 후건을 긍정하는 결론이 필
연적으로 도출된다는 명제논리의 규칙. (p → q, p /∴ q)

후건부정(modus tollens): 조건문의 후건을 부정할 경우 전건을 부정하는 결론이 필
연적으로 도출된다는 명제논리의 규칙. (p → q, ~q /∴ ~p)

6. 진품과 위작: 아우라 v.s 시뮬라시옹?

사건개요

국내에 '카피바람'이 거세다. 카피제품이 생활 속 곳곳에서 넘쳐나고 있다. 관심을
갖지 않는 이상 어느 것이 '원조'제품인지 소비자들은 알아차리기 어렵다.

가짜를 의미하는 '짝퉁'과는 거리가 멀다. 만드는 업체가 분명하고 생산단계가 투
명하다. 그럼에도 소비자는 불쾌하다. 원조인양 과시하고 당당히 광고하는 '철면피'에
기가 찬다. '진짜' 혹은 '원조'를 추구하는 소비자 패턴은 국적을 불문한다. '비슷하게
보이지만 아니다'는 반론이 나올 법 하나 판단은 소비자에게 맡긴다.

중국산 '짝퉁'을 의미하는 '산자이'. 그랬던 산자이가 최근에는 글로벌 기업들의 러
브콜을 받고 있다고 한다. 진짜를 뛰어넘는 '카피제품'이 심심치 않게 나오고 있다는

 VS

이유에서다. 기술력이 중심에 있다.

　'카피제품'이 얼마만큼 진일보 했을까. 얼마만큼 차별화를 뒀을까. '모방'만 하고 '창조'는 게을리 하지 않았을까. 본보는 국내 식·음료, 화장품, 문구 등 업계 전반에 불고 있는 '카피제품'의 단면을 들여다 볼 수 있다.

　이중섭, 박수근 등의 저명한 화가들 작품을 위조 판매해 부당한 이득을 챙긴 사람이 구속되는 사건이 있었다. 이번 사건을 주도한 사람은 자신이 그린 위작을 한국 미술 감정협회가 진품으로 간주한 것을 계기로 본격적인 위작 판매에 나섰다. 그리고 한국 미술 감정협회의 전문가들도 위작 여부를 판단하지 못했다는 점은 진품과 위작 간 차이가 불분명하다.

㈀ 창조와 모방은 과연 구분되는가?

㈁ 정보화 시대에 진품이 과연 존재 할 수 있는가?

㈂ 세월이 흐르면 모든 사물은 변화하게 마련임에도 불구하고 이중섭 박수근 등의 저명한 화가들의 작품이 고액에 거래되는 이유가 있는가?

토론 활동

활동 1. 정보화(디지털 시대)에 원본은 존재할 수 있는가? 없는가? (그 이유를 설득력이 높 게 작성할 것)

활동 2. 원작과 위작이 기법이나 동일성 차원에서 구분이 되지 않는다면 그래도 예 술 작품에도 아우라는 존재할 수 있는가?

핵심용어

아우라(aura): 독일의 철학가 발터 벤야민(Walter Benjamin : 1892 1940)의 예술이론으 로, 예술작품에서 흉내낼 수 없는 고고한 '분위기'를 뜻하는 말.

시뮬라시옹(Simulation): 프랑스 철학가 장 보드리야르(Jean Baudri-llard) 이론으로 실 재가 실재 아닌 파생실재로 전환되는 작업이 시뮬라시옹(Simulation)이고 모든 실재의 인위적인 대체물을 '시뮬라크르'(Simulacra)라고 부른다. 그에 의하면 우리가 살아가고 있는 이곳은 다른 아닌 가상실재, 즉 시뮬라크르의 미혹 속 인 것이다. 현대 자본주의 사회는 사물이 기호로 대체되고 현실의 모사나 이 미지, 즉 시뮬라크르들이 실재를 지배하고 대체하는 곳이다. 이제 재현과 실 재의 관계는 역전되며 더이상 흉내낼 대상, 원본이 없어진 시뮬라크르들이 더 욱 실재 같은 극실재(하이퍼리얼리티)를 생산해낸다. 더이상 원본은 없고 어느 의 미에서는 원본과 모사물의 구별도 없다는 것이다. [네이버 지식백과] 시뮬라

시옹 [Simulation] (철학사전, 2009., 중원문화)

귀납(歸納, induction): 개별적인 특수한 사실이나 현상에서 그러한 사례들이 포함되는 일반적인 결론을 이끌어내는 추리의 방법이다. 귀납이라는 말은 '이끌려 가다'는 뜻을 지닌 라틴어 'inductio, inducere'에서 비롯되었다. 곧 귀납은 개개의 구체적인 사실이나 현상에 대한 관찰로서 얻어진 인식을 그 유(類) 전체에 대한 일반적인 인식으로 이끌어가는 절차이며, 인간의 다양한 경험, 실천, 실험 등의 결과를 일반화하는 사고 방식이다. [네이버 지식백과] 귀납법 [inductive method, 歸納法] (두산백과)

7. 낙태 합법화 찬반론 : 낙태약을 팔아야 하나? 말아야 하나?

토론개요
〈사례1〉 21살 혼전임신 여자친구 낙태

21살 동갑내기 커플입니다. 1년간 교제를 해왔습니다 정말 잘못한 일이지만 혼전임신을 하게 되었습니다. 저는 솔직히 너무 기뻤습니다. '낳아야겠다' 얼마 전 성당을 여자친구 때문에 처음 가게 되었는데 기간도 어느 정도 일치하고 축복받았나보다 이렇게 생각했습니다. 그런데 여자친구는 현실적으로 생각하자며 너무 냉대한 반응입니다. 계속 중절수술을 하겠다고 합니다. 절대 그러고 싶지 않습니다. 양쪽 부모님들도 다 중산층이상 집안이구요. 물론 힘들겠지요. 그런대 꼭 생명을 지워서까지 더 나은 삶을 바란다는건 아닌거같아요.. 어떻게 여자친구를 설득시켜야 할까요?

〈사례 2〉 병원에 예약문의 했더니

고등학교 2년 시절 낙태 경험이 있는 박혜연(가명, 19세) 씨를 만났다. 그녀는 "생각만 해도 끔찍하다"며 그때의 일을 회상했다. 남자친구와의 성관계 이후 자신도 모르게 임신한 박 양은 고민 끝에 낙태를 결정했다. "학생, 낙태는 놀토가 좋아"

아직 학생의 신분인 박 양은 부모님께 말할 엄두조차 내지 못했다. 결국 친구들 사이에서 떠도는 낙태 전문 산부인과를 찾았다. 아직은 겁 많은 10대보니 우선 전화를 걸었다. '학생인데 기록 안 남게 낙태수술이 가능한가'라고 묻자 신촌의 A 산부인과 간호사는 "학생이면 놀토(노는 토요일)에 와"라며 "기록은 당연히 안 남고, 오는 시간이 길어질수록 수술비가 많이 나오니 되도록 빨리 오라"고 자연스럽게 설명했다.

심층적 사고나 토론을 위한 질문들

㉠ ▷가정 1 : 당신이 여고생이라고 가정해 보자. 또래 남자 친구와 성관계를 가졌고 임신 초기라는 사실을 알게 되었다면 어떻게 하겠는가? ▷가정 2 : 당신은 여고생인 여자 친구로부터 자신과의 성관계로 인하여 임신했다는 이야기를 들었다. 당신은 어떻게 하겠는가? ▷가정 3 : 가정1, 2의 부모라면 어떤 선택을 하겠는가?

㉡ ▷가정 4 : 당신은 대학 2학년이다. 이성 친구와 사랑을 확인하고 결혼할 상대라는 믿음까지 있던 단계에서 임신을 하여 출산을 앞두고 있다. 그러나 상대방에 대한 믿음이 깨졌고 결혼은 더더욱 할 계획이 없다. 앞으로 어떤 선택을 하겠는가? ▷가정 5 : 당신은 행복한 결혼 생활을 하고 있으며 임신까지 했다. 그러나 태아에 대한 건강 검진에서 심각한 선천성 기형아라는 사실을 알게 되었다. 어떤 선택을 하겠는가? ▷ 가정 6 : 당신은 성 폭행을 당해 임신을 했다. 어떤 선택을 하겠는가?

토론 자료

"임신 6주차에 낙태약을 알게 되었습니다. 처음이라 많이 망설였는데 복용법대로

낙태 규정 어떻게 다른가		
	규정	낙태 허용 기준
한국	형법상 금지, 모자보건법으로 임신 28주 이내 태아에 대해 예외 인정	유전학적 전신장애나 신체질환, 전염성 질환, 강간 · 근친상간(모자보건법)
미국	1973년 연방대법원이 낙태 선택권 인정. 주별로 다양한 낙태 제한법 운영	산모 건강, 강간 · 근친상간, 태아 이상, 사회 · 경제적 사유, 본인 요청
일본	형법상 금지, 우생보호법에 따라 일부 허용	산모 건강, 강간 · 근친상간, 사회 · 경제적 사유
독일	92년 독일연방의회가 '임신 3개월 내 낙태' 인정	산모 건강, 강간 · 근친상간, 태아 이상, 사회 · 경제적 사유, 본인 요청
스위스	임신 12주 이내 제한적 허용	산모 건강, 강간 · 근친상간, 태아 이상, 사회 · 경제적 사유, 본인 요청

자료:보건복지부

■ 낙태를 둘러싼 주장

● 낙태반대론자(Pro-life)
─생명중시, 불법낙태 근절 강조
─낙태 형량 현실화 주장
─프로라이프의사회,
 가톨릭 등 종교계가 대표적

● 낙태합법론자(Pro-choice)
─여성의 선택권 강조
─아이를 기를 수 있는 사회적 환경조성이 필수
─여성단체가 대표적

● 정부(보건복지부)
─불법낙태 근절, 생명사랑을 위한
 사회 분위기 조성
─관련 법 개정에 대한 입장은 밝히지 않음
─상담 확대, 미혼모 지원

사용하니 정확히 13일째에 하혈이 멈췄습니다. 낙태가 잘 된 것 같네요."임신중절수술 등 '낙태'가 엄격하게 금지된 한국사회에서 여전히 불법 낙태약 거래가 활개를 치고 있다. 경찰 등 사법당국이 수시로 불법 낙태약에 대한 단속을 벌이고 있지만 여전히 단속의 눈을 피한 낙태약 거래는 은밀하면서도, 공공연하게 이뤄지고 있다. 미국과 프랑스 등에서 구입할 수 있는 '미프진' 등 낙태약은 수정란이 자궁에 착상된 이후 하혈을 유도해 이미 자라고 있는 태아를 사출(瀉出)시키는 약이다. 특별한 경우를 제외하고 원칙적으로 낙태가 불법인 국내에서는 이와 같은 낙태약에 대한 유통 역시 불법이다.

출처

http://news1.kr/articles/?1777407

활동 1. 태아는 인간이다. 아니다. (조 입장을 정하고 그 이유들을 나열할 것.)

활동 2. 낙태는 살인이다. 살인이 아니다.(두 팀으로 나누어 오류를 지적하면 토론할 것)

활동 3. 우리나라에서 임신중절 수술을 합법화하고 낙태약도 합법적으로 시판해야
한다. 아니다. 낙태약을 시판하면 안 된다.(조별로 최선의 해결방안을 제시할 것)

핵심용어

귀추법(歸推法, Abduction), **또는 최선의 설명으로의 추론**: 가정을 선택하는 추론의
한 방법으로써, 만약 사실이라면 관계있는 증거를 가장 잘 설명할 것 같은 가
정을 선택하는 방법이다. 귀추법에 의한 논증은 주어진 사실들로부터 시작해
서 가장 그럴듯한 혹은 최선의 설명을 추론한다.

논리학에서 오류(誤謬, Fallacy 또는 Error): 허위(虛僞)는 일반적으로는 옳지 않은 추리
를 가리키나, 특히 옳은 듯이 겉으로만 보이려는 옳지 않은 추론(推論)을 말한
다. 논점 차이의 허위, 선결문제 요구의 허위 등 외에 언어가 애매한 허위(같은
글자나 뜻이 다른 말로 속이는 것), 애매한 문장의 허위(문장 구조를 불완전하고 명확하지
못한 뜻으로 하여 추론을 속이는 것) 등 많이 있다.

부록 2

문제해결을 위한 NCS 활동 자료들

1. 문제해결을 위한 회의 접근 방법

1) 소프트 어프로치

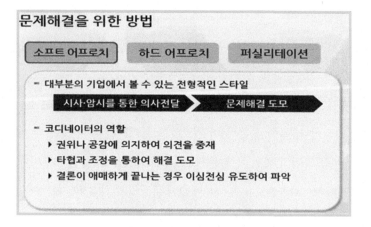

2) 하드 어프로치

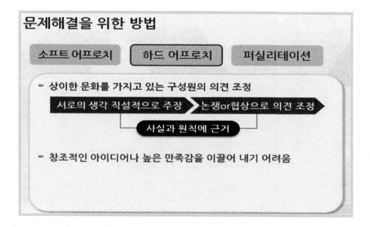

3) 쉽게 떠오르는 단순한 정보에 의지

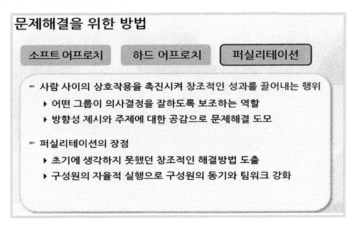

문제해결을 위한 방법

| 소프트 어프로치 | 하드 어프로치 | 퍼실리테이션 |

- 사람 사이의 상호작용을 촉진시켜 창조적인 성과를 끌어내는 행위
  ‣ 어떤 그룹이 의사결정을 잘하도록 보조하는 역할
  ‣ 방향성 제시와 주제에 대한 공감으로 문제해결 도모
- 퍼실리테이션의 장점
  ‣ 초기에 생각하지 못했던 창조적인 해결방법 도출
  ‣ 구성원의 자율적 실행으로 구성원의 동기와 팀워크 강화

※ 퍼실리테이션 효과

‣ 자기 자신의 변혁 추구
‣ 객관적으로 사물을 보는 능력
‣ 청취능력
‣ 관찰력
‣ 분석력
‣ 인간관계 능력
‣ 논리적 사고 능력

학습 활동

문제해결을 위한 회의 방법 중 퍼실리테이션의 방법을 적용하여 회의를 진행하는 학습 활동

- 4명 1개 팀으로 구성하여 퍼실리테이션의 방법을 적용하여 회의를 진행함

- 퍼실리테이터의 역할에 주목함

- 팀원들이 돌아가면서 퍼실리테이터의 역할을 수행함

2. 창의적 사고의 의미와 자가 점검

1) 창의적 사고란?

창의적 사고이란?

- 사회나 개인에게 새로운 가치를 창출하는 능력
- 직장인들은 기본적으로 갖추어야 할 덕목
- 조직에서도 창의적인 사고를 하는 사람 선호

2) 창의적 사고의 의미

여러분은 창의적인 사고력을 갖추고 있는가?

글 쎄 요

창의성에 대해 어렵게 생각하는 이유는?

'창의성을 키우기 위한 교육'을 받지 못해서

인간은 누구나 창의적 우리가 누리는 이 모든 혜택들은 창의적으로 문제를 해결한 결과물

3) 창의적 사고 점검하기

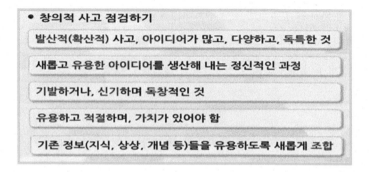

● 창의적 사고 점검하기

발산적(확산적) 사고, 아이디어가 많고, 다양하고, 독특한 것

새롭고 유용한 아이디어를 생산해 내는 정신적인 과정

기발하거나, 신기하며 독창적인 것

유용하고 적절하며, 가치가 있어야 함

기존 정보(지식, 상상, 개념 등)들을 유용하도록 새롭게 조합

※ 창의적 사고 자가 점검 문항

● 창의적 사고 점검하기

	문 항	점검
1	창의적 사고력은 선천적으로 타고난 사람들에게만 있다.	
2	지능이 뛰어나거나 현실에 적응을 잘하지 못하는 사람들이 일반인보다 창의적이다.	
3	창의적 사고는 후천적 노력에 의해 개발이 가능하다.	
4	창의적 사고를 하는데 어느 정도의 전문지식은 필요 하지만 너무나 많은 지식은 오히려 창의력을 저해할 수 있다.	
5	창의적으로 문제를 해결하기 위해서는 문제의 원인이 무엇인가를 분석하는 논리력이 매우 뛰어나야 한다.	
6	사람의 나이가 적을수록 창의력이 높다.	
7	어떤 사람이 자신의 일을 하는데 요구되는 지능수준을 가지고 있다면 그는 그 분야에서 어느 누구 못지 않게 창의적일 수 있다.	
8	사람이 상대로부터 신뢰를 받게 된다면 더욱 더 창의적이 된다.	
9	창의적 사고란 아이디어를 내는 것으로 그 아이디어의 유용성을 따지는 것은 별개의 문제이다.	
10	창의적 사고를 하기 위해서는 고정관념을 버리고, 문제의식을 가져야 한다.	

학습 활동

-창의적 사고를 자가 점점하고 발표하기

-창의적 사고를 향상하기 위한 노력

3. 창의적 사고 개발 방법 : 6 Thinking Hats

1) 6 Thinking Hats이란?

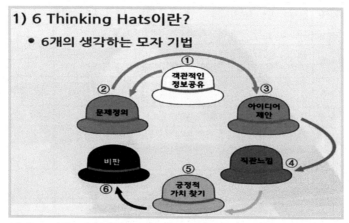

흰색 : 구성원들이 객관적인 정보 공유
파란색 : 해결해야 하는 문제 정의
녹색 : 아이디어 제안
빨간색 : 아이디어에 대한 직관, 느낌
노란색 : 아이디에에 대한 긍정 가치
검정색 : 아이디어에 대한 비판

2) 6 Thinking Hats 장점

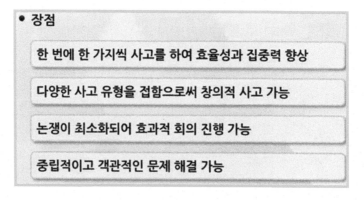

3) 6 Thinking Hats 회의 전 유의사항

- 모자의 선택권은 리더만 보유
- 가능한 색깔 별로 주어진 시간을 모두 사용
- 사전에 모자 색깔의 특성 정확하게 인지
- 주체는 구체적으로 선정
- 유연하고 혁신적 사고를 가진 사람을 리더로 선정
- 발언의 요지를 잘 파악하는 서기 선정

4) 6 Thinking Hats 회의 후 점검사항

- 사전에 참가자들에게 기법을 충분히 숙지시켰는가?
- 참가자들이 모자 색깔에 대해 충분히 이해하였는가?
- 발언 기회는 골고루 주어졌는가?
- 시간 관리는 적절했는가?
- 아이디어는 문제 해결에 도움이 되었는가?

※ 6 Thinking Hats 준비물

- 6가지 색깔 별 모자
- 실제 모자가 없을 경우 색종이를 모자 모양으로 만들고 이마에 붙이는
  방법으로 개량 가능

학습 활동

-6 Thinking Hats 방법 적용이 가능한 환경을 조성하고, 6가지 색깔의 모자 등 준비물을 구비함.

-실제 모자가 없을 경우에는 색종이를 모자 모양으로 만들고 이마에 붙이는 방법을 개량 가능

-회의 전 유의사항을 숙지하고 회의를 진행함.

-회의 후에는 점검사항을 체크리스트로 확인하면서 개선점을 찾음.

4. 창의적 사고력 개발 방법 : 만다라트 방법

1) 만다라트 방법 사례 소개

2) 만다라트 방법 개발자 및 개념

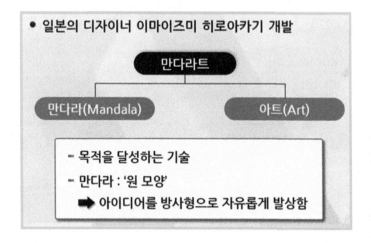

3) 만다라트 기본 형태(매트릭스)

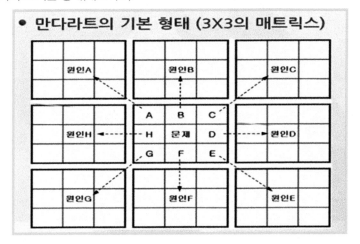

4) 만다라트 방법 장/단점

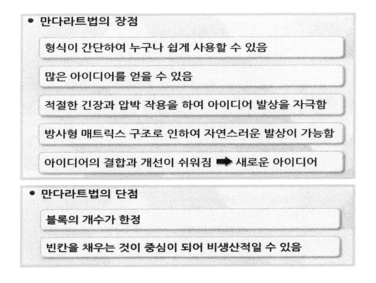

학습 활동

- 만다라트 기본 형태(3X3 매트릭스)를 활용하여 자신만의 문제를 창의적으로 분석하는 학습 활동을 한다.

- 기본 형태에 대한 이해가 충분하면 확장된 형태도 가능.

※ 팀별 만다라트 활용 시 프로세스

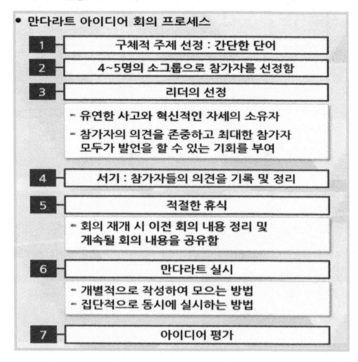

● 만다라트 아이디어 회의 프로세스

1 — 구체적 주제 선정 : 간단한 단어
2 — 4~5명의 소그룹으로 참가자를 선정함
3 — 리더의 선정
   - 유연한 사고와 혁신적인 자세의 소유자
   - 참가자의 의견을 존중하고 최대한 참가자 모두가 발언을 할 수 있는 기회를 부여
4 — 서기 : 참가자들의 의견을 기록 및 정리
5 — 적절한 휴식
   - 회의 재개 시 이전 회의 내용 정리 및 계속될 회의 내용을 공유함
6 — 만다라트 실시
   - 개별적으로 작성하여 모으는 방법
   - 집단적으로 동시에 실시하는 방법
7 — 아이디어 평가

※ 팀별 만다라트 회의 후 점검사항

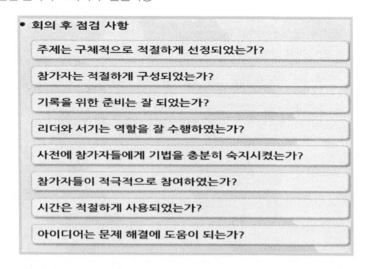

● 회의 후 점검 사항

주제는 구체적으로 적절하게 선정되었는가?

참가자는 적절하게 구성되었는가?

기록을 위한 준비는 잘 되었는가?

리더와 서기는 역할을 잘 수행하였는가?

사전에 참가자들에게 기법을 충분히 숙지시켰는가?

참가자들이 적극적으로 참여하였는가?

시간은 적절하게 사용되었는가?

아이디어는 문제 해결에 도움이 되는가?

5. 설득의 3요소(아리스토텔레스)

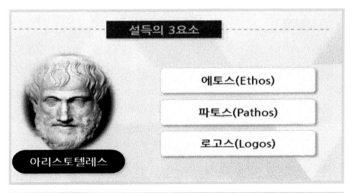

아리스토텔레스 설득의 3요소

에토스(Ethos) 파토스(Pathos) 로고스(Logos)

- 사람에게 도덕적 감정을 갖게 하는 보편적인
  도덕적·이성적 요소
- 화자의 평판이 좋아야 한다는 것 의미
- 상대방이 보기에 믿을 만한 사람이 이야기를 하면
  훨씬 신뢰감이 가서 설득이 용이함

아리스토텔레스 설득의 3요소

에토스(Ethos) **파토스(Pathos)** 로고스(Logos)

- 감각적·신체적·예술적인 것
- 격정·정념·충동 등 의미
- 인간은 이성과 감정을 함께 가진 동물이기 때문에
  논리만으로는 상대방을 설득할 수 없다는 데서 출발
- 인식의 방법으로서의 합리주의·경험주의에도 대응

아리스토텔레스 설득의 3요소

에토스(Ethos) 파토스(Pathos) **로고스(Logos)**

- 이성적·과학적인 것을 가리키는 것
- 사고능력·이성 등 의미
- 이성적인 논리로 상대방을 설득하려면 설득하려는
  내용이 잘 정리되어 있어야 함

※ 논리적 추론의 필요성 : 문서를 통한 설득력 강화

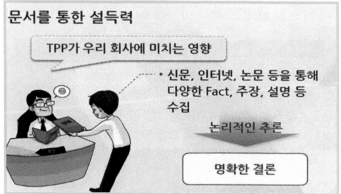

학습 활동

　- 에토스, 파토스, 로고스와 관련된 동영상을 보고 각각의 동영상이 어떤 요소를 반영한 것인지를 맞추는 퀴즈풀이 활동.

　- 에토스, 파토스, 로고스 각각의 요소를 동영상을 중심으로 찾아보고 발표함.

6. 비판적 사고를 키우기 위한 훈련

1) 평상시에 비판적인 사고 키우기

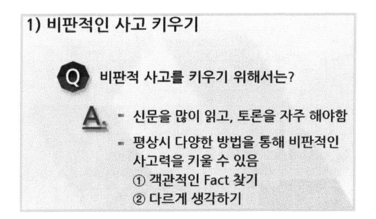

2) 맥킨지 방식의 Fact 찾기

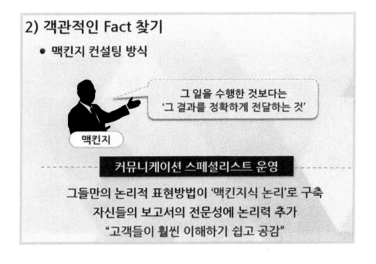

※ 맥킨지 방식 Fact 찾기 예시

● 맥킨지 컨설팅 방식 예시

상품	수익	상품	수익
A	510억 원	H	-49억 원
B	320억 원	I	-110억 원
C	260억 원	J	-139억 원
D	220억 원	K	-201억 원
E	22억 원	L	-211억 원
F	-2억 원	M	-224억 원
G	-3억 원	N	-293억 원
계			100억 원

● 맥킨지 컨설팅 방식 예시

상품	수익	상품	수익
A	510억 원	H	-49억 원
B	320억 원	I	-110억 원
C	260억 원		-139억 원
D	220억		
E	22억		
F	-2억		
G	-3억		
계			

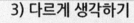

주장
- 회사의 수익성을 제고하기 위해 100억 원 이상의 적자를 내고 있는 상품은 철수를 검토하고, 고수익이 나는 4개 상품을 중심으로 사업을 전개해야 한다.

3) 다르게 생각하기(맥가이버 방식)

3) 다르게 생각하기

● 다르게 생각하기 예시

사물들을 이용해 위기 상황을 탈출하거나 문제 해결

맥가이버

※ 다르게 생각하기 예시

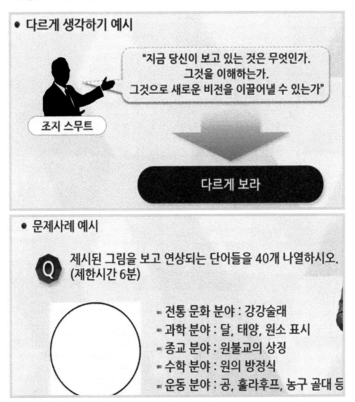

학습 활동

-신문을 읽고 맥킨지 방식으로 분석하기

-위의 예시를 어떻게 다르게 생각했는지 이야기 하기

7. 창의적 문제해결 절차

1) 창의적 문제해결절차

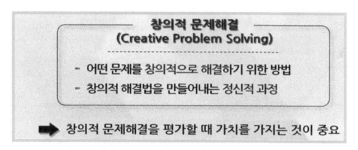

2) 창의적 문제해결 과정

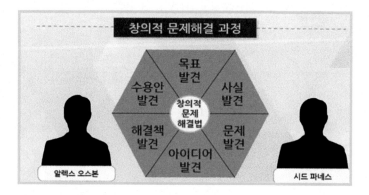

※ 창의적 문제해결 세부 과정

(1) 목표 발견

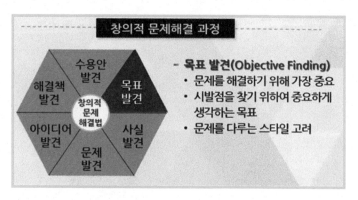

(2) 사실 발견

(3) 문제 발견

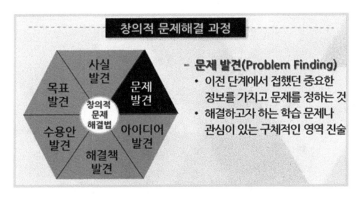

(4) 아이디어 발견

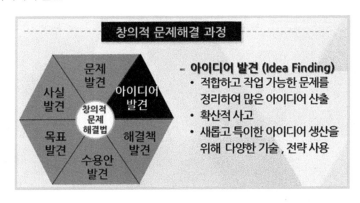

(5) 해결책 발견

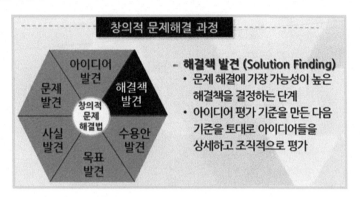

(6) 수용안 발견

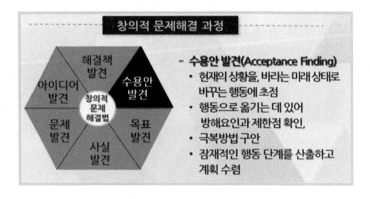

학습 활동

-상대방이 제시한 문제를 창의적으로 해결해 주기

8. 환경 분석 기법

1) 환경 분석 기법 이해

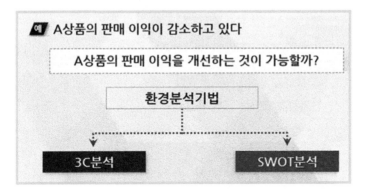

2) 3C 분석 기법

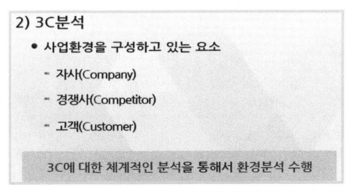

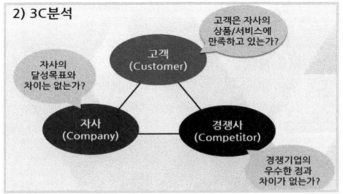

3) SWOT 분석 기법 / 외부/내부 SWOT 분석 방법

• SWOT 분석방법

외부환경요인 분석 | 내부환경 분석

- 자신을 제외한 모든 것(정보) 기술
  좋은 쪽으로 작용 - 기회, 나쁜 쪽으로 작용 - 위협
- 상식적인 세상의 변화 내용 → 당사자에게 미치는 영향
  ⇒ 점차 구체화
- 인과관계가 있는 경우 화살표로 연결

• SWOT 분석방법

외부환경요인 분석 | 내부환경 분석

- 동일 Data
  긍정적 전개 - 기회, 부정적 전개 - 위협
- 외부환경분석 : SCEPTIC체크리스트 활용
  - Social (사회)
  - Competition(경쟁)
  - Economic(경제)
  - Politic(정치)
  - Technology(기술)
  - Information(정보)
  - Client(고객)

• SWOT 분석방법

외부환경요인 분석 | **내부환경 분석**

- 경쟁자와 비교하여 나의 강점과 약점 분석
- 강점과 약점 내용 : 보유, 동원 가능, 활용가능 자원
- 내부환경분석 : MMMITI 체크리스트 활용
  - Man(사람)
  - Material(물자)
  - Money(돈)
  - Information(정보)
  - Time(시간)
  - Image(이미지)

※ SWOT 전략수립 방법

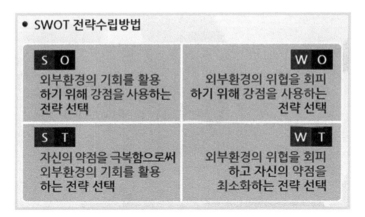

학습 활동

-SWOT 분석 기법의 구성과 방법을 이해하고 문제의 상황 분석을 위한 학습 활동을 함.

-외부와 내부로 나누는 것의 중요성을 잘 이해함.

-SWOT 전략은 문제해결자의 수행 능력과 관련하여 수립해야 함.

9. 원인 분석의 절차

1) 원인 분석의 절차 개요

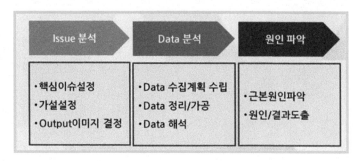

2) Issus 분석의 절차

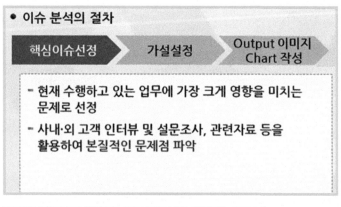

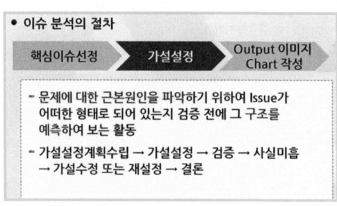

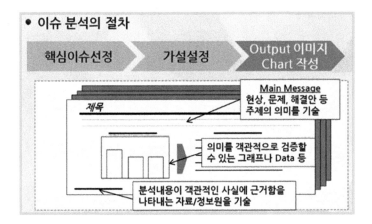

3) Data 분석의 절차

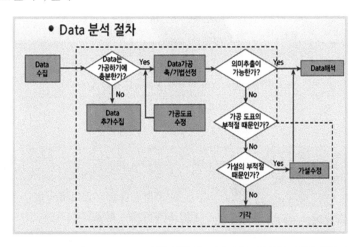

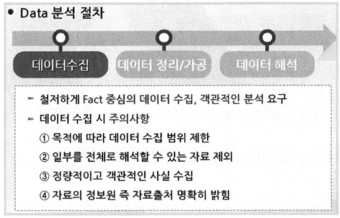

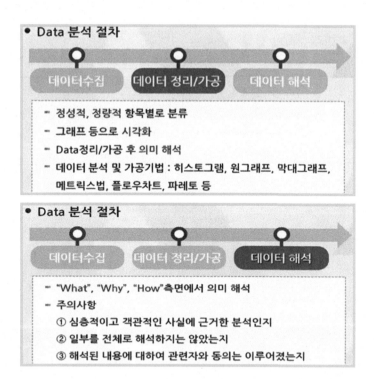

- **Data 분석 절차**

데이터수집 → 데이터 정리/가공 → 데이터 해석

- 정성적, 정량적 항목별로 분류
- 그래프 등으로 시각화
- Data정리/가공 후 의미 해석
- 데이터 분석 및 가공기법 : 히스토그램, 원그래프, 막대그래프, 메트릭스법, 플로우차트, 파레토 등

- **Data 분석 절차**

데이터수집 → 데이터 정리/가공 → 데이터 해석

- "What", "Why", "How"측면에서 의미 해석
- 주의사항
  ① 심층적이고 객관적인 사실에 근거한 분석인지
  ② 일부를 전체로 해석하지는 않았는지
  ③ 해석된 내용에 대하여 관련자와 동의는 이루어졌는지

4) 원인의 패턴 파악

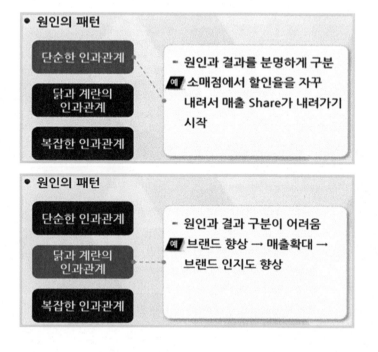

- **원인의 패턴**

단순한 인과관계 / 닭과 계란의 인과관계 / 복잡한 인과관계

- 원인과 결과를 분명하게 구분
예 소매점에서 할인율을 자꾸 내려서 매출 Share가 내려가기 시작

- **원인의 패턴**

단순한 인과관계 / 닭과 계란의 인과관계 / 복잡한 인과관계

- 원인과 결과 구분이 어려움
예 브랜드 향상 → 매출확대 → 브랜드 인지도 향상

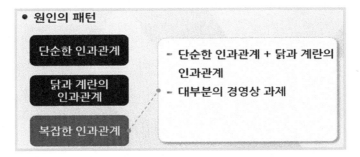

● 원인의 패턴

- 단순한 인과관계
- 닭과 계란의 인과관계
- 복잡한 인과관계

- 단순한 인과관계 + 닭과 계란의 인과관계
- 대부분의 경영상 과제

학습 활동

-팀별로 분석을 위한 가설을 세우는 학습 활동을 통해 이슈 분석 절차 이해

○ 가설설정에서의 고려 사항

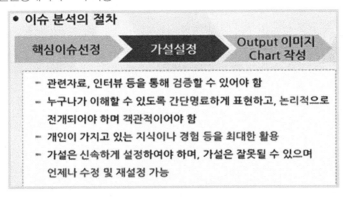

● 이슈 분석의 절차

핵심이슈선정 → 가설설정 → Output 이미지 Chart 작성

- 관련자료, 인터뷰 등을 통해 검증할 수 있어야 함
- 누구나가 이해할 수 있도록 간단명료하게 표현하고, 논리적으로 전개되어야 하며 객관적이어야 함
- 개인이 가지고 있는 지식이나 경험 등을 최대한 활용
- 가설은 신속하게 설정하여야 하며, 가설은 잘못될 수 있으며 언제나 수정 및 재설정 가능

○ 가설설정 예시

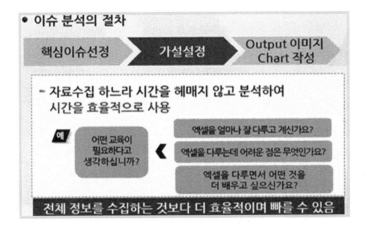

● 이슈 분석의 절차

핵심이슈선정 → 가설설정 → Output 이미지 Chart 작성

- 자료수집 하느라 시간을 헤매지 않고 분석하여 시간을 효율적으로 사용

예 어떤 교육이 필요하다고 생각하십니까? <

엑셀을 얼마나 잘 다루고 계신가요?

엑셀을 다루는데 어려운 점은 무엇인가요?

엑셀을 다루면서 어떤 것을 더 배우고 싶으신가요?

전체 정보를 수집하는 것보다 더 효율적이며 빠를 수 있음

10. 실행 및 Follow-up과 셀프 코칭

1) 실행의 중요성

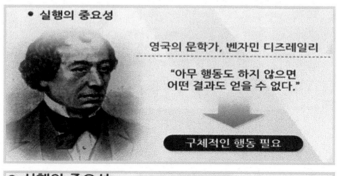

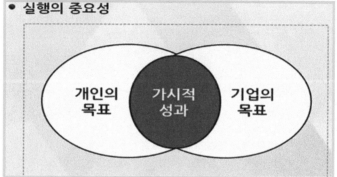

※ 실행 전 고려사항

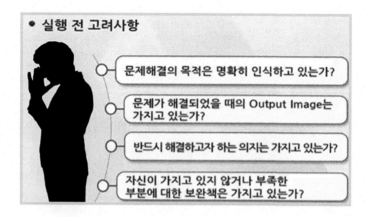

2) Follow-up 단계

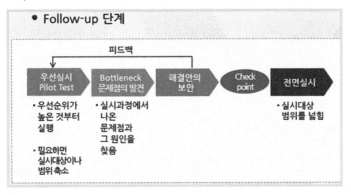

※ Follow-up 모니터 시 고려사항

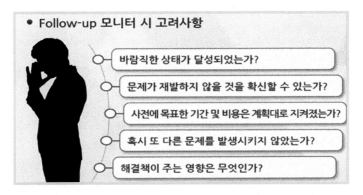

* 셀프코칭을 통한 문제해결

1) 셀프코칭이란?

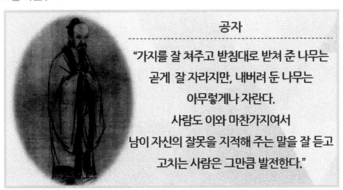

스스로 문제해결을 하는 능동적인 인재로 거듭나기 위한 방법

자신이 자신의 코치가 되어 자신을 위한 질문을 해보는 것

2) 자기혁신

3) 셀프코칭의 장점

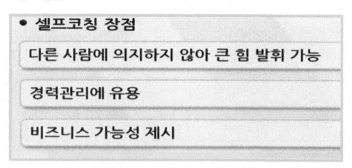

4) 셀프코칭 마인드 갖기

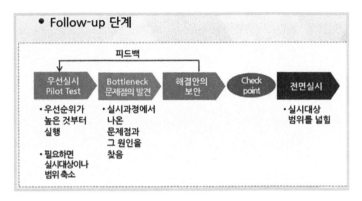

학습 활동

- 셀프코칭을 통한 문제해결 이해

- 스스로가 코치가 되어 자신에게 질문을 하는 것의 중요성 이해

- 자기 안에 장점이 있음을 발견하는 태도 갖기

- 코칭 마인드로 문제해결능력 향상

참고문헌

〈제2부 제1장〉

김광수, 『논리와 비판적 사고』, 철학과 현실사, 1990.

르포르 저, 『언어를 통한 논리학 입문: 의미와 논증』, 철학과 현실사, 2011.

박은진, 김희정 지음, 『비판적 사고를 위한 논리』, 아카넷, 2004.

송하석, 『리더를 위한 논리훈련』, 사피엔스 21, 2010.

어빙코피 저, 민찬홍 역, 『논리학 입문』, 이론과실천사, 1990.

홍병선 외, 『논리세우기』, 연경출판사, 2011.

〈제2부 제2장〉

김광수, 『논리와 비판적 사고』, 철학과 현실사, 1990.

르포르 저, 『언어를 통한 논리학 입문: 의미와 논증』, 철학과 현실사, 2011.

박은진, 김희정 지음, 『비판적 사고를 위한 논리』, 아카넷, 2004.

송하석, 『리더를 위한 논리훈련』, 사피엔스 21, 2010.

어빙코피 저, 민찬홍 역, 『논리학 입문』, 이론과실천사, 1990.

홍병선 외, 『논리세우기』, 연경출판사, 2011.

Von Wright, G. H.(1972), *Explanation and Understanding*, Ithaca, New York:
    Cornell University Press.

〈제2부 제3장〉

김광수, 『논리와 비판적 사고』, 철학과 현실사, 1990.

르포르 저, 『언어를 통한 논리학 입문: 의미와 논증』, 철학과 현실사, 2011.

박은진, 김희정 지음, 『비판적 사고를 위한 논리』, 아카넷, 2004.

송하석, 『리더를 위한 논리훈련』, 사피엔스 21, 2010.

어빙코피 저, 민찬홍 역, 『논리학 입문』, 이론과실천사, 1990.

홍병선, 최현철 외, 『논리세우기』, 연경출판사, 2011.

〈제2부 제4장〉

김광수, 『논리와 비판적 사고』, 철학과 현실사, 1990.

르포르 저, 『언어를 통한 논리학 입문: 의미와 논증』, 철학과 현실사, 2011.

박은진, 김희정 지음, 『비판적 사고를 위한 논리』, 아카넷, 2004.

송하석, 『리더를 위한 논리훈련』, 사피엔스 21, 2010.

어빙코피 저, 민찬홍 역, 『논리학 입문』, 이론과실천사, 1990.

홍병선, 최현철 외, 『논리세우기』, 연경출판사, 2011.

〈제2부 제5장〉

김광수, 『논리와 비판적 사고』, 철학과 현실사, 1990.

르포르 저, 『언어를 통한 논리학 입문: 의미와 논증』, 철학과 현실사, 2011.

박은진, 김희정 지음, 『비판적 사고를 위한 논리』, 아카넷, 2004.

송하석, 『리더를 위한 논리훈련』, 사피엔스 21, 2010.

어빙코피 저, 민찬홍 역, 『논리학 입문』, 이론과실천사, 1990.

홍병선, 최현철 외, 『논리세우기』, 연경출판사, 2011.

김민수(金珉秀)

건국대학교 대학원에서 철학박사 학위를 받았다. 중앙대학교 강의전담교수를 역임하고, 동서울대학교 교양교육센터 교수로 NCS 직업기초능력 중 문제해결능력 관련 교과를 담당하면서 교과를 개발하고 학생들을 가르치고 있다. 주요 논문으로는 「아도르노의 미학에서 자연미에 관한 연구 (박사학위 논문)」, 「안과 밖의 부정변증법적 사유와 세계–아도르노」, 「아도르노의 유럽 문명 비판과 환경윤리학」, 「아도르노의 미학에서 추의 변증법」 등의 철학 관련 논문과, 「'인성교육' 담론에서 '인성' 개념의 근거」, 「환경윤리에 대한 미학적 고찰 시도 – 자연의 숭고힘 개념을 중심으로」, 「인성교육 이론의 변증법적 정립 시도 – 책임 있는 시민 양성을 위한 계몽의 방향으로」 외 다수가 있다. 또한 저서나 공저로는 『시대의 철학』, 『사이버 인성의 이해와 함양방안』 등이 있다.

최현철(崔顯哲)

중앙대학교 대학원에서 철학박사 학위를 받았다. 중앙대학교 부설 외국학연구소의 전임 연구원을 역임하고, 호서대학교 교양학부 겸임교수, 중앙대학교 교양대학 강의전담교수 및 숭실대학교 초빙교수를 거쳐 현재 중앙대학교 다빈치 교양대학의 교수로 재직 중이다. 그는 주로 대학에서 인문학 관련된 교과목이나 논리학, 토론과 비판적 사고력 및 창의적 사고와 소통 등 인문학과 철학 영역을 강의하고 있다. 주요 논문으로는 「과학적 설명과 인과성 논쟁연구(박사학위 논문)」, 「흄의 인과분석과 확률적 인과론」, 「흄의 인과 개념들과 과학적 설명」, 「자연법칙과 인과 실재론적 해석」, 「과학주의와 인문학의 의사소통가능성에 대한 고찰」, 「반 프라센의 설명 화용론에 대한 고찰」, 「포퍼 비결정론의 한계」, 「융합의 개념적 분석」, 「혐오의 그 분석과 철학적 소고」, 「인공적 도덕행위자(AMA) 개발을 위한 윤리적 원칙 개발」, 「인공적 도덕 행위자(AMA) 윤리적 프로그래밍을 위한 논리 연구 I」 외 다수가 있다. 또한 저서나 공저로는 『과학기술과 인류의 미래』, 『과학과 철학의 만남』, 『논리세우기』, 『문제해결력과 사고력』 등이 있고, 역서로는 『과학철학의 형성』, 『의미와 논증』 등의 다수가 있다.

NCS 직업기초능력 기반
문제해결능력과 사고력 개정판

개정판5쇄 2024년 7월 26일
지은이 김민수·최현철
펴낸이 이정수
책임 편집 최민서·신지항
펴낸곳 연경문화사
등록 1-995호
주소 서울시 강서구 양천로 551-24 한화비즈메트로 2차 807호
대표전화 02-332-3923
팩시밀리 02-332-3928
이메일 ykmedia@naver.com
값 15,000원
ISBN 978-89-8298-184-5 (93170)

이 도서의 국립중앙도서관 출판예정도서목록(CIP)은 서지정보유통지원시스템 홈페이지(http://seoji.nl.go.kr)와 국가자료공동목록시스템(http://www.nl.go.kr/kolisnet)에서 이용하실 수 있습니다. (CIP제어번호 : CIP2017004807)

NOTE